商人たちの広州

一七五〇年代の英清貿易

藤原敬士

東京大学出版会

Canton Trade Through the Eyes of Merchants:
Anglo-Chinese Trade in 1750's

Keiji FUJIWARA

University of Tokyo Press, 2017
ISBN 978-4-13-026155-5

商人たちの広州／目次

序章　広州貿易研究の新視座

一　商人たちの視点に寄り添って

かつてE・H・カーは『歴史とは何か』のなかで、「一八五〇年、ステリブリッジ・ウェークスの街頭で安物を売っていた商人を、つまらないいざこざの揚句、怒り狂った弥次馬が蹴って殺したことがありました。これは歴史上の事実でしょうか」と問うた。(1) カーは歴史家によって重要だと考えられた「歴史的事実」と、重要ではないとされた「非歴史的事実」という問題を取り上げるなかで、右の問いを発したのだ。

では私も問いたい。一七五五年三月二日にイギリス東インド会社の管貨人（Supra Cargo、イギリス東インド会社派遣の貿易監督者）が、葉義官という行商（官許の貿易仲介者兼商人）から一担（およそ六〇キログラム）当たり九両二分のブラックティーを三六六担購入しました。これは歴史上の事実でしょうか、と。

またこうも問いたい。一七五七年一〇月一一日、寧波に派遣されたイギリス東インド会社の管貨人は、生糸を一担当たり二五〇両で買いたいとヨンクアン（Yongquan 漢字名不詳）という商人に取引を持ち掛けましたが、応じられないと言われて取引を諦めました。これは歴史上の事実でしょうか、と。

これまで広州で行われた対西洋人貿易（以下、広州貿易と称する）を研究してきた歴史学者にとって、これらの事実は「歴史的事実」と認定するほど重要ではなかったらしい。むしろ歴史家たちが重要だと考えたのは、一七五五年の「独占」制度の確立であり、一七五七年の広州一港制限令であり、一七六〇年の「公行」結成であり、一七九三年のマカートニー使節派遣であり、一八四〇年に勃発したアヘン戦争であった。つまり、アヘン戦争へとつながる因果律の範疇に属する事実と日々の貿易業務に属する事実とは、はっきり切り離されて考えられてきたのだ。

だが貿易に従事していた西洋人商人個人の視点に立ってみた時、彼らにとって重要なことはまず日々の取引のことではなかったか。そしてその業務を遂行するなかで貿易の制度や構造の利点・欠点を感得し、自分たちに不利に働く要素についてはそれを改変するために手段を議論し、本国に要請し、実現させていった。事実、アヘン戦争以前の広州には対外交渉を専門に行う東インド会社側の部局や人員は存在せず、ただ貿易を監督する役目を負った人々がいただけだった。そのため彼らは日々の取引を行う傍ら、重要な案件については清側と度々交渉を重ねていった。すなわち取引も交渉も含みこんだ一連の過程が、商人の頭のなかでは一本につながっていたのである。

本書のタイトルを『商人たちの広州』としたのは、広州における取引や交渉を商人たちの視線で捉えたいと考えているからである。それはここまで述べてきたように、彼らが関係した取引のひとつひとつの形を具体的に解明し、個別の取引の集合体として特定の年度の貿易環境を理解し、それら各年の出来事を通史として位置づけることによって広州貿易の巨大な全貌が見えてくると考えているからである。さらに、そうした分析を経た先にこそ当時の清朝と西洋諸国との関係の有り様が自ずと明らかになってくると確信するからである。

翻ってみれば、これまでの通史的理解において広州貿易は常に清朝と西洋諸国、特にイギリスとの対立と摩擦の歴史として描かれてきた。そのためおそらく多くの読者は広州貿易と聞けば、行商と呼ばれる特許商人が「公行」というギルド的団体を組織して、対西洋貿易を「独占」していたというイメージを持っているだろう。さらに行商たちはその「独占」権を利用して競争相手となる中国人商人を取引から排除し、貿易品の価格操作を行っていたために、西洋人が理不尽な不利益を蒙ったという文脈に結びついていったのである。このイメージは今から一〇〇年前にH・B・モースらによって体系化されたもので、[2]それがイギリスのみならず各国に流布して繰り返し語られたためにその後の歴史認識に多大な影響を与えることになった。ただ、近二〇年の広州貿易の研究者は以上のような理解に疑義を呈する立場から研究を進め、その成果もあって専門の研究においては行商による強固な「独占」の存在を前提として議論を立てることは少なくなってきている。そしてそれに呼応するかのように通史・概説の記述もまた複雑に変化してきている。

このあたりの詳細な研究史については後段で整理するが、それでもなお他分野の研究に目を移すと、議論の前提として広州貿易が語られる場合に、依然として旧来の広州貿易イメージが用いられることがある。「自由貿易」の中国への波及をめぐる議論において、「広東貿易は、広東海関の総督の監督下において中国人商人組織の公行が独占し、欧米商人を差別的に管理した[3]」という前提から議論が進められていることなどはその一例である。

こうした専門研究の現状と一般的イメージの乖離こそが広州貿易研究および広州貿易理解の複雑さの原因とも言えるが、それは個々の研究、あるいは研究者によって左右されたというよりも、むしろこれまでの歴史研究の流れに規定されてきたものだと筆者は考えている。すなわちモースによって作られたイメージは、「近代」をそれ以前の時代と切り分けて理解しようとする歴史認識にとって必要不可欠なものだったのである。そして、その傾向は特に「近代」に先進性を付与しようとする論調において顕著だったのではなかろうか。それは同時に、世界史上における自国（自地域）の位置に対して相対的に中国（あるいは清朝）をどこに位置づけるべきかという思想についての、ひとつの結論だったとも言えるだろう。

こうした広州貿易理解の現状を打開するために、前述のように本書では特にイギリス東インド会社の広州における取引制度や実態の解明を通じて、現場の商人同士の関係、西洋人と清朝官僚との関係、ひいては西洋人と清朝朝廷との関係を再検討することを研究の目的とする。

今、改めてこのテーマに着目するのは、広州貿易やアヘン戦争といったトピックが、清朝がいかなる本質をもっていたか、あるいは彼らが西洋人とどのように向き合おうとしていたか、また逆に西洋人が清朝という国をどのように認識し行動したか、そして何よりもそうしたことをこれまでの中国史研究がいかに把握してきたのか、という姿勢を映し出す鏡だからである。こうした諸問題はひとり前近代の中国についてのイメージにかかわるのみならず、その解明は近代の中国はもとよりアジアの前近代や近代という枠組みにおいても同様に新たな歴史のイメージを見せてくれるものであり、さらに東西交渉史や西洋人がアジアにおいていかなる役割を果たしたのかという側面についても論及できる、非常に巨大なテーマだと考えている。

その課題の大きさにたじろぎもするが、いずれ誰かが必ず取り組まなければならないテーマである。そしてもしもこの問題を解明することができるとすれば、当時の広州に生き、そして死んでいった人々の感覚に寄り添う以外に方法はない。取引の主体となった商人たちが個々の取引を長年にわたって継続してゆくなかで、どのように信頼関係を築き上げ、また逆にどのように不満を積み重ねていったのか、そういった問題からこの研究を出発したい。

こうした些細な出来事の積み重ねが歴史観を左右する「歴史的事実」になりうるかどうかについてカーは、「この事件を引き合いに出して確証しようとした主張なり解釈なりを他の歴史家たちが正当且つ有意義なものと認めるか否か、それによって決まるでしょう。歴史的事実という地位は解釈の問題に依存することになるでしょう。この解釈という要素は歴史上のすべての事実の中に含まれているのです」と述べている[4]。本書で取り上げる「事件」も同様に、それが意味のあるものであるかどうかの判断は、すでにこの瞬間から読者諸賢の手に委ねられている。筆者の非力のゆえに、この研究の完成のために皆様の御批判・御叱正を賜りたい。

二　広州貿易研究の誕生・継承・現状

(一)　一九世紀の多様な広州貿易観

本書における課題を提示するために、まずは広州貿易にかかわる先行研究を整理する。イギリス東インド会社（以降本書において会社と記述する場合にはイギリス東インド会社を指すものとする）の中国貿易に関する包括的な著作は、一八三〇年代に現れる。アウバー（Peter Auber）の *China, an Outline of its Government, Laws, and Policy*[5] とデーヴィス（John Francis Davis）の *The Chinese: a General Description of the Empire of China and Its Inhabitants*[6] がその代表格であろう。アウバーは執筆当時、会社の本国役員会セクレタリー（本国役員会の往来書簡を管理し、役員会の命令を伝達した役職で、会社事務の要諦）[7] であり、デーヴィスは長年広州で会社船の貿易を監督した人物（管貨人）であったことから、これらの著書は会社の中国貿易の遺産とも呼べるものであり、その内容からは、外交の窓口を開こうとしない中国に対する苛立ちを看取できる。

一方で同じ時期に、会社の貿易運営を批判するマーティン（Robert M. Martin）のような立場[8] もありえたが、これは会社の対中国貿易独占に対する非難という明確な政治目標を持っていた。

この後、アヘン戦争後にはハンター（William C. Hunter）などのように、広州に滞在した経験のある人々が自らの体験談[9] を出版している。ハンターは一八二五年から四四年まで広州に滞在し、アメリカ商社ラッセル商会（旗昌洋行）で働いた経験を持つ。その経験を活かして二冊の回顧録を執筆し、そのなかで、行商たちは口頭の取引契約であっても決して違えなかったことや、行商は「独占」者であったと言いながらも、行商以外の商人とも相当量の取引があったことや、富裕な行商の邸宅を訪れ、その壮麗さに感銘を受けたことなどを書き記している。[10] これらはイギリス人が語る悪役的な行商イメージとは一線を画すものであり、行商を好意的に語るアメリカ流の行商イメージとでも呼べるものであった。

以上で紹介した著作は同時代的分析や個人の回顧録という性質を持っていたが、それぞれの主張を見ていくとそれが一様ではないことに気づかされる。例えば、アウバー、デーヴィス、マーティンらの著作について言えば、アウバーやデーヴィスは会社の社員であり、会社のこれまでの中国貿易の業績を披露し、外交交渉における清側の閉鎖性を強調することで会社の立場を擁護した。しかし一方で、マーティンは利益を生み出すことのできない会社の経営体制を厳しく非難するという、全く異なる立場から広州貿易を論じた。こうした対立は、これらの著作が出版された一八三四年前後に起こった出来事と関係がある。その出来事とはつまり、一八三三年にイギリス議会で会社の対中国貿易独占権の更新が否決され、一八三四年を最後に会社が中国貿易から撤退したことである。こうした時代状況を背景として、イギリス内部においても会社の中国貿易や清側の対応についての見解が真っ向から対立するという構図が出来上がっていたのである。

アメリカ人のハンターの場合はこうした会社をめぐるイギリス内部の政治的駆け引きとは異なる立場から、自身の中国体験を率直に書き記している。そしてその内容からは、中国人商人と西洋人とがいかに協力関係を築きながら貿易を維持していったかという主張を見ることができる。

一九世紀にはアヘン戦争前の広州貿易時代に関する著述は決して多くはないが、以上で紹介したようにそれらの論はかなりの多様性を持っていたと評価することができよう。そしてその多様性は著述者のイギリスやアメリカといった国籍の違い、さらには東インド会社に雇われたか、あるいはカントリートレーダーに雇われたかという立場の違いから生じていたものであった。そのことはそれぞれの人々がそれぞれの立場から多様な広州貿易を体験していたことの証左であるように思われる。だが上述の論のうち、マーティンとハンターの主張はその後継承されることなく忘れ去られ、一方でアウバーやデーヴィスのように会社を擁護し清側を批判する論調だけが現代まで受け継がれてきたのである。そうした潮流を形作っていったのが、二〇世紀初頭に現れた研究であった。イームス（James Bromley Eames）の *The English in China*[11]（一九〇九年出版）とモース（Hosea Ballou Morse）の一連の著作[12]、すなわち *The Trade and Administration of China*（一九〇八年出版）、*The Guilds of China*（一九〇九年出版）、*The International Relations of the Chinese Empire*（一九一〇―一八年出版）がそれである。

(二)　モースの出現とその影響

二〇世紀初頭にこれらの研究が生まれてくる背景には、在華西洋人社会が抱えていた特殊な事情があった。その問題については本書の末尾に補論を設けてそこで詳しく検討することとし、ここではモースの研究の大略と研究史上の意義を簡潔にまとめたい。

モースの研究の特徴は、一九世紀から長期間にわたって海関税務司として勤務した彼自身の経験に根ざした、中国の商業慣習や商人の伝統的形態への深い理解に基づいていることである。そのためモースの初期の著作は、東西交渉史研究の資料としてだけではなく、経済史研究においても欠かすことのできない資料ともなっている。

そのようなモースの目には、中国の商人は西洋人にも容易に御することのできない存在として映っていた。この理解は、中国近代経済史研究において度々議論されてきた「中国人の団結力」が西洋人の中国進出を阻んだという文脈に通じるものであった。そしてモースは広州貿易を研究するに当たって、この視点を当時の中国人商人（行商）の機能と、彼らと西洋人との関係を理解するために用いたのである。そうした見解が最も直截的に示されるのが、*The Guilds of China* である。この著作の詳しい内容や意義については補論で検討するが、そのなかでモースは行商を中世ヨーロッパのギルドと同質のものとみなし、官から与えられた貿易「独占」の特権を活かし、個々の取引においても、様々な交渉においても常に行商が強いイニシアティブを握った、と論じた。また官の側も行商を助けて西洋人の自由を束縛する数々の規則を作って西洋人を苦しめた、とした。これが、その後一〇〇年にわたって定説となっていく論の根幹であった。

この後一九一〇年から一八年までの期間に *The International Relations of the Chinese Empire* 全三巻が出版される。この本では総論として政府機構・税制が明らかにされ、次いで一七世紀のヨーロッパ人の来華初期から辛亥革命時期までの歴史が扱われている。

一九二〇年代になって *The Chronicles of East India Company Trading to China*⑬（以下、『編年記』と略称）でモースは初めてインド省記録（India Office Record 以降ＩＯＲと略称）に含まれる東インド会社の広東商館記録を用いることになる。この『編年記』はＩＯＲのうちの広東商館記録を摘録した史料集という性格が強く、彼自身による総括や体系的な分析が排除されていることに特徴がある。とは言え、史料の一部を選び掲載するという行為自体に、彼が読者に対して広州貿易をどのように見せるかという意思が働いているように見え、それは時折現れる短文の解説からも看取される。この辺りの問題については後段において個別に紹介したい。それよりもここでこの本についてふれておかなければならないのは、後の研究に対する影響力である。すでに紹介したアウバーらは広東商館記録を使ったが、それを継いだのはモースである。しかも彼はその原文を大量に引用し、数量データを豊富に掲載し、貴重な社員間の通信文書も付録として折り込み、全五巻にもなる大著を編んだのである。そのためこの本はこの後広東商館記録そのものと同等の価値を持つと評価されるようになり、モースの後に生まれる諸研究、例えばアメリカのプリチャード⑭や中国の梁嘉彬⑮といった、それぞれの国をリードする研究者も皆、まるで広東商館記録を分析するかのように、この本を史料として扱った。戦後ではフェアバンク⑯やグリーンバーグ⑰らが用い、中国では翻訳されて流布した。ようやく一九九〇年代に差し掛かる頃に直接広東商館記録を分析する研究が生まれ始めるが、それらはほんの例外で、結果として現在に至るまでモースの『編年記』の影響力は薄れていないように思われる。

モース以降の研究を簡単にまとめると、一九六〇年代に欧米や日本で国際関係論的視点（いわゆる「朝貢体制」「条約体制」に関するものを含め）による研究が隆盛を迎えたことを除けば、概ね行商の実態分析に傾倒していったと評することができよう。それはモースという「完成型」が出現した後では、自然な流れであったと考えられる。モースに欠けていたのは、中国側の史料であった。それらは例えば、清朝の内部で遣り取りされた行政文書（檔案）類であり、行商の一族の経歴を明らかにしうる族譜などであった。この方面の研究を先導したのは梁嘉彬である。もちろん彼が研究を行った一九三〇年代に利用できた檔案は現代と比べると極めて少なかったと言わざるをえないが、梁嘉彬はそれらの檔案を利用して年代記を編みなおし、ＩＯＲに名前が残されている行商の存在を中国側から裏付けた。

㈢　行商研究への傾倒

こうした行商研究は梁嘉彬以降一旦衰え、一時期、十三行の起源を明らかにしようとした研究[18]が見えるが、一九九〇年頃を境に中国・香港・台湾で再び商人の実態を分析する研究が現れた。中国では黄啓臣・章文欽ら中山大学のグループ、香港では張栄洋[19]（Cheong Weng Eang）、台湾では陳国棟[20]（Chen Kuo-tung Anthony）が重要な研究を行った。中山大学の学者らは、一九九〇年代には『編年記』やハンターらの記録を徹底的に調査し、それぞれの行商の事跡を明らかにするという研究手法をとっていた[21]。しかし二〇〇〇年頃になると、行商の実像を徹底して描き出すため、行商の子孫と協力し族譜の内容を紹介しつつ分析するといった、黄啓臣らによる研究[22]も出現した。これによって行商たちの経歴のみでなく、その一族の出自や家族関係、さらに行商であった者たちの子孫がどのような経歴をたどっていくのかが明らかになった。このことはその行商の存在意義をより長いタイムスパンで評価することを可能とし、近代期に中国のたどった歴史と関連づけて理解することができるようになったことを意味した。

一方、張栄洋と陳国棟はそれぞれＩＯＲを用いた点で、これまでの研究と一線を画していた。そして貿易の形態から行商たちの内実を理解しようとする問題意識も似通っていた。

張は特に一八世紀の行商たちを統合的に理解する視座を打ち出した。彼は行商の出自、活躍した時期、取引のなかで果たした役割、広州当局との関係を基準に、行商たちを三つのパターンに分類した。張は行商になる以前に行外商人として活躍していた商人が多いことや、行商となった後も、取引面や資金面において行外商人と強く結びついていたことに特に注目し、そうした行外商人が官に任命されて行商になり、後に破産してゆくというサイクルを描いたのである。

一方、陳国棟は行商たちの負債・破産に着目し、なぜ行商たちの多くが破産したのかという問いを立てた。その問いに対する答えとして、官による搾取や西洋人との大量の取引、さらには行外商人の活動が少量の資本しか持たない行商たちを苦しめ、破産に追いやったと論じた。

この両者の研究によって新たに生じた変化は、行商理解についてはもちろんであるが、それ以上に、行外商人が当時の貿易にとっていかに重要であったかという認識が生まれたことであると言える。行商は彼ら自身では対西洋貿易のすべてを賄うことができず、行外商人が資金提供者として、また内地から広州に輸出品を引き出す客商としても欠かすことのできない存在であったことが、ＩＯＲの分析を通じて明るみにでたのである。それでも行商が貿易を「独占」していたという制度面に対する再検討は進まなかった。多くの研究者はこの時点に至っても制度面について論じる際にはまだモースの研究を参考文献として挙げていたのである。

(四)　各地域における研究動向

〈日本〉　日本における広州貿易の初期の研究者として矢野仁一[23]が挙げられる。その論点は、中国はイギリス人に必需の茶を施す立場であったから常に中国側が優位であり、また貿易の「権衡」も常に中国に有利であったという認識を前提とし、その状況を逆転させるためにイギリスはアヘンを中国に持ち込みアヘン戦争が引き起こされたというものであった㉔。その後広州貿易に特化した武藤長蔵や松本忠雄の行商研究が現れた㉕。その後中国との関係が悪化するにつれ、広州貿易やアヘン戦争に対する極端な認識が登場する。宮崎其二のアヘン戦争に関する研究は、その最たる例である。その論の大略は、成熟した資本主義社会のイギリスが旧態依然たる封建国家の清朝を滅ぼすことは「自然の理法」であり、それがアヘン戦争という形をとって現実となったというものである。その時、広州貿易研究は、中国がいかに遅れた社会であるかを強調するために持ち出された㉖。

戦前、戦後を跨ぐように、根岸佶のような商業に関する実地調査に基づいた研究が現れたほか㉗、六〇年代から七〇年代にかけて政治外交史という立場から為された坂野正高による研究は、現代に至るまで国際関係史研究などの分野において影響を与え続けている㉘。

日本の広州貿易研究において転換点となったのは、一九八〇年代後半の佐々木正哉の研究だろう。佐々木はそれまでの行商の強固な「独占」論を放棄し、彼らは官僚からの搾取や行外商人の貿易参入によって弱体化させられ、到底西洋人を統制する力は持ち得なかったと論じ、通説の批判を試みた。ただ、それと引き換えに、商人に対して賄賂の強要を行った官僚たちに対しては、より厳しい論調がとられることになった㉙。

こうした流れを受けて、広州貿易の再検討を、統治制度や貿易制度の面から行ったのが岡本隆司である。何より評価されるべきは、モース以来、いかなる研究においても自明視されてきた貿易制度、特に行商の「独占」についての再検討を行ったことである。岡本は中国のいわゆる税関であった海関に着目した研究を行い、そのなかで、行商（「外洋行」）や公行は取引の「独占」を企図して設けられていたわけではなく、西洋船から安定して徴税するための制度であったに過ぎなかったと述べた。また、その行商たちが経営難に追い込まれてゆくなかで不安定化する貿易秩序をいかに維持してゆくかという問題こそが当事者にとって最も重要な課題であった、と論じた[30]。

〈中国〉　近一〇〇年の中国における広州貿易研究の整理として、冷東「二〇世紀以来十三行研究評析」がある[31]。表題どおり二〇世紀初頭から現在までの主要な研究が列挙されており、中国における研究の傾向を知るには便利であるが、それぞれの論者がどのような論を展開しているのかを知ることができない。そこで、ここでは特に二一世紀に入ってからの中国における研究のなかで主要なものを紹介する。

広州貿易の「不合理」さを行商ではなく、清朝の体制の責に帰す論調として、李金明「広東十三行——清代封建外貿制度的犠牲品」[32]や、呂鉄貞「公行制度初探」[33]などが挙げられる。また周湘「清代広州行商倪秉発事迹」[34]も同様の立場から、当時世界的規模で形成されていた新しい経済システムに清朝は順応することができなかったと説く。そして戴逸は、その清朝の体質は自ら内に閉じこもり尊大であり、それがために正常な外交と貿易関係を築くことができず、中国発展の困難を増大させたと「清代乾隆朝的中英関係」[35]のなかで論じる。こうした清朝の守旧性を前提として、独占体制崩壊は歴史の必然であったと主張するのは曹英「鴉片戦争前中英貿易中的壟断問題」[36]である。蕭国亮のように長期的な視点で行商制度の変質を捉えようとするスタンスもあるが、前期は清朝の貿易管理の道具として、後期にアヘン貿易が活発になってからはアヘン密貿易の片棒を担ぐ共犯者であり、西洋人の侵略を手助けしたという文脈で語っている[37]。

すなわちこれらの研究については、世界の新しい趨勢を顧みない旧態依然たる清朝イメージを強調しようとする傾向が顕著であるとまとめられよう。一九世紀の清朝の「対外戦略」を強烈に批判するこれらの研究は、研究史の観点から言えば二〇世紀初頭の研究への回帰であると評価せざるをえない。

〈欧米〉　イギリス東インド会社以外の東インド会社の対中国貿易を対象としたものとして、まず一九六〇年代にフランス東インド会社の視点から広州貿易を分析したデルミニーの研究を挙げることができる[38]。デルミニーは広州での貿易だけでなく、フランス東インド会社の起源と性質、フランスとアジア各国との関係、中国で買い付けた茶がヨーロッパでどのように流通したか（イギリスへの密輸も含め）、さらには独立後のアメリカが広州貿易に参入したことなど、広範なテーマを議論の俎上に上げている。また広州における貿易品の取引価格など、膨大なデータに基づいたグラフも極めて重要な成果である。ただ六〇年代という時代の研究水準を反映してか、制度面での理解に不十分な点があることは否めない。例えば、公行について述べた節では公行の成立を一七二〇年代とし、それがアヘン戦争まで継続したという立場を採るなど（実際には公行は一七二〇年・六〇年の二度組織されそれらはいずれも解散している）、参考にする際には十分な検討が必要であると言える。

またオランダ東インド会社の広州貿易を研究したものとして、劉勇（Liu Yong）の業績がある[39]。すでに知られているように、レオナルド・ブリュッセイ（J. L. Blusse）らはアジア海域におけるオランダ東インド会社の活動を包括的に研究したが[40]、それらは主にバタビアに軸を据えたものであり、広州貿易については劉勇ほどの詳細な研究は見られなかった。しかし劉の研究は広州での貿易ばかりに焦点を当てたものではなく、オランダ東インド会社がアジアでの取引拠点の機能をよりバタビアに移してゆく過程のなかで、本国―バタビア―広州という貿易構造が形成されていったことや、本国に持ち帰った茶葉がどのように売りさばかれてゆくのかという点にも言及した、分析の射程とする範囲が極めて広いものである。広州における茶の購入について見れば、どういった商人から、どのような形態（即売なのか、契約なのか）で購入したかという構造を明らかにしようとする研究である。その分析を経て、オランダ東インド会社と安定して契約による取引を行っていたのはいわゆる行商たちであり、そのほかの行外商人たちは補助的な役割であったという結論を得ている。

各国の広州貿易に関する史料を用いた研究の最たるものが、ファンダイク（Paul A. Van Dyke）の研究である。彼はオランダ、スウェーデンの豊富な史料を用い、個別の行商に関する研究を進め、これらは現在最も参照されるべき文献となっている。また広州での貿易を支えた買辦や通事、引水（外洋船が珠江を遡行して広州に向かう際に雇われた官許の水先案内人）らの活動について具体的イメージを与え、これまで詳しく知ることのできなかった広州での金融取引についても数値データを用いて紹介した[41]。

また彼によって編まれた最も新しい行商研究が、二〇一一年に出版された *Merchants of Canton and Macao* である。この一書は、ファンダイクがこれまでマカオ特別行政区政府文化局が発行する *Review of Culture* に発表してきた行商一族に関する数編の論文を基礎とし、貿易の状態に関する総合的な記述や、これまで取り上げられてこなかった行商の経歴などを大幅に追加したものである[42]。すなわち、研究史のなかでは、モースやプリチャード、フェアバンクなどの東西交渉史の系統ではなく、梁嘉彬、張栄洋、陳国棟らの行商研究の後継に位置すると言えよう。

ただ、この研究は用いている史料の面において、従来の研究を圧倒した。ファンダイクはＩＯＲだけでなく、オランダ・スウェーデン・デンマーク・ポルトガル・アメリカ・フランス・中国などの広州貿易に関する史料を調査、発掘してこの研究を完成させた。ＩＯＲを用いた研究はこれまでにもあったし、フランス・オランダ・スウェーデンの東インド会社の広州貿易に関する研究は散発的ながら重要な成果を上げてきたが、ファンダイクほど徹底したマルチアーカイバルな研究は行われてこなかった。彼はそれを行うことにより、これまでベールに包まれてきた行商たちの盛衰、取引、一族、ほかの商人とのパートナーシップなどを明らかにした。

さらに彼はこれまで論じられてきた広州貿易イメージに大きく転換を迫るような見解を次々に打ち出しており、価格が相場変動制によって自由な変動を示し、それが行商を苦しめたこと（二一七頁）、そうした不安定要素の克服のため行商は西洋人や中国人内地商人から大量の前貸しを受け取ったが、それにより彼らの立場が一層弱まったこと（一六頁）などを強調している。他方広州当局の態度についても、当局者は西洋人をなるべく多く広州に誘致したいがために、西洋人と行商との間でトラブルがあると、西洋人の側を支援したことや、行商たちの「独占」組織であると言われる公行が存在していた時も、行商たちが力を持ちすぎることを恐れて内地商人に西洋人と直接取引をすることを認め、公行による「独占」を防いだこと（二一七頁）などを論じている。総じて言えば、行商の置かれていた状況が非常に困難であったことを強調するとともに、彼らの間の協力関係や対立関係が一七五五年の「独占」制度の構築や一七六〇年の公行設立など、広州貿易の動向に大きな影響を与えたという見方であると言えよう。

三　残された課題

以上の研究の流れを総括するならば、次のように言えるだろう。非常に長い期間にわたって信じられてきた行商「独占」論は、一九九〇年頃を境に次第に批判・検討が加えられるようになり、行商は西洋人を完全に統制できるほどの権力や経済力を持ちえなかったとする論が基調になってくる。制度としては「独占」が許されていたが、彼らは小資本であったがゆえに西洋人との大口取引で恒常的に負債を抱え、そこに行外商人たちが付け入って西洋人との取引を拡大し、「独占」体制を骨抜きにしてしまったというのである。

このような専門研究における論調の変化に対し、日本におけるいわゆる概説書・通史などの記述にも大きな変化が見られる。すでに一九九七年刊行の『世界の歴史一九　中華帝国の危機』（並木頼寿・井上裕正、中央公論社）では行商の説明に「独占」の文字はなく、「ヨーロッパ諸国との貿易は主に「行商」という特許商人が担当」とあるように、排他的独占者ではなく主たる取引相手であったという認識が示されている[43]。また『中国の歴史九　海と帝国　明清時代』（上田信、講談社）では行商と公行の混同が見られるなどいくつかの誤解が見られるものの、公行が貿易を「独占」したとは明記されていない[44]。日本では数少ないヨーロッパ各国の東インド会社についての著作である『興亡の世界史一五　東インド会社とアジアの海』（羽田正、講談社）でも行商「独占」の文言はなく[45]、『清朝と近代世界　一九世紀』（シリーズ中国近現代史1、吉澤誠一郎、岩波書店）でも同様である[46]。さらに岩井茂樹は『岩波講座東アジア近現代通史一　東アジア世界の近代一九世紀』のなかで、拙稿[47]を註に引き、行商に属さない商人たちが西洋人の商人と取引したことを強調している[48]。これが第一の特徴である。

だが一方で、西洋人が広州での貿易状態に不満を持っていたとする論調に変化はない。すなわち、その不満の原因を行商との対立に求めるのではなく、清朝や地方官僚が定めた貿易規則や西洋人の行動を制限する諸々の命令・布告に求めている。これが第二の特徴である。

それではこの両方の特徴から得られる広州貿易のイメージはどのようになるだろうか。西洋人は取引の現場では行商の「独占」商人としての特権のために価格やその他の面で苦しめられることはなかったが、官僚たちは強引な手段で取引環境を悪化させ、これに抵抗しようにも直接の交渉が禁じられていた。そこでマカートニーなどの使節を派遣したが結局何ひとつ要求を聞き入れてはもらえなかった、という流れとして理解できるだろう。このように見てくると近年の通説は、これまでの研究者によるモースに対する批判を汲み取って、行商が中世ヨーロッパのギルドと同様の「独占」商人であったという論調は放棄していると評価できよう。

通史・概説書のなかから「独占」の文字が消えたことは、旧来の通説が完全に過去の物となったという印象を与えかねないが、果たしてそう言えるだろうか。本当にそうした状況になるには、次の二点が立証されなければならない。それは第一に、清側が「独占」制度を設けなかったこと、第二に、実際の取引において西洋人にとって不利となる条件を行商側から押し付けられなかったことである。だが、ここまでつぶさに見てきたように、これまでの研究はこの二点について立証しているわけではない。

第一の点について、ファンダイクや張栄洋、陳国棟、佐々木正哉、岡本隆司らの研究は「独占」制度の存在を否定してはいない。むしろ、一七五五年に定められたとして、それを肯定している。その主張が旧来の説と違うのは、「独占」制度がありつつも、その制度はそれほど強固なものではなかったこと、一八三〇年代に至るまでに形骸化していたために、西洋人への影響力は限定的であったことを主張したという点にほかならない。

第二の点に関しては、彼らが行っていた取引についてのより詳細で体系的な分析が必要になってくるだろう。それぞれの中国人商人が、行商であろうとなかろうと、どの程度の分量の貿易品を取引したのか、それが取引全体に占める割合はどのくらいか。また取引価格についても、茶の価格帯はどのくらいであったか、高級茶と低級茶との価格差はどの程度か、シーズン中の価格の変動はどのようになっていたのか、茶の供給量は安定していたのかなどである。これらの問いに具体的な事例を挙げて答えられて初めて取引における西洋人と中国人との関係を知ることができるのではなかろうか。陳国棟やファンダイクがこの問題を解き明かそうとして数値を扱うが、いずれも厳密性に欠けるものである。その詳細は第四章の冒頭に譲る。

繰り返しになるが、通史・概説書から「独占」の文字が消えたことは、その裏付けとなる専門の研究がモース以来の説の否定に成功したことを意味するものではない。むしろ根本的な問題は残されたままでありながら、克服されたものとして看過されようとしていると言えよう。さらに冒頭でも述べたように、モースのギルド的「独占」論は、歴史研究の深層にいまだに息づいている。本書で一〇〇年も前のモースらの研究を、近年の研究と同等に重要視して真正面から取り扱わなければならない理由はここにある。

以上の認識を受けて、本書で筆者が特に検討すべきだと考えるのが、次の二点である。まず、行商の「独占」制度が存在していたか否かという点に象徴される、先行研究が提示してきた広州の貿易制度の実態である。その目的のために本書では一七五四年の保商の制度化、一七五五年の「独占」布告発布の顚末、一七五七年の広州一港制限令、一七六〇年の防範外夷規条、「公行」成立などの出来事を分析の対象として設定する。次に、貿易の実態をできる限り詳しく再現する。これは貿易の構造や取引価格を改めて検証する作業でもあるが、その主眼は、イギリス東インド会社の管貨人と中国人商人たちはどのような力関係のなかで日々の業務を行っていたのかを明らかにすることにある。

四　課題の解明に向けて

以上のような課題に取り組んでいくうえで重要なことは、まず貿易制度の内実をどのようにして実態に近づけながら理解してゆくかという問題である。

(一) 新しい制度認識

実際のところ、会社が毎年広州に船を派遣するようになってからアヘン戦争までの一五〇年間に清側が「制度」として発布したもののうち、現存する勅諭や布告は十指を以て数えられる程度に過ぎない。しかもそれらは史料の分量としても十分ではないため、制度の内実や性質に論及する時には西洋人らが書き残した記事を補いながら行ってきたのである。すなわち、従来の広州貿易制度分析は、どこまでも清側の制度策定の意図を分析するという手法に徹していたのである。そしてその時に自明とされたのは、制度の形成や変化は清側のみからもたらされるという認識であった。

もちろんそうした分析の仕方は重要であり、本書でも度々そうした視点を重視して検討を行っていくつもりである。だが近年では他分野の研究において、より柔軟に制度分析を行おうとする潮流も生まれている。例えば経済学者であるアブナー・グライフは、制度分析にかかわる問題意識を次のように論じている。

この新しい見方は、制度とは何か、それはどのように発生するのか、制度の実証分析はどのように行うことができるのか、そして制度の安定性や変化に影響する要因とは何であるかを明らかにする。また、制度は過去の影響をなぜ、そしてどのように受けるのか、なぜ制度は時として変化するのか、なぜ制度は社会によって大きく異なるのか、そしてなぜ制度の変革を目的とした政策を立案することが困難であるのか、といったことに説明を与える。[49]

こうした課題設定によってなされた一連の研究は新制度学派経済史や比較制度研究と呼ばれているが、そもそも新古典学派経済史の分析枠組みを現実の問題に当てはめて考えた時に現れてくる矛盾を鋭く指摘したのは、ダグラス・ノースであった。[50]彼は、各国において経済的発展をもたらす経済成果を制度評価の軸とし、なぜ大きな経済成果を達成する効率的な制度がある一方で、逆に非効率的な制度を採用する国が存在するのか、また制度の変化はどのように理論化できるのかという問いに取り組んだ。そしてこれを理解するために、取引コストという概念に注目したのである。

その後、グライフはノースと同様の問題に取り組みつつ、ノースが意識的に提示してこなかった制度の起源について考察を進め、制度はそれを守ろうとする人々の動機によって成立し、同時にそうした人々の行動を制約するものでもあるという考え方に至った。この考え方は制度の「内生」と呼ばれ、彼の論の特徴のひとつとなっている。彼のこうした結論は、ゲーム理論を利用して制度の諸側面を理論化したことが影響していると考えられる。特定の制度（ルール）の下での個々の人々（プレイヤー）の行動の選択と、行動に対する予測を用いて分析する手法としてのゲーム理論は、分析上、個々人の行動とその影響を重視する傾向があると言える。また彼は理論的な要素だけでは実態を分析することが難しいという立場から、歴史学者が用いてきたような史料を利用して理論を実態面から裏付ける作業を行った。具体的には、マグリブ商人の懲罰制度やジェノヴァの国家形成の問題を取り上げ、それは言うなれば、経済学と歴史学を融合させる試みであった。

こうした経済史の分析視角と同様に、中国史においてもすでに岩井茂樹が次のような重要な指摘を行っている。

> 上からの法令であっても、皇帝であれ官長であれ誰か個人の恣意によって決定されたものだとして片付けることはできない。例えば、決定に参与する者たちの価値観や思考論理にまで遡れば、その価値観や思考論理を生み出したイデオロギーという上位の規範の存在を問題にせざるをえないし、法令や規約が経済上の問題にかかわるばあいには、対象となっている社会の利害状況がどのように認識され、その法令や規約が利害状況にどのような変化をもたらすことを期待していたのかということを問題にせざるをえない。法令のような人定法の生成も、文化の伝統や利害状況という社会における秩序問題から切り離すことができないわけである。〔中略〕
>
> 法令や規約が社会秩序を規定する重要な要素であることは確かである。しかし、それらが秩序を形成する力を現実に発揮するのは、それを受容したり、拒否したり、ねじ曲げたりする人々の反応を通じてである。制度は社会における秩序形成の場のなかでそれがどのように働いたかという問題に眼をむけたばあいにのみ、その機能を理解することができるわけである。[51]

以上の論が一様に指摘しているのは、制度というものは立法機関の押し付けや恣意的な変更によってその文言どおりに機能しうるものではなく、それにかかわる人々の作り出す実態や行動を含めて分析する必要があるという点であろう。

以上のような新しい認識をもとに広州貿易制度の分析に取り掛かる時特に留意したいのは、個々の制度への参加者の行動が制度を形成しその性質を決定する、という認識である。立法の権限を持つ者によって制定された規則を仮に上からの法令と呼ぶとすると、商人たちが取引を繰り返してゆくなかで形成される、下における慣習というものもまた存在するはずである。この二つは決して別次元に存在するわけではなく、相互に影響を及ぼし合い不足を補い合う関係にある。それが制度を構成する中身であろう。したがって広州の貿易制度を分析する際には、個々の商人たちの慣習や行動を含めて考察する必要があり、さらにそれらが発生・変化してゆく過程や要因を解明することが肝心である。

㈡　東インド会社側の商人への注目

こうした手法で制度の形成という問題について分析を進めようとすれば、当然清側・イギリス側それぞれのアクターの行動や思考を明らかにしていかなければならない。しかし、清側の行商については多くの研究がなされてきてはいるが、一方のイギリス側の商人の具体的な行動については研究の対象にすらなってこなかった。こうした研究の不均衡が生じている原因は、これまでの広州貿易の論じられ方にあると言えるだろう。

すなわち、広州における貿易の不調を清側の制定した制度の責に帰するロジックは、対する会社側の行動は現代も当時も常に「正当」なものだという無意識の前提に支えられていてこそ成り立つものであった。会社側やイギリス王室が清朝に状況「改善」の交渉を持ちかけたり使節を派遣したりする事例を扱う時ですら、イギリス側の要求が「不当」なものだったと疑うのではなく、常に清側がイギリスに対して「不当」であったという主張が貫かれている。そして研究者間の主張の違いがあるとすれば、そういう清側の態度を歴史的にどう評価するかという結論の違いに過ぎなかったのである。

だがイギリス側の行動がそれほど「正当」だという前提に立つのであれば、イギリス側の行動が実際にそうであったことを証明する研究が必要である。そうした研究がない以上、本書がその役割を担わなければならないだろう。もちろん、イギリス側が「正当」であったことを証明するためではなく、彼らの行動を知り、先入観を排してその意味を評価しなおすために、である。

㈢　貿易実態の解明

そうした分析を行っていくうえで重要になってくるのが、貿易の実態をいかに再現できるか、という点である。プレイヤーたちがどのような行動をし、制度にどのような影響を与えていったかという問題は、とりもなおさず、彼らがどのような取引行動をしたか、と問うのと同義である。先に述べたように、価格はどのくらいで取引されたのか、誰とどのくらい取引できたのか、そうした実態のなかで、それぞれのプレイヤーはどういった取引を望み、それを実現させるためにどのような働きかけを行ったのか。そういった問われ方が必要である。一言で言えば簡単だが、これは決して容易なことではない。例えば価格の問題を取り上げると、ある年のある日付に取引された輸出茶の価格を知ることは容易であるが、その価格が果たして高いのか安いのかを知るためにはその年度の取引価格を調査し、さらに多年度にわたる分析を経て初めて評価できることである。またその価格が中国人から見て高いか安いか、西洋人から見て高いか安いかということを問おうとすれば、それぞれの立場を含めたより広範な分析が必要になってくる。

(四)　捨て去られていた史料

以上述べてきたような関心から制度や実態の詳細にアクセスするためには、最もオリジナルな史料に立ち戻って、自らの目で検討する以外にないだろう。それを可能にする唯一の史料が、ＩＯＲのなかに含まれる広東商館記録である(52)。これは管貨人委員会の日誌および協議の記録であり、個々の管貨人委員会の広州での日々の取引、管貨人委員会内での協議、中国人商人や広州当局との交渉などの記録、別の管貨人や会社船の船長、本国役員会への手紙の写しなどが含まれている。しかしこの史料はすべての年度、委員会のものが完全に揃っているわけではなく、欠落している箇所も多い。これは会社の記録保存体制が整備されるのが比較的遅かったことに起因していると考えられる。

会社が文書保存に取り組むようになったのは一七七〇年代以降のことである。広州商館記録に関して言えば、それらは当初ブックオフィス（Book Office）において管理されていた。ブックオフィス自体は一八世紀初頭から存在したと言われるが、そこで文書管理を担当する役職が設けられたのは一七七一年のことであり、そこから本格的に保存が始まったと考えられる。その後一七七八年にはブックオフィスと並んでインド関係文書記録所（Register of Indian Records）が設置された。これ以降ブックオフィスでは現行の文書の管理、記録所では過去の記録の掘り起こしと整理が進められ、文書保存の体制が整うことになった。

こうした事情により、一七七〇年代以降の広東商館記録については史料の欠落が少なく、統計の数値についてもかなり整理されて書き残されるようになった。しかしそれ以前のものについては史料的な空白が多く存在する。例えば、一貫してインド省に保管されていた広東商館記録はＧ／12シリーズであるが、これは一七五四年から七〇年までの年度分が欠落していた。モースは一九二〇年代にこのシリーズを調査して『編年記』の第一巻から第四巻までにまとめた。しかしその後外務省（Foreign Office）から一七五五年から七〇年までの欠落を補うことのできる広東商館記録のＲ／10シリーズが見つかったため、これを用いて第五巻を完成させたのである。そういった意味では、一七五〇年代を対象として扱う本書は、主に外務省に保管されていた広州商館史料を用いて分析を行うと言ったほうが、より正確である。

しかしそれでも広州貿易の全体像を知るには史料が足りない。それと言うのも、年度で見れば欠けることなく一貫して史料が残っているように見えても、そうした史料も一年の出来事や取引の一部分をカバーするにすぎないからである。後段でふれるように、会社の本国役員会は中国派遣船の編成に当たって、その船の広州での貿易を監督する管貨人を指名し、管貨人五、六人をひとつの管貨人委員会として組織し、彼らに二、三隻の船を管理させた。一八世紀中頃には会社は五隻以上の船を送っているので、一年の間に広州に複数の管貨人委員会が派遣されたことになる。広州での商館記録は管貨人委員会毎に作成されたため、同じ年度でも複数の商館記録が存在することになる。これらがすべて揃って初めて全体像の把握が可能になるが、そこまで完全に保存されてはいない。

さらに注意しなければならないのは、ひとつの委員会の記録が残されていても、それは本国で記録用に書き写される段階で内容が削られてしまったものであるかもしれないという点である。委員会によっては一〇〇ページを超える記録がある一方で、一〇ページに満たないものもある。R／10シリーズの場合、どの記録を残し、どれを棄てるかという基準は外務省側で判断された可能性もある。その判断基準を明示した史料はないが、史料の残され方から推察するに、委員会と広州当局との交渉、著しい制度の改変、清朝中央とかかわるような事件や交渉の記録、他の国の東インド会社とトラブルがあった場合の往来文書などが選ばれ、残されているように見える。こうして見ると、ＩＯＲがいかに不完全な史料であるかが理解できよう。各章で用いる史料の残存状況については、各章の冒頭でそれぞれ説明を付すこととする。

それでもＩＯＲはアヘン戦争前の英清交渉、貿易関係を分析するうえで、現在においても欠かすことのできない史料である。その理由は第一に、先行研究整理の部分で述べたようにこれまでの研究では管貨人委員会の協議で話し合われた内容や、そこに書きとめられた管貨人の評価や心情吐露を利用するのみで、個々の取引の記録は打ち棄てられてきたからである。そもそも、協議の内容も制度や取引に対する管貨人の不満も、すべて実際の取引環境から導き出されたものであったはずである。それだからこそ取引の詳細を知ることができれば、取引の制度および慣習の実態、あるいはその変遷が明らかになり、そうした環境にいた広州当局者、中国人商人、管貨人たちがどのような立場から、何を考えていたのかという点についてもより理解が進むはずである。たとえすべての年度の正確な貿易統計を再現しえなくとも、残された史料を使い、より取引の実態に迫る努力が必要であろう。

第二に、取引の実態を知りうる史料が中国側に存在しないことである。取引を分析する際には、売買した両者の記録をつき合わせて検討すべきであろうが、広州での貿易に関して言えば、中国人商人側の記録は店舗商人から行商に至るまで、今まで全く発見されていない。中国語で記された行商と管貨人間の往来文書や取引契約書の類は各国東インド会社の史料中に散見され、ファンダイクもこれを利用しているが、彼も論じるように中国側の商人の個々の取引や収支を知りうるような台帳などが見つかる可能性は極めて低い。また広州当局が残した史料も北京との往来文書（上諭・上奏）があるだけで、取引や制度を詳細に知りうるものであるとは言えない。以上の理由から、本書では改めてＩＯＲの分析に取り組むこととする。

そのほかに拠るべきは中国語の文献である。広州貿易に関しては両広総督や粤海関監督からの上奏（寧波に会社船が派遣された時には閩浙総督も）、清朝中央から地方への上諭をその主たる史料として取り上げる。これら清朝の政府檔案は、北京の第一歴史檔案館に保存されている。筆者もこれらを参照したが、すでに史料集として出版されている内容と異ならない。最も重視すべき史料集は『清宮粤港澳商貿檔案全集』(53)であり、康熙年間から宣統年間までの広い時期を扱うだけでなく、内閣宮中檔から軍機処録副に至るまで、収録されている史料も中国の檔案館に残存しているものをほぼ網羅している。これと同時に『乾隆朝上諭檔』(54)『宮中檔乾隆朝奏摺』(55)などを併せて参照した。このほか、戦前に故宮博物院から刊行された『史料旬刊』(56)、イギリスで発見された中国語文献を収録した『達衷集』(57)などには上述の史料集には載録されていない乾隆年間の文献も含まれている。

近年では行商の一族の族譜を用いた研究および族譜の要約も発表され、行商一族の詳細な情報も知りうるようになった。場合によっては中国において族譜そのものの閲覧も可能である。こうした史料も適宜用いることにしたい。

(五)　広州貿易の多様性と本書の位相

以上のように本書は、直接には広州に来航したイギリス東インド会社船の貿易を分析するものであるが、その背景に一八世紀のアジア海域における多様な人々の活動を見据えておかなければならない。その最たるものは、アジア海域を広く交易の場とした華人と、西洋人のカントリートレーダーの存在であろう。これらの人々に関しては、濱下武志の議論(58)や、秋田茂によるグローバルヒストリー研究(59)など多くの研究があり、これまで多大な成果を上げてきた。またカントリートレーダーについて言えば、張栄洋のジャーディン・マセソンに関する研究(60)、フィリップ・オドレールによるフランス人の活動に関する研究があり(61)、羽田正によるフランス人商人シャルダンの研究では、シャルダンの息子がインドから中国に貿易に向かったことが知られている(62)。

実際、アジア海域を航海し貿易に従事していた商人の大部分は、各国の東インド会社の社員ではなく、こうした個々の商人であったと考えられ、国籍に縛られず境界を跨いで活動する彼らの存在は研究対象として魅力的なものである。広州という場もその例外ではなく、一八世紀には多様な地域の人々がカントリートレーダーとして訪れていたはずである。

また各国の東インド会社に属する高級社員は、会社船の船倉に自身の貨物を積むスペースを与えられ、これを利用して独自の交易を行っていた。これを私貿易、すなわちプライベートトレードと言う。さらにレオス・ミュラーの研究によれば、スウェーデン東インド会社の高級社員は、広州に来ると自分の資金を投資して商品を買い、パートナーを雇ってその商品を輸送し他所で販売させて蓄財していたという。この他、西洋人や中国人の商人を相手に資金を貸し付けて利益を得てもいた(63)。

これらの事例を考慮すれば、広州に来航した西洋人、特に各国東インド会社社員のなかには、義務として会社の貿易を行い、個人の商売として私貿易、そしてカントリートレーダーによる貿易への投資を行うという、三種類の貿易活動を同時並行で行っていた者もいたことになる。

そうした実態を念頭に置きつつも、モース以来の広州貿易研究が実質的に各国の東インド会社の取引を対象とするものであり、本書ではそれらの研究によって作られてきたイメージを再検討することを目的としていることから、まずイギリス東インド会社の取引を主たる対象として分析したいと考えている。

五　議論の流れ

最後に本書の議論の流れを説明しておきたい。

本書はその内容によって二つの部分に大別できる。すなわち主に一七五五年という年に定点を置いて、広州貿易にかかわった商人たち、貿易制度、そして取引の実態を静的に捉えていこうとする第一部、その後五〇年代後半になって起こる広州貿易の制度や取引実態の変遷を動的に追いかけようとする第二部の二つである。

第一部では、広州貿易を理解するための根幹にかかわる以下の問題を検討する。どのような人々が貿易に携わったか（第一章第一節）、清側はどのような制度を設けていたか（第一章第二節、第二章、第三章）、商人たちの間ではどのような慣習の下で取引が行われていたか（第四章）、どのような商品を取引していたか（第五章）である。各章についてより詳しく述べると次のような流れになるだろう。

まずどのような歴史の分析においても、登場人物の背景や特性を知ることが肝要である。第一章の前半では、イギリス側では会社の貿易監督者である管貨人、清側では貿易の管理権者である両広総督・粤海関監督、取引の現場で仲介者として機能した行商、西洋人の取引や滞在をあらゆる面でサポートした通事や買辦を取り上げ、主にその機能について説明する。そこで特に着目したいのは会社の状況である。そもそも管貨人は本国の役員会から与えられた任務を広州で遂行する立場の人間であるため、彼らの行動や思考様式は会社の状況に大きく左右されたはずである。これを見てゆくことで、管貨人たちが広州で何をしなければならなかったか、彼らの譲れないラインというのはどこにあったのかが明らかになるだろう（第一章第一節）。

これらの人々が携わって営まれた貿易の内実を見ようとする時、まず清側の貿易管理権者によって定められたオフィシャルな制度がいかなるものであったかを確定しておく必要があるだろう。そうした制度については一七五四年の保商の制度化をまず取り上げたい。なぜなら、この制度変化を契機として管貨人は頻繁に広州の官僚たちに面会し苦情を訴えており、そのためにこの保商の制度化が英清関係の変化の端緒になっていると考えられるからである（第一章第二節）。さらに広州の貿易制度と言えば、行商による貿易「独占」制度を忘れてはならない。従来の研究では広州に「独占」制度が存在していたことの根拠は、一七五五年に清側によって発布された数件の布告に求められている。本書ではその布告の内容と発布の経緯を詳細に追い、その制度が結果としてどのような形として商人たちに周知されたかを、従来注目されてこなかった史料を用いて論じていく（第二章）。

この布告について分析するなかで筆者は、広州の官僚たちが皇帝に献上するための貴重品を行商たちに買い集めさせていると、管貨人たちが日誌のなかで記しているのに何度も出くわした。重要なことは、管貨人たちがその業務のために保商制度や「独占」制度が設けられたと認識している点である。それではなぜ管貨人たちはそのような認識を持つに至ったのだろうか。皇帝に舶来品を送るシステムとはどのようなものだったのだろうか。そうした、いわば裏の貿易とも言える貢品制度の分析を通じて、清側の官僚や商人たちが置かれていた立場について理解を深め、それが原因となって英清間の対立が深まっていく構造を明らかにしておきたい（第三章）。

このようなオフィシャルな制度は確かに取引の形や商人の機能をある側面において規定した。しかし実際の取引を動かしていたのは商人同士の慣習的な制度であった。広州に入った管貨人たちが初めにやったことは何か、取引する商人をどのように決定していたか、価格はどのような力学によって定まっていたか、商品の発注や支払いの方法にはどのようなパターンがあったのかなどの疑問は取引上の極めて初歩的な構造を問うているにもかかわらず、これまでの研究においては必ずしも明らかにされてこなかった。これらの疑問にひとつひとつ答えていくことで、取引の場における英清の商人間の利害をめぐる対立や調整についての真の評価が可能になるだろう（第四章）。

制度と同様に、取引された商品がいかなるものであったかという問題も、取引の形を規定した要素である。イギリス人は主に毛織物を持ち込み、茶や絹や磁器を買い付けて帰帆した。それらのなかでも特に茶は最も重要な商品として取引されたが、それはいかなる品質のものだったのか。ブラックティー、グリーンティーという語は日本語では紅茶、緑茶と訳されるため、それについて考える時に現代の茶を想像してはいまいか。だが実際にはこれらの商品は、英清双方の商人たちが自己の利益を最大化するために取り扱ったものであり、その目的のために最適な形に加工され、販売され、運ばれていた。こうした商品の実態は、広州貿易の本質的な姿を我々により鮮明に見せてくれるだろう（第五章）。

第一部で明らかにした貿易の実態についての理解を基礎として、第二部では一七五五年から六〇年にかけて起こった貿易制度や実態の変化に分析を加えていく。具体的には一七五七年に発布され西洋人の貿易の場を広州のみに制限した広州一港制限令（第六章）、寧波における会社の貿易の実態とその成果（第七章）、広州における西洋人の行動に制限を加えた一七六〇年の防範外夷規条、そして同年に結成され価格などを清側に有利に操作したとされる「公行」を分析の対象とする（第八章）。その際清側の上からの制度改編だけに注目するのではなく、会社側が自分たちに有利なように制度を改変するためにどのような手段を講じたかという点を特に重視しながら分析を進めていくこととする。

まず広州一港制限令について言えば、これが発布された直接的な契機は一七五五年から五七年にかけて会社が寧波に貿易船を派遣したことに求められる。その後一七五七年に至って清朝中央は寧波への来航を直接禁止することになるが、実は一七五五年の時点では清朝中央は貿易を許可していた。では、そうした緩やかな態度がなぜ厳格な禁止へと変わっていくのか、その間に会社側の貿易監督者や寧波の地方官僚たちはどのように行動したのか、清朝中央はそうした行動の何を危険視したのかといった疑問に対して踏み込んだ考察を加える。この出来事を転機として貿易の運営については基本的に広州の官僚たちに委ねていた清朝中央は、華南に来航する西洋人（特にイギリス人）に対して注意を払うようになり、広州の貿易制度にも目を光らせるようになるため、清朝中央が西洋人をめぐる問題をどのように考えていたかは明らかにしておくべき問題であろう（第六章）。

広州一港制限令発布の経緯が明らかになったら、次に寧波における会社側の取引を分析する。会社が寧波に貿易船を派遣したのは、自分たちにとって広州よりも有利な条件で取引できると考えたからにほかならない。それでは寧波での取引において会社側の目標は達成されたのだろうか。そして彼らの寧波での貿易は三年で終わってしまったが、そのなかでいかなる成果を獲得したのだろうか。これらの問題を管貨人の視線で考察しておきたい（第七章）。

最後の章では舞台は再び広州に戻る。取り上げるのは一七五八年から六〇年にかけての貿易取引の推移、商人たちの状況の変化、英清双方のアクターによる貿易制度への双方向的な働きかけ、そして制度そのものの変容である。この期間には、六〇年の防範外夷規条発布及び「公行」の結成など、のちの広州貿易の形を規定した大きな変化がいくつも起こっている。こうした大変動が起こった背景には七年戦争勃発という世界的事件があり、それと関連した会社側による広州の貿易制度改変のための働きかけがあったと考えられる。そして最終的には一七六〇年において貿易の仕組みがどのような形に落ち着いていくのかに論及する（第八章）。

以上を本論とし、末尾に補論を加えた。モースおよびイームスが二〇世紀の初頭に行った広州貿易研究を分析したこの論は、もともと先行研究について考察を深めるなかで生まれてきたものである。すでに先行研究整理でふれたように、一九世紀までの広州貿易研究には様々な論調がありえたが、モースらの研究が誕生して以降、その見方が世界的に受け入れられ、定説となっていった。それではその定説はなぜ、どのような社会背景のなかから誕生してきたのか、その疑問に答えようと書かれたのがこの補論である。モースらの広州貿易研究の本質的意義について理解を深めて本論に進みたいと考える方はここを先に読まれるのもよいだろう。

ともあれ、次章からはいよいよ広州貿易に携わる商人たちを紹介することになる。従来の広州貿易研究では多くの場合、一〇〇年以上にわたる広州貿易時代を概括するのに論文一本分、あるいは本の一、二章分を充てて結論を導くことが多かった。しかし本書は、ほぼ六年分の出来事を描くために一書を費やした。その分、読者にとっては最初、複雑で、濃密で、取っ付きにくいというイメージを持つかもしれない。だが読み進めていくうちに、喩えるならば、複雑に固く絡まり合った紐がある一か所を緩めることによって一度にほどけていくのと同様に、広州貿易の理解についてもすんなりと解きほぐされていくだろう。本書がそうした理解のための一助になることを願ってやまない。

（1）Ｅ・Ｈ・カー著、清水幾太郎訳『歴史とは何か』岩波書店、一九六二年、九、一〇頁。
（2）Hosea Ballou Morse, *The Guilds of China: with an Account of the Guild Merchant or Co-Hong of Canton*, 2nd edition, Kelly and Walsh, Shanghai, 1932.
（3）小林隆夫「イギリスの東漸と東アジア――貿易と秩序」和田春樹他編『岩波講座東アジア近現代通史1　東アジア世界の近代19世紀』岩波書店、二〇一〇年、一〇六頁。
（4）カー前掲『歴史とは何か』一〇、一一頁。
（5）Peter Auber, *China, an Outline of its Government, Laws, and Policy: and of the British and Foreign Embassies to, and Intercourse with That Empire*, Parbury, Allen and Co., London, 1834.
（6）John Francis Davis, *The Chinese: a General Description of the Empire of China and Its Inhabitants*, Charles Night, London, 1836.
（7）Martin Moir, *A General Guide to the India Office Records*, The British Library, London, 1988, p. 35.
（8）Robert Montgomery Martin, *British Relations with the Chinese Empire in 1832: Comparative Statement of the English and American Trade with India and Canton*, Parbury, Allen & Co., London, 1832.
（9）W. C. Hunter, *Bits of Old China*, Kegan Paul, London, 1855, do., *The Fan Kwae at Canton, Before Treaty Days 1825–1844, by an Old Resident*, Kegan Paul, London, 1882.
（10）Hunter, The *Fan Kwae at Canton*, *ibid* 口約束については pp. 15–16、行外商人については pp. 20–21、邸宅については p. 24

をそれぞれ参照。

（11）James Bromley Eames, *The English in China: Being an Account of the Intercourse and Relations between England and China from the year 1600 to the year 1843 and a Summery of Later Developments,* Pitman, London, 1909.

（12）Morse, *The Guilds of China, op. cit.,* do., *Trade and Administration of China,* Kelly & Walsh, Shanghai, 1908, do., *The International Relations of the Chinese Empire,* 3 vols., Kelly & Walsh, Shanghai, 1910–1918.

（13）Hosea Ballou Morse, *The Chronicles of the East India Company Trading to China, 1635–1834,* Oxford University Press, Oxford, 1926, 1929.

（14）Earl H. Pritchard, *The Crucial Years of Early Anglo-Chinese Relations, 1750–1800,* Research Studies of the State College of Washington, vol. 4, nos. 3-4, 1936.

（15）梁嘉彬『広東十三行考』国立編訳館、一九三七（民国二六）年。

（16）John King Fairbank, *Trade and Diplomacy on the China Coast, the Opening of the Treaty Ports 1842–1854,* Harvard University Press, Cambridge, 1953.

（17）Michael Greenberg, *British Trade and Opening of China 1800–42,* Cambridge University Press, Cambridge, 1951.

（18）彭澤益「清代広東洋行制度的起源」『歴史研究』一九五七年第一期、一九五七年、同「広東十三行続探」『歴史研究』一九八一年第四期、一九八一年。

（19）Weng Eang Cheong, *The Hong Merchants of Canton, Chinese Merchants in Sino-Western Trade,* Curzon Press, Richmond, Surrey, 1997.

（20）Kuo-tung Anthony Ch'en, *The Insolvency of the Chinese Hong Merchants, 1760–1843,* Academia Sinica, Taipei, 1990.

（21）そうした成果の一部は、広州歴史文化名城研究会・広州市茘湾区地方志編纂委員会編『広州十三行滄桑』広東省地図出版社、二〇〇一年、章文欽『広東十三行与早期中西関係』広東経済出版社、二〇〇九年などに顕らかである。

（22）黄啓臣・龐新平『明清広東商人』広東経済出版社、二〇〇一年、黄啓臣・梁承鄴『広東十三行之一　梁経国天宝行史迹』広東高等教育出版社、二〇〇三年、潘剛児・黄啓臣・陳国棟編著『広州十三行商之一――潘同文（孚）行』華南理工大学出版社、二〇〇六年。

（23）矢野仁一『近代支那の政治及文化』イデア書院、一九二六年、同『近世支那外交史』弘文堂、一九三〇年、同『近代支那外国関係研究』弘文堂、一九二八年。

(24) 同上書、三一四—三一八頁。

(25) 武藤長蔵『広東十三行図説』山口高等商業学校、一九三一年、松本忠雄「広東の行商及夷館」(上中下)『支那』第二二巻第一二号・第二三巻第一、第二号、一九三一—三二年。

(26) 宮崎其二「阿片戦争の経済的意義」『社会経済史学』第二巻第二号、一九三二年。

(27) 根岸佶『買辦制度の研究』日本図書、一九四八年。

(28) 坂野正高『近代中国政治外交史——ヴァスコ・ダ・ガマから五四運動まで』東京大学出版会、一九七三年。

(29) 佐々木正哉「清代広東の行商制度について——その独占形態の考察」『駿台史学』第六六号、一九八六年。

(30) 岡本隆司『近代中国と海関』名古屋大学出版会、一九九九年、九一、一〇五頁、同「「朝貢」と「互市」と海関」『史林』第九〇巻第五号、二〇〇七年、一〇三—一〇四頁。

(31) 冷東「二〇世紀以来十三行研究評析」『中国史研究動態』二〇一二年第三期、二〇一二年。

(32) 李金明「広東十三行——清代封建外貿制度的犠牲品」『広東社会科学』二〇一〇年第二期、二〇一〇年。

(33) 呂鉄貞「公行制度初探」『広西師範大学学報(哲学社会科学版)』第四〇巻第二号、二〇〇四年四月。

(34) 周湘「清代広州行商倪秉発事迹」『中山大学学報(社会科学版)』二〇〇一年第五期第四一巻(総一七三期)、二〇〇一年。

(35) 戴逸「清代乾隆朝的中英関係」『清史研究』一九九三年第三期(総第一一期)、一九九三年。

(36) 曹英「鴉片戦争前中英貿易中的壟断問題」『湖南商学院学報』第一二巻第五号、二〇〇五年一〇月。

(37) 蕭国亮「清代広州行商制度研究」『清史研究』二〇〇七年第一期、二〇〇七年二月。

(38) Louis Dermigny, *La Chine et Liocident, Le Commerce a Canton au XVIIIe siecle, 1719–1833*, Imprimerie nationale, Paris, 1964.

(39) Yong Liu, *The Dutch East India Company's Tea Trade with China 1757–1781*, Brill, Leiden; Boston, 2007.

(40) J. L. Blusse, *Strange Company: Chinese Settlers, Mestizo Women and the Dutch in VOC Batavia*, KITLV Press, Leiden; Boston, 1986, do., Badaweiya huaren yu zhonghe maoyi 巴达维亚华人与中荷贸易, Guangxirenmen Chubanche, Nanning, 1997.

(41) P. A. Van Dyke, *The Canton Trade, Life and Enterprise on the China Coast 1700–1845*, Hong Kong University Press, Hong Kong, 2005.

(42) P. A. Van Dyke, *Merchants of Canton and Macao, Politics and Strategies in Eighteenth-Century Chinese Trade*, Hong Kong University Press, Hong Kong, 2011. この研究書の内容に関する出典は、以下本文中にそれぞれ括弧で示す。
(43) 並木頼寿・井上裕正『世界の歴史一九　中華帝国の危機』中央公論社、一九九七年、四二頁。
(44) 上田信『中国の歴史九　海と帝国　明清時代』講談社、二〇〇五年、三六〇—三六四頁。
(45) 羽田正『興亡の世界史一五　東インド会社とアジアの海』講談社、二〇〇七年、三四五—三四六頁。
(46) 吉澤誠一郎『清朝と近代世界　一九世紀』シリーズ中国近現代史1、岩波書店、二〇一〇年、三九—四〇頁。
(47) 藤原敬士「一八世紀中葉の広州における行外商人の貿易参入に関する布告の分析」『東洋学報』第九一巻第三号、二〇〇九年。
(48) 岩井茂樹「朝貢と互市」和田春樹他編『岩波講座東アジア近現代通史1　東アジア世界の近代19世紀』岩波書店、二〇一〇年、一五一頁。
(49) アブナー・グライフ著、岡崎哲二・神取道宏監訳『比較歴史制度分析』NTT出版、二〇〇九年、四頁。
(50) ダグラス・C・ノース、ロバート・P・トマス著、速水融・穐本洋哉訳『西欧世界の勃興——新しい経済史の試み』ミネルヴァ書房、一九九四年、ダグラス・C・ノース著、竹下公視訳『制度・制度変化・経済成果』晃洋書房、一九九四年、同著、大野一訳『経済史の構造と変化』日経BP社、二〇一三年。
(51) 岩井茂樹編『中国近世社会の秩序形成』京都大学人文科学研究所、二〇〇四年、i—ii頁。
(52) IORの紹介・利用指南としては、Martin Moir, *A General Guide to the India Office and Records*, The British Library, London, 1988, William Foster, *A Guide to the India Office Records, 1600-1858*, Eyre and Spotiswoode, London, 1919, S. C. Sutton, *A Guide to the India Office Library with a note on the India Office Records*, The British Library, London, 1967 などが有用である。本節の整理もこれらに拠った。
(53) 中国第一歴史檔案館編『清宮粤港澳商貿檔案全集』中国書店、二〇〇二年。
(54) 中国第一歴史檔案館編『乾隆朝上諭檔』檔案出版社、一九九一年。
(55) 国立故宮博物院編『宮中檔乾隆朝奏摺』国立故宮博物院、一九八二—八八年。
(56) 『史料旬刊』国風出版社、一九六三年。
(57) 許地山編『鴉片戦争前中英交渉史料　達衷集』一九二八年（初版）、龍門書店、一九六九年。

(58) 濱下武志『朝貢システムと近代アジア』岩波書店、一九九七年。

(59) 秋田茂編著『アジアからみたグローバルヒストリー――「長期の一八世紀」から「東アジアの経済的再興」へ』ミネルヴァ書房、二〇一三年。

(60) Weng Eang Cheong, *Mandarins and Merchants: Jardine Matheson & Co., a China Agency of the Early Nineteenth Century*, Curson Press, London, 1979.

(61) フィリップ・オドレール著、羽田正編訳『フランス東インド会社とポンディシェリ』山川出版社、二〇〇六年。

(62) 羽田正『冒険商人シャルダン』講談社学術文庫、二〇一〇年、二八八頁。

(63) レオス・ミュラー著、玉木俊明・根本聡・入江幸二訳『近世スウェーデンの貿易と商人』嵯峨野書院、二〇〇六年、二一九―二三二頁。

第一部　広州貿易の商人・制度・取引

第一章　広州貿易社会の構成員と乾隆初期の貿易制度

はじめに

本章では全体の議論の前提として、広州貿易を支えた人々についてこれまでの研究で明らかになっている事柄を中心に紹介する。また本書が主に議論の対象とする一七五〇年代後半に至るまでの英清関係と貿易制度を概観した後で、その後の英清間の対立の火種となってゆく保商の制度化という出来事の意味について、会社の記録を基に考察を加える。

広州の対西洋人貿易とは端的に言えば、西洋諸国の貿易船が広州に来航し、西洋の産品やアジアの交易品を売却し、茶や絹や磁器といった中国産品を買い付ける貿易である。こう整理すれば単純であるが、その過程において実に様々な人々がかかわることで貿易が成り立っていた。西洋の側で言えば貿易の主役となる貿易監督者、すなわち管貨人をはじめ、西洋から来る外洋船を運行するための船長や数百人を数える一般の船員たちがいた。清側ではそれらの西洋人に食料や日用品を供給する商人、艀船に貨物を積んで珠江を行き来した運搬業者、広州で輸出品を再加工し梱包する際に働いた労働者、重量を量る専門の秤師、通貨としての銀を改鋳する職人、梱包された貨物を船に積み込む港湾労働者など、数え切れぬほどの業種と人数がかかわっていた。

もちろん本章ではこれらのすべての人々を取り上げることは煩雑に過ぎるので、貿易がいかに運営されたかを解明するという本書の目的に鑑み、会社の管貨人、清側で西洋人と貿易をする際に主要な役割を果たした洋貨行商人、すなわち行商、行商とは別個の商人として西洋人と取引をした行外商人たち、そして貿易を管理する権限と責任を有していた清朝の官僚たちに焦点を絞って解説を加えたい。

一　イギリス東インド会社社員の使命

(一)　貿易遂行のための管貨人制度

本書では広州貿易の様々な制度や慣習の実態を、それぞれのアクター、すなわちイギリス側では主として管貨人、清側では貿易の管理権者たる両広総督・粤海関監督、貿易の仲介役である洋貨行商（行商）、西洋人の身辺にあって貿易や生活の補助をした通事・買辦たちの視点、認識、行動を考慮しながら読み解いてゆくことを目指している。その対象には、広州に来航したイギリス人も含まれる。ここで言うイギリス人とは、会社に雇われていた船長や船員、水夫、さらには貿易業務を遂行した管貨人を指すが、貿易にかかわる実態の分析に当たっては、管貨人の認識や行動が解明されなければならない。そこで本節では管貨人が広州でいかなる責務を果たさなければならなかったのかを考察する。

管貨人とは、貿易船の派遣先でその船の貨物の売却と貿易品の購入を実際に行った人々である。彼らは本国役員会から任命され、五人程度の管貨人たちがひとつの管貨人委員会（Select Committee of Supra Cargoes）を組織した。そしてひとつの委員会毎に二隻から三隻の船の取引を管理したのである。一八世紀中葉には会社は広州に一年間で五隻から七隻程度の船を派遣したので、同時期に二、三の委員会が派遣され、それぞれ広州に滞在した。これらの委員会の間では情報交換や資金の貸し借り、また時折合同の協議会が開かれることはあったが、商館記録からはそれぞれの取引に過度に干渉している様子は見られない。

管貨人たちは取引に当たって本国役員会から購入するよう指示された種類や分量を忠実に守ろうとしていたが、供給不足により価格が極端に高騰した場合には、購入を諦めることもあった。このように、管貨人たちは輸出品の種類、分量のほかに、基準となる価格についても本国役員会の意向に沿う必要があった。こうした本国からの指示は時として広州にいる管貨人の取引をより困難なものにしたが、問題は本国の方針がどのような要因によって決定されていたか、という点である。これを知るためには当時の北大西洋における中国産品の流通構造に着目する必要がある。

(二)　北海貿易ネットワークの周縁としてのロンドン

まず各国の東インド会社の動向について概要を整理したい[①]。一五九〇年代にオランダから東インドに船が派遣され、非常な苦難をともないながらもジャワ島に到達し、本国に帰還するという偉業を成し遂げた。この動きに触発され、イギリスのレヴァント会社の商人たちは東インドへの直行ルートを開発すべく東インド会社を設立した。これが一六〇〇年のことであり、オランダはこれに続いて一六〇二年に東インド会社を立ち上げた。この二つの会社は東アジア、東南アジアで激しい勢力争いを繰り広げるが、その間にデンマーク・アジア会社、フランス東インド会社が次々に設立され、一七三一年にはスウェーデン東インド会社も成立した。そしてこれらの東インド会社が大挙してアジアに押し寄せることになったのである。

イギリスが広州に直接船を派遣したのは一七一三年で、それ以降、広州は各国の商人たちが繰り広げる中国産品買付け競争の最も重要な戦場となっていく。各国がこのように中国に船を派遣したのは、当然、中国産品をヨーロッパに持ち帰れば利益が生じると考えたからである。それでは、ヨーロッパに持ち込まれた商品を売りさばく販路としてどのような選択肢があったのだろうか。もちろん国内で流通・消費されるということが前提としてありうるが、ここでは少し視点を変えて、スウェーデン東インド会社の貿易活動から北大西洋地域における中国産品の流通構造を概観したい。

レオス・ミュラーによるスウェーデン東インド会社に関する研究によれば、スウェーデン東インド会社によってスウェーデンに輸入された中国産品（茶）の二〇―三〇％が他国に再輸出されている。(2) この数値は一七三八年から四〇年頃のもので、ヨーロッパ諸国間の動乱によって極端に上下する時期もあるが、この二〇―三〇％は平時の数値と考えてよい。この茶の再輸出先として圧倒的に大きな割合を占めるのは、オランダおよびオーストリア領ネーデルラントであった。このほか少量ながらもイギリスやフランスへの輸出が見られる。

オランダおよびオーストリア領ネーデルラントはこの時期、アムステルダム、ロッテルダム、ミデルブルフ、オステンドといった貿易港を有し、ここに荷揚げされた貨物はその流通ルートにのってドイツ、フランス、スペイン、ポルトガル、地中海各地へと分配されていった。すなわち、北ヨーロッパの取引を結びつける最大の結節点がオランダだったのである。

一方イギリスは、一八世紀になっても一六五一年の航海法以来の重商主義を堅持し、茶についても一〇〇％を超える関税をかけていた。そのためイギリス国内では茶の価格は他のヨーロッパ諸国より高額であり、供給も自国の東インド会社に頼るという状況であった。だが、イギリス国内で茶の価格が高いということは、他国からの密輸の格好のターゲットとなりうることを意味した。密輸の正確な数値、価格、取引ルートなどを解明することは困難であるが、スウェーデンなどの国から密輸が行われていたことは、イギリスに拿捕されたスウェーデン船に関する記録などに記されている。(3) このような密輸という要素を考慮に入れると、イギリス東インド会社は茶を中国から持ち帰った後も、国内市場をめぐって他国からの密貿易品と戦わなければならなかったということになる。その戦いを有利に進めるためには、密輸茶では到底及ばないような高品質な茶を確保するという手段が考えられる。さらに茶の原価がどれほど安いか、という点も問題となっただろう。輸入茶へのこのような要求は、当然広州に派遣された管貨人たちに向けられた。そしてそれはイギリス東インド会社だけではなく、オランダも、スウェーデンも、フランスも同様であったろう。中国貿易の利潤率を維持し拡大していくことと、広州で高品質な中国産品を確保することとは、ヨーロッパ域内の国際貿易競争という文脈において分かちがたく結びついていたのである。

そしてこの競争は各国の管貨人を媒介として広州に持ち込まれた。他国より良いものを、より安く、より多く手に入れるということのために、管貨人はあらゆる努力を重ねたのである。そして管貨人たちが感じていた重責は、そのまま中国の商人たちに向けられた。広州貿易時代を通して見ても、毎年のように西洋人管貨人と中国人商人が制度や取引をめぐって衝突をしたという事実はない。すなわち、本国の指示どおりに茶や絹を買い付けられた時には管貨人には何の不満もないが、もし天候不順などで一定の品質、所定の分量を確保できない時には中国人商人への不満と猜疑心が醸成されるのである。この点については本論で分析を進めるなかで確認していきたい。

本節の最初の問題意識に立ち戻ると、管貨人は本国役員会の指示のとおり、ヨーロッパ域内での国際競争に勝つための中国産品を、広州内部での国際競争に打ち勝って獲得する必要があったということである。以上の要因から、本章では管貨人の行動を中国人商人との二者関係においてのみ捉えるのではなく、ヨーロッパ諸国間の競争の延長線上に中国人商人の存在を位置づけ、管貨人の行動や心理についても分析を加えてゆくこととする。

二　清側の受け入れ体制

(一)　遠隔地貿易における行商の役割

前節ではイギリス東インド会社のヨーロッパ域内における経済関係について言及し、輸入した中国産品の販売から利潤を獲得するために、オランダ、スウェーデン、デンマークの東インド会社との熾烈な競争に打ち勝たなければならなかったと述べた。そのため、戦いは、より良いものを、より安く、より多く手に入れるという要素に左右されることになった。すなわち、広州の貿易社会もその戦いと無縁ではいられなくなったのである。

その戦いの場である広州の市場に、西洋人がいかにアクセスしたかを分析するのが本節の目的である。

広東省に接近した西洋船は、澳門で引水(4)を雇い、虎門の関所から珠江を遡り黄埔に至った。船長や数百名の水夫はこの地に留まり、出帆を待つことになる。一方管貨人たちは艀舟に乗り換え、広州の洋貨行街すなわち十三行街に向かう。

洋貨行とは舶来品（洋貨）売買における、売り手と買い手の結節点であった。行とは、皮行・薬行・銀行など業種という意味を示す言葉でもあると同時に、遠隔地交易の仲介業者、およびその仲介業者が所有する商用の建物を指すこともあった。(5)遠来の客商（一般的に生産地で商品を買い、それを消費地に運んで売却することで利益を得る商人）が、ある場所に商品を運んでそれを売却することを希望する場合、まず行に逗留して買い手を紹介してもらい、それを現地の（あるいは遠来の）商人に売却した。その際、中国では地域によって異なる基準を持つ秤量貨幣たる銀の改鋳や、価格の交渉、客商の逗留中に必要な物資の調達などを一手に引き受けたのが行の商人、すなわち行商だったのである。歴代の王朝は遠隔地交易の結節点であった行の機能に着目し、商品の取引にかかわる税の徴収やその地域の商業秩序の維持といった役割を与えたために、中国の商業システムにおける行の役割はますます強化されていったのである。

ともすれば商人同士のトラブルを容易に誘発しかねない遠隔地交易の安全をいかに保障するかという観点からも、行商の役割は重要なものであった。そしてこのシステムは西洋人との遠隔地交易にも用いられた。広州に到着した管貨人は何人かの行商と逗留のための条件交渉を行い、賃料などが折り合えば、行商の所有する交易品の保管および取引の場としての行を借りることになる。行商が行として機能するためには、西洋人のための住居のみでなく彼らが持ち込む貨物を保管しておくスペース、あるいは彼らが購入した輸出品を梱包し保管しておくスペースが必要不可欠であった。広州の洋貨行はこの目的のために、珠江の川沿いに幅二〇メートル、奥行きがほぼ二〇〇メートルもある巨大な建物を所有しており、これを西洋人に貸し、西洋人の貿易の便を図ったのである。

管貨人は逗留する行が決まると、黄埔に停泊している外洋船の船長に手紙を書き、彼らが持ち込んだ輸入品を艀舟で広州の行まで運ばせるよう指示した。また茶や絹の購入のために銀が必要になると、船から行に送るよう命令している。そして購入した輸出品は梱包が終わると順次船に送られ、積み込まれるのである。このように管貨人は広州の行と黄埔の船とを彼らの保管施設として一体的に管理していたのである。

行商の側も、所有していたのは西洋人に貸す行だけではなかったようである。ハンターの著作で描かれている十三行街の地図（図1）によると、十三行街と中国人居住区とを分ける堀の外にも著名な洋貨行商の所有する行が描かれている。図中の中央部は十三行街であるが、そこから水路を隔てて東（右）に十三行街の行よりもずっと大きな行があり、それぞれK、M、Hの文字が振られている。図中の説明によればKはKing Qua（石中和）、MはMow Qua（盧観恒）、HはHou Qua（伍秉鑑）の行であるという。彼らはみな行商であった人物であり、特に後二者の広利行の盧、怡和行の伍は潘一族の同文行と並んで有力な行商に数えられていた。またハンターは十三行街の外の中国人行街で火事があった時、大行商のひとりであった伍怡和が自身の所有する行を延焼から守るために、西洋人から買っていた消

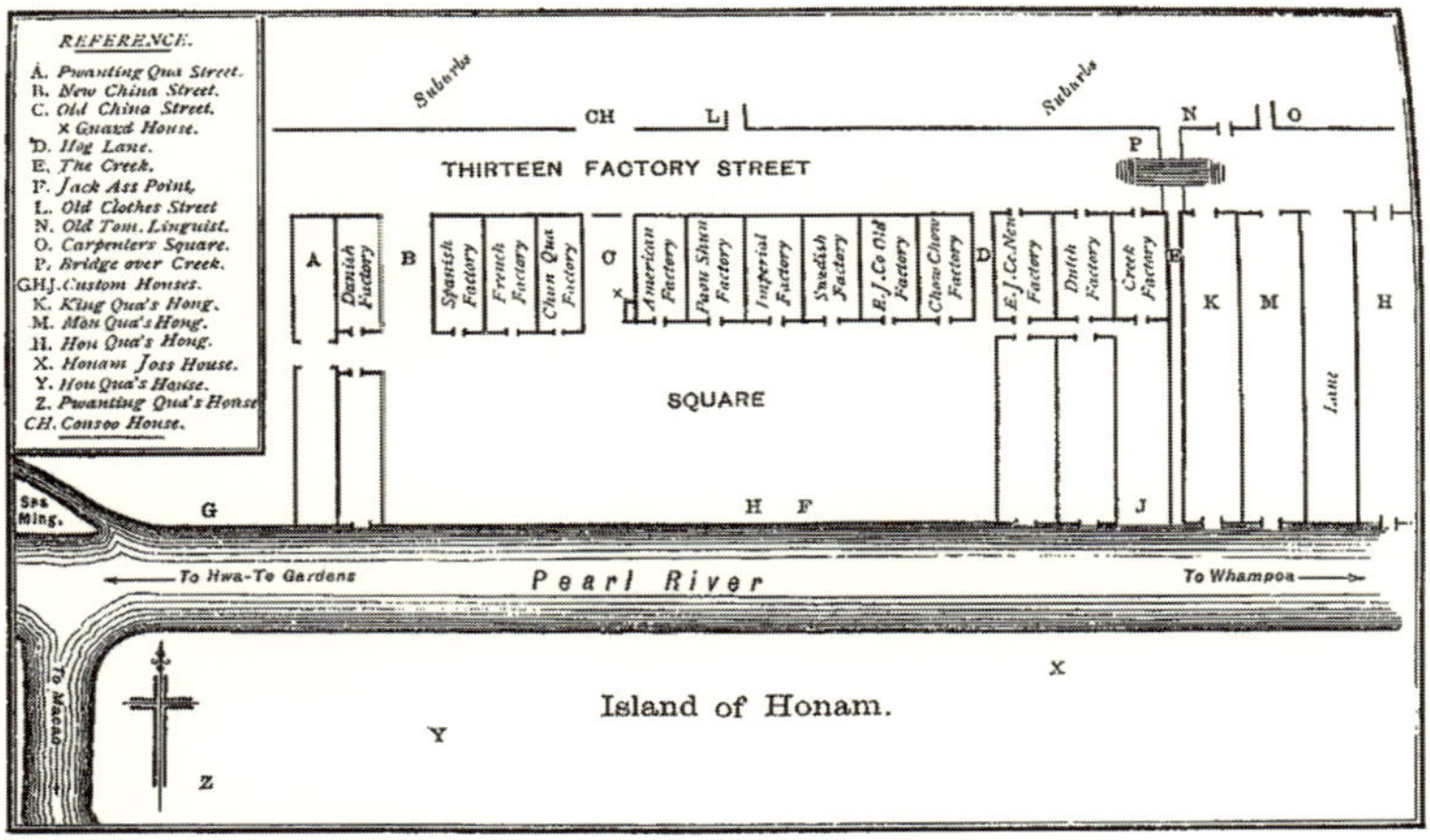

図1　広州の十三行街図

出典：W. C. Hunter, *The Fan Kwae at Canton, Before Treaty Days 1825-1844, by an Old Resident*, Kegan Paul, London, 1882, p. 25.

火器（Fire Engine）を使って自分の行に向かって水をかけている場面を目撃している[6]。これらの記録は行商が複数の行を所持していたことを示唆している。

このように行を複数所有することは、それぞれの行が異なった役割を持っていたということを意味していると考えられる。即ち、内地の中国人客商が広州に持ち込んできた茶や絹などの商品は中国人区画の行に受け入れ、西洋人のそれは十三行街にそれぞれ受け入れておく。そして行商は必要に応じて客商と西洋人との間の仲介を行い、買い手の逗留する行に商品を移動する。このように行商も西洋人向けの行と中国人客商向けの行とを一体的に運用していたと考えられる。

具体的な行商の経歴を見ると、浙江省寧波府慈谿県を原籍とし茶葉を取り扱っていた客商の沐士方は、広州に茶葉を運んで交易し、一八〇六（嘉慶八）年に広州当局から許可状を受けて万成行を開き、行商となった[7]。こうした人々は洋貨行として対西洋貿易に特化した存在と言うよりも、国内遠距離交易を基盤とするなかで、自己の事業の一分野として自らの取り扱う商品を西洋人に売っていた（あるいは仲介していた）という側面を有していたと考えられる。

(二) 行商以外の商人たち

こうした行商たちの業務を実務レベルで幇助したのが司事たちであった。日本語の概念で説明するならば、番頭としての機能を備えた人々である。彼らは膨大な量の貿易品を取り扱う行商の指示に従って取引を切り盛りすることを本来の役割として期待された人々であったが、場合によっては行商本人より強い力を持つこともあった。例えば一八一一年に行商に列せられた東裕行は、謝嘉梧とその弟である謝嘉桐の合股によって設立された。その後一八二六年に嘉梧が亡くなり、その子謝有仁が行を引き継ぐことになった時に司事となったのが叔父の謝五、すなわち謝治安だった。謝五はその商売の経験を生かして年少の有仁を助け、実質的な行経営を行ったという[8]。このほかに、司事は半独立の商人として立ち振る舞うこともあった。のちに大行商となる怡和行の伍国瑩は、同文行の司事であったことはよく知られている。彼は司事でありながら会社と独自の取引を行った[9]。このように、司事も自らが司事として働いて蓄財してゆくなかで、自ら資金を投じて貿易の様々な事業に参入してゆく存在だったのである。

このほか、特に紹介しておかなければならないのは、買辦と通事の存在である。買辦は南京条約以降、中国における外国商社の貿易に便宜を図ったことで知られる。それは輸出品の買付けであったり、ほかの商人たちとの交渉であったり、あるいは言語に不便な外国人の生活全般であったり、そういった側面を補助した人々である。しかし広州貿易時代の買辦の機能はそれとは少し異なっている。彼らが果たすべき第一義的機能は、西洋人に日用品や食糧を供給することであった。西洋人は広州に来ると、外洋船を黄埔に停泊させ、管貨人だけが広州城付近の十三行街に逗留した。そのため買辦にも、黄埔買辦と商館買辦との二種類が存在した。前者は外洋船と一緒に逗留する多くの船員たちの食糧を賄い、後者は行商の行に逗留する管貨人たちの食糧・必需品を調達した。またそれだけでなく、様々な身の回りの便宜を図ったものと考えられている[10]。

通事とはその語意どおり、西洋人の通訳に当たった者たちである。ただし彼らの業務は実質的に、海関に提出する税務関係の書類作成であったことが知られている。西洋人と中国人商人との間で取引が為された時、そこに従価税が発生する。その税額の確定のため、通事が助手を行に派遣して西洋人の依頼を受けて海関に提出する書類を中国語で作り、これを広州当局に提出したのである。

買辦と通事に共通することは、広州当局の認可を得て業務に従事しなければならないということであった。行商が通事の身元を保証し、行商・通事が買辦の身元を保証し、それを広州当局に届け出て登録される必要があったのである。こうした措置が採られたのは、買辦も通事も、西洋人の居る行に恒常的に出入りし、彼らの生活や取引に影響を与える存在であったことのほかに、西洋人と結託して悪事を働くことを警戒したという理由があったと考えられる。

また近年、取引の構造上重要な役割を担ったとして注目されているのが、内地商人と洋貨店である。内地商人は産地から貿易品を広州に運び、直接あるいは間接的に西洋人に貨物を売った商人である。一方洋貨店とは、行商が大規模な仲介者であり問屋でもあるのとは逆に、広州に店舗を持ち、行商や西洋人から仕入れた舶来品を売る小売店である。これらの商人は通常行商のライセンスを保有していなかったことから、まとめて呼称する時には行外商人と呼ばれる。先行研究の整理でもふれたように、行商たちが負債に喘ぐようになった時、この行外商人たちが行商たちに資金を融通したり、西洋人たちとの直接取引を行うようになったりするなど、かなり活動的だったようである。(11) そして彼らの活動が広州貿易の秩序を乱す要因となったと理解されるようになってきた。本章でも行外商人は非常に重要な役割を果たすだろう。

(三)　広州貿易の管理権者

以上のような商人たちを監督していたのが、両広総督と粤海関監督であった。しかし雍正年間には貿易管理は主に広東巡撫に与えられた役割であったことから、このことは広州貿易時代を通じて言えることではない点に留意する必要がある。両広総督とは広東省と広西省の二省を管轄する、地方官僚としては最高位にある人物であり、元来対西洋貿易の管理に特化した役職ではなく、地方の内政・軍事・財政などに幅広く責任を持っていた。一方の粤海関監督は、海関（税関）の管理を専門とする役職である。この役職には清朝の内務府の包衣が充てられた。包衣とはいわば皇帝の一族に属する家庭内奴隷であり、満洲人の習慣に基づいている。こうした点から言えば、両広総督は対西洋貿易管理の王朝体制の表の顔、粤海関監督はより皇帝のプライベートな使用人の顔ということになろう。この両者の間には、制度に基づいた優劣関係はなかったようであり、貿易の事案に関して上奏する時には、よく両名の署名が付せられている。ただ、イギリス側の記録から見ると、総督に会う前に監督に相談しに行ったり、船の入港時には監督が西洋船の測量や税額確定のために黄埔に出向いてきたりするなど、監督は総督よりも西洋人に近い立場にあったという感じを持つ。本章では、広州での貿易に大きな影響を与えうるこの両名を合わせて広州当局と呼び習わしたい。もちろんそこには総督や監督の下にいる官吏や家人も含まれる。

本書が対象とする一七五〇年代中盤には、両江総督に楊應琚、粤海関監督に李永標が就いていた。この二人は本書中に登場する機会も多いので、ここで簡単に経歴を紹介しておく。監督の李永標は乾隆一六（一七五一）年一二月二四日に着任し[12]、イギリス人に賄賂を強要した罪によって皇帝に罰せられ解任される乾隆二四（一七五九）年まで監督を務めている。康熙年間には監督は規則正しく一年で交代し、雍正年間、乾隆年間の初期には粤海関の管理が総督・巡撫・監督の間で目まぐるしく移動するため、彼の任期は異例の長さであったと言える[13]。彼が自らの上奏に「内務府佐領管理粤海関監督」と署名していることからもわかるように、彼は本来内務府に属する人物であった。内務府は内閣や六部とは異なり、宮廷内の諸事、特に皇帝の身辺にかかわる事柄を取り扱う役所で、独自の収入源を持つなど、そのほかの行政機構に対して相当程度の独立性を保っていた。そこで業務に当たったのは皇帝直属の使用人であり、満洲人の奴僕である包衣を起源としている[14]。李永標も皇帝の上諭のなかで「李永標は内府の世僕に係る[15]」と言われており、さらに自身の供述で正白旗の「漢軍包衣」だと述べているので、漢人の包衣であったと考えられる[16]。

一方、総督の楊應琚は、乾隆一九年五月一一日（一七五四年六月三〇日）に署理両広総督として着任し、乾隆一九年九月には両広総督となっている。彼の祖父は康熙帝に仕えた楊宗仁、また父は雍正帝に仕えた楊文乾で、この両名も広東巡撫を務めた経歴を持つことから、親子三代にわたって広州における政務に関与したことになる[17]。楊應琚自身は蔭位の制により官爵を賜っている。

このほかに西洋人の貿易にかかわった人々には、マカオから広州までの水先案内人である引水、広州と黄埔との間の連絡および貨物の運搬を担った艀舟業者、貿易品を船に積み下ろしする際に働く港湾労働者などがいた。マカオは広東省の珠江デルタの出入り口にあたる場所を占め、明代にポルトガル人が居留権を与えられたことから、広東省を訪れる西洋人たちが頻繁に往来し、滞在することのできる場所になっていた。そうした理由からマカオは当時の珠江デルタ地域を理解するために欠かせない要素であり、先述の引水らも貿易システムの全体像を把握するうえでは重要な人々であるが、本書では広州を重点的に分析することを目的としているため、詳細には論じない。

こうして、西洋側として、管貨人、船長、水夫たち、中国側として行商以下様々な商人たちが、広州貿易のシステムのなかでそれぞれ独自の役割を果たすことで、総体として西洋人を受け入れ、取引することが可能な社会が成立していた。また、両広総督や粤海関監督を頂点として貿易管理を行っていた広州当局の存在も忘れてはなるまい。このように、広州に現出していた対西洋貿易に特化した人々のネットワークを、特に広州貿易社会と呼びたい。彼らはそれぞれに達成しなければならない責務を担いながら広州という場に集っていた。管貨人に与えられたプレッシャーについてはすでに論じたが、そのほかの人々が背負っていたものについても、本論を進めてゆくなかで明らかになってゆくであろう。そしてその、是が非でもなんとかしなければならない、という思いがぶつかり合うことで広州貿易の制度が鳴動してゆく様も、見て取ることができるだろう。

三　英清の蜜月時代から対立の時代へ

本書では一七五〇年代後半の広州貿易を主たる分析対象とするが、そこに至るまでの道のりもまた、簡単に確認しておきたい。

(一) 乾隆帝による「救済」

イギリス東インド会社が広州に来航するようになるのが一六九九年からである。先行研究から知られるところによれば、広州で貿易を開始した当初、両広総督の支持する「大官の商人」や皇族の支持を受けた商人が貿易を「独占」したという。[18] その後、そうした広州当局肝いりの商人に対抗する形で一七二〇年に最初の公行が成立した。広州貿易の状況に対するイギリス人の論調は次第に厳しいものになってゆき、一七二五年に楊文乾が広東巡撫兼粤海関監督に就任すると、「行頭」という「独占」商人を設置して六人の商人をこれに任命し、貿易統制を行った。また火耗（海関役人のための経費）や帰公（国庫に送られる付加税）などが徴収されるようになり、重税が課されるようになった。楊文乾が二八年に離任した後、こうした誅求は告発されて雍正帝の知るところとなったが、追加税については雍正帝が承認したこともあり、雍正帝が皇帝であるうちは、撤廃されなかった。[19] 一七三六年、すなわち乾隆帝即位の翌年（乾隆元年）になると、広東巡撫楊永斌は西洋人に課せられている諸々の追加税の免除を上奏で提案した。[20] 清朝中央はこれに応え、追加税を徴収するなど「朕が遠来の者に嘉《よ》き恵みを与えようとする意図にそぐわない（尤非朕嘉恵遠人之意）」として、追加税を免除するよう上諭を発したのである。[21]

この一件は、イギリス人にとって極めて重要な教訓となった。自分たちが貿易のシステムをめぐって対立しているのは、清朝全体ではなく広州に派遣されてくる高官たちであり、彼らは自己の保身や出世のために広州貿易を食いものにしている。一方、皇帝や清朝中央の役人はこうした広州当局のやり方を承認しておらず、清朝の律に照らしてみても官僚の収賄は処罰の対象となっている。もし何らかの手段を用いて広州当局の悪事を清朝中央に知らせることができれば、皇帝は西洋人を保護し、貿易の状況は改善する。

乾隆元年の上諭は、イギリス人にそのような認識を与えるに十分なインパクトを与えたと考えられる。そして彼らはその後二〇年近くにわたる貿易の状況をそれほど悪いものとは捉えていなかった。その時期を語る言葉として、誰とでも自由に取引できた、など、管貨人は肯定的な評価を下しているのである㉒。

(二)　対立の火種——保商制度化

そうした流れが大きく変わっていく転換点が、一七五四年であった。この時、保商（英語ではSecurity Merchantと表記される）の役割が強化され、制度化されていったのである。それでは保商という商人はいつ、どのように設置されたのか。実は、この問題を解明するのは大変難しい作業である。その理由は、イギリス側も清側も、保商なり、Security Merchantという語が使われ始めた時点で記録を残していないからである。そのため史料の散見される語を拾い集めながら、推定してゆく以外にない。そうしたなかで岡本隆司は、雍正の末年頃に始められたとし、その機能は納税に対して責任を負うというものであったとしている。ただし保商とは徴税を専門とする商人ではなく、広州に来航するヨーロッパ船一隻毎に、行商のなかから選ばれた者が保商としてその船の取引および徴税、また乗組員を監督するという責務を追わされたものである㉓。

その後、保商という商人の存在が中英間の摩擦を生み出す問題として認識されるのは前述のとおり一七五四年に至ってからである。この時、管貨人は日誌のなかに記録を残しているため、保商の機能についてより詳しく検討することが可能である。中国側には一七五四年段階においては保商に関する記録は残っていない。これは保商の制度化およびイギリス人との一連の摩擦が清朝中央に報告されていないことが原因である。そこで、以下、管貨人の日誌に拠りながら保商の機能、それを取り巻く人々の思惑など、新たな知見を加えていきたい。

なお、本書では今後IORを主たる史料としながら論を展開してゆく。その注記に当たっては、煩雑を避けるために、各章の冒頭においてその章で用いる管貨人委員会の日誌を明記し、それ以降同じ史料に拠る場合には本文中に日付のみを示すことで註記に代えたい。本文中に日誌の内容を引用する場合にはそれぞれ註を付し、原文を掲載する。

一七五四年の日誌は、ミゼナー委員会によって作成された(24)。保商の問題を論じるに当たっては次の点に焦点を絞って整理していきたい。まず、保商はどのように運用されようとしていたか。次に、保商制度化の議論に関係した、管貨人・行商・広州当局の三者の反応や思惑はどこにあったか。この二点である。

ミゼナーの日誌は七月二日に始まる。そこですでに会社の管貨人兼通訳のフリントが監督の下に派遣され、保商制度の取り消しを求めている。つまり、IORからも事件の発端となる広州当局からの布告の中身は確認できないということである。ともかくそこでイギリス側は、保商は行商にとって負担になるから廃止してほしいということを主張している。その負担が何を指すのかについては、また後で検討する。

管貨人はこの保商制度化に対して徹底的に抗戦する構えであり、保商を指名することを拒否していたので、船の入港および貿易開始の手続きが遅れていた。この時管貨人と広州当局との間に立って仲介をさせられていたのが行商たちであった。広州当局が管貨人に対して保商を指名するよう強く求めるようになった時、行商たちは保商になることを辞退したいと自ら監督に訴えた。行商のひとりであった蔡瑞官は、一時的な対処のために保商になるならば反対であり、のちにイギリス人の貨物の大部分を扱った行商に保商が引き継がれるべきであると主張して、監督はこの提案を許諾した（七月一六日）。これによって保商が継続されることが確認され、イギリス人もその規則に従わざるをえなくなった。これに対してミゼナー委員会は、これまでとの唯一の違いは、こちらが行商に保商となるよう打診することなく、強制的に保商があてがわれることであるとコメントしている（七月一六日）。

それから一〇日余り経って、船は入港し貨物も広州に運び込まれたが、取引はまだ開始されていなかった。保商の指名をめぐって、管貨人にも行商にも、まだ承服しかねるところがあったのである。管貨人が反対していることはすでに明らかであったが、行商たちはどういう理由から保商の設置に反対したのだろうか。七月二五日になって管貨人は総督に手渡す請願書を作成したが、そのなかに、行商たちが取引を開始しないのは、イギリス人と最初に取引した者が保商になることを強制され、多くのトラブルを抱え込むことになるからだという記述がある。しかしその二日後の二七日には、取引が開始されない理由を調査していた監督に対して行商は、イギリス人の毛織物はありふれているうえに値段も高く、また輸出品である茶や絹も妥当な値段で買おうとしないと述べたという。これが事実であれば、行商たちは保商を回避するために、イギリス人にはイギリス人に対する不満を述べず、広州当局には広州当局に対する不満を述べないよう立ち振る舞っているということになろう。いずれにせよ、行商たちが保商になりたがらなかったのは事実のようである。八月七日の記事には、監督により四人の行商たち（潘啓・陳捷官・顔瑞舎・蔡義豊）が強制的に保商に指名されたとある。その翌日（八日）、この行商らは保商となることを辞退するために監督を訪ねたが、監督は彼らに会わなかったという。次の日（九日）にも保商辞退のための最後の努力をするために行商たちは再度監督のところに赴いたが、成果はなく、陳捷官と蔡義豊はロードアンソン号（Lord Anson）の、潘啓と顔瑞舎はプリンセスオーガスタ号（Princess Augusta）の保商にされた。行商たちは最後の請願として、保商に課せられる様々な責任は、他の四人の行商も含めて共同で負担することを望み、監督もこれに同意して、保商制度によって集められたいかなる課税金も行商の連合に課せられるものであり、さらに行商の個人ではなく、その名義（ここでは司事や行外商人たち共同出資者らや取引を行い納税の義務を有する者を指すと考えられる）に課せられるものとすると述べた。これに対してはどんな変更も認められず、行商らは総督のもとに行かされたのである。

さらに翌日（一〇日）の午前、管貨人が監督を訪問した際、監督は保商の名を告げ、イギリス人の船で持ち込まれた貴重品で皇帝に献上するのにふさわしいものについて、それらの値段を交渉して決めてしまう前に、少なくとも監督らに見せることを持ち主に許可してもらいたいと要望した。この要望に対し管貨人は、貴重品は船長や高級船員の個人の持ち物であり、会社の権限の及ぶ範囲ではないとしてその要求を受け入れなかった。ここに至って、ついに新しい保商制度の下で取引が開始されることになったのである。

ここで行商たちの態度や要求について、分析を加えてみよう。彼らは保商となることによって生じる負担として、広州当局側から発生するものと、イギリス側から発生するものの二点について言及していた。史料中の出来事や、この後の流れから考えて、おそらく行商たちはその両方を憂慮していたと考えるのが実態に即していたであろうと考えられる。そしてそこで生じる負担によって潰されてしまうことのないようにセーフティネットを構築しようとした。船一隻につき行商一人ではなく二人ずつで担当しようとしていること、税金を支払えない場合、一人で負担するのではなく行商全体、あるいは取引に関係していた者たち全体で負担しようとしていることなどがその証左であろう。

このように保商制度はイギリス人からも行商からも拒否されつつも、広州当局が否応なしに、ただしセーフティネットについては配慮しながら、強力に推し進めていった政策であるように見える。広州当局がここまでこだわった理由のひとつが徴税の安定であり、それは第一義的理由として考慮すべき原因である。ただ、管貨人が監督や総督を訪れる度に必ずと言っていいほど、皇帝に献上する貴重品の話が持ち出される。これはこれまでの研究ではあまり語られていない側面である。この問題については、第三章で詳細に論じたい。

最後に、管貨人にとって保商の制度化は広州での取引にアクセスする時の制限が増大したということであり、行商の状態がより悪くなるという不安を抱えるという意味をもっていた。こうした広州当局に対する不満感や彼らとの摩擦は、翌年になってさらに加速してゆくことになる。

小　結

広州での貿易を担った人々のことを「広州」という枠組みで考えるのではなく、広州貿易社会という枠組みで捉えることは、実は重要な意味を持っている。本章で述べてきたように、西洋諸国の管貨人たちは当然外来の者たちであるが、実際には受け入れる側の官僚たちも「広州」の人間ではなく、他の地域を出身地とし、朝廷によって広州に派遣されているだけの外来者である。さらに言えば行商たちも元は浙江省や福建省や広東省南部を出身地とする商人たちで、取引をしたり、行商の司事となったりして蓄財してゆくなかで取引の規模を拡大し行商となり、広州で落地生根した者であって、これもまた外来者である。

すなわち、広州貿易社会の主要なメンバーたちはみな外来者であり、地元「広州」の伝統的な社会とはある意味で隔絶されたところに存在する社会である。それだけにそこに住まう彼らは、現場での相互の利害調整よりも、自分たちが拠って立つ場所における利害関係を重視する傾向があると言える。具体的には、総督や監督にとっては朝廷の、管貨人にとっては本国役員会の利益を優先することを指す。彼らにとって重要なことは、そうした組織の指示に従って忠実に業務を遂行することであり、それを邪魔する要素に対しては抵抗し、排除するという環境が広州貿易社会内部に自然に醸成されていたのである。

ただし、清朝それ自体は遠来の者に恩恵を施すという大原則のために、乾隆帝の上諭に見られるように西洋人に課す税金は軽減すべきという方針を指示していた。それにもかかわらず保商制度化を発端として英清間で対立が生じることになる。

突然保商制度化を推し進めてゆく広州当局の動機は別に検討するとして、この事例で興味深いのは、行商たちがイギリス船の保商になることを辞退しようとしていることである。通説どおりに考えれば、一隻の船の取引をすべて任されることは「独占」とも言える形態であり、行商にとっては歓迎すべきことのように思えるが、実際はそのようになってはいない。

なぜそうなるのかということについてひとつの回答を示すことは本書の役割であり、それは貿易の実態を紐解いてゆくなかで次第に明らかになってくるだろう。

（1）各国東インド会社の概要については羽田正『興亡の世界史一五　東インド会社とアジアの海』講談社、二〇〇七年を参照した。
（2）レオス・ミュラー著、玉木俊明・根本聡・入江幸二訳『近世スウェーデンの貿易と商人』嵯峨野書院、二〇〇六年、一九〇―一九一頁。
（3）同上書、一九三頁。
（4）Paul A. Van Dyke, *The Canton Trade, Life and Enterprise on the China Coast 1700–1845,* Hong Kong University Press, Hong Kong, 2005, Chapter Three を参照のこと。
（5）加藤繁「唐宋時代の商人組合「行」を論じて清代の会館に及ぶ」『支那経済史考證』（上）、東洋文庫、一九五二年。
（6）W. C. Hunter, *Bits of Old China,* Kegan Paul, London, 1855. Reprint, Kelly & Walsh, Shanghai, 1911, pp. 206–207.
（7）故宮博物院編『清代外交史料　嘉慶朝』故宮博物院、一九三二―三三年、巻三、二八葉。
（8）梁嘉彬『広東十三行考』国立編訳館、一九三七年、三四〇、三四一頁。
（9）Hosea Ballou Morse, *The Chronicles of the East India Company Trading to China, 1635–1834,* 5 vols., Oxford University Press, Oxford, 1926, 1929., vol. II, 1926, p. 82.
（10）Van Dyke, *The Canton Trade, op. cit.* Chapter Four, 1
（11）Weng Eang Cheong, *The Hong Merchants of Canton, Chinese Merchants in Sino-Western Trade,* Curzon Press, Richmond,

Surrey, 1997, pp. 95–102.

（12）国立故宮博物院編『宮中檔乾隆朝奏摺』国立故宮博物院、一九八二―八八年、第三輯、内務府佐領粤海関監督李永標「遵例預期報満併陳愚悃仰祈聖鑒事摺」、乾隆一七年八月二五日、六七〇頁。

（13）黄国盛『鴉片戦争前的東南四省海関』福建人民出版社、二〇〇〇年、四一、四九、五一頁。

（14）祁美琴『清代内務府』江寧民族出版社、二〇〇九年。

（15）『宮中檔乾隆朝奏摺』第七輯、粤海関監督李永標「奏爲欽奉聖訓恭摺奏謝仰祈睿監事摺」、乾隆一九年正月一八日、四〇四頁。

（16）中国第一歴史檔案館編『清宮粤港澳商貿檔案全集』中国書店、二〇〇二年、第四巻、欽差大臣新柱「奏報審理英吉利商人控告李永標各款事摺」、乾隆二四年八月一九日、一八三九頁。

（17）楊宗仁の時代には監督が設置されていたが、楊文乾の任期（雍正元―六年）においては広東巡撫が粤海関を管理していた。

（18）岡本隆司『近代中国と海関』名古屋大学出版会、一九九九年、八二―八三頁。

（19）佐々木正哉「清代広東の行商制度について――その独占形態の考察」『駿台史学』第六六号、一九八六年、五五―五六頁。

（20）『清宮粤港澳商貿檔案全集』第二巻、広東巡撫楊永斌等「奏報粤海関征税減免各項摺」、乾隆元年三月初八日、六〇八頁。

（21）同上書、「諭内閣著広東総督按旧例辦理外洋船隻税銀」、乾隆元年一〇月初四日、六三二頁。

（22）IOR R/10/3, Misenor's Committee, July 7th 1755.

（23）保商制度については Earl H. Pritchard, *The Crucial Years of Early Anglo-Chinese Relations, 1750–1800*, Research Studies of the State College of Washington, 1936, p. 115; Morse, *The Chronicles, op. cit.* vol. I, p. 247; 岡本『近代中国と海関』八八―八九頁および保商の役割に関する「補論　広東洋行新考」を参照。

（24）IOR R/10/3, Misenor's Committee, 1754.

第二章　行商の貿易「独占」布告の発布と撤回

はじめに

前章で論じた一七五四年の保商制度化を前提として、本章では一七五五年の五月から七月にかけて両広総督楊應琚および粤海関監督李永標の権限で発せられた一連の布告および通達（以下、一七五五年布告・通達と略記）の分析を通じて、当時の行外商人の貿易参入に関する制度と実態を再検討する。

詳しくは第一節で論じるが、一七五五年布告・通達はこれまでの研究において、行商が対西洋貿易の「独占」を広州当局から認められたと論じる主要な根拠となってきたものである。しかし、それにもかかわらず布告で定められた内容およびその効力の認識は論者によってまちまちで、制度に関する基本的事実認識が共有されていない。そもそもアヘン戦争前の広州における貿易制度や行商の性質について何らかの結論を得ようとするならば、本来この問題は避けて通ることはできないはずである。そこでまずはこのテーマに関する先行研究の整理を行いたい。

一　行外商人の貿易参入は違法か

近年の研究がモースらによる行商「独占」論を批判していることについては、すでに序章で述べた。しかしこれらの論には実はまだ十分に検討されていない重大な課題が残されている。それは行外商人の貿易参入に関する法的位置づけである。より直截的には、彼らが西洋人と取引することは制度的に許されていたのかいなかったのか、許されていたならどの程度まで許されていたのかという問題である。この点について先行研究では一致を見ていない。

先述の陳国棟は一七五五年布告・通達にふれ、外国人は行商とのみ取引することが可能であったと述べ、この制度認識を基に論を展開している。[1] また岡本隆司も保商の「許可」の下でのみ取引が可能であったとし、「乾隆二〇年（一七五五年——原文註）四月七日の布告により、shopkeeper〔岡本はこれを「洋貨店」と訳す〕は、保商の許可なくしては欧米商人との取引が禁じられ、くわえて、イギリス東インド会社と洋行との取引にかかる、大宗商品や皇帝献上用の珍品などをとりあつかうこともできなくなっていた。〔中略〕〔広州〕当局の側とすれば「洋貨店」を外国との直接取引から除外しておくのが望ましかったのだろう」と述べている。[2] さらにファンダイクは暗黙の了解であるかのように「広州での貿易は終始少数の中国人商人に制限されていた」と記述するに留まり、史料を用いた検討すらなされていない。[3]

ところが佐々木正哉のように一七五五年布告・通達について「鋪戸〔本書で言う洋貨店〕と西洋人との貿易を禁止し、ただ外国船の乗組士官等の個人貿易に限り、行商の名義で、且つ行商の責任において取引を認めることを許した」と、[4] 所謂私貿易人との取引を許可したという研究もある。また黄国盛は、外国人の個人の必需品については取引の許可をもらい、莫大な利益を得た者もいたと述べている。[5] このほかにも管亜東は、洋貨店は私貿易人との零細な取引〔零星

的個人用品）が認められ、その他大宗商品の違法貿易も行われたとする。(6)

ここまでの研究は主にモースの『編年記』を引用して導かれた結論であるが、実際にＩＯＲを調査したモースは一七五五年布告・通達について、最終的には洋貨店が陶磁器や絹製品や一般的な小売商品（retail article in general）を取り扱うことが許され、茶葉（私貿易品として少量であれば許される）と生糸、および皇帝に献上するような貴重品の取り扱いは許されなかった、と述べている。(7) そしてこうした措置によって、それ以降の生糸と茶の取引は行商の専売状態になったとみなし、行商による「独占」の要となったと評価を加えている。一方、モースと同じくＩＯＲを直接分析した張栄洋は、取引は行商の手を経る必要があり、西洋人と直接取引できたのは陶磁器だけで絹も茶も許されなかったと言い、(8) モースと全く同じ史料を用いて論じているにもかかわらず、その理解は一致していない。

このように現在の研究状況から見ると、モースを引用した研究も、直接ＩＯＲを分析した研究も、行外商人の取引は制限されたという文脈では方向性を一にするが、実は主張する制度理解にズレがあることがわかる。以上の理由から、筆者は何よりもまず行外商人の貿易参入に関する規則がいかなるものであったかを、ＩＯＲを用いて確定しておく必要があると考える。

実際に分析に入る前に、もう一点補足して説明しておきたい。それはなぜ行外商人の貿易参入規則に言及する研究者が一様に一七五五年布告・通達に注目するのか、という点である。その理由は第一に、一七五〇年代に定められた制度はその後の貿易環境にとって決定的な意味を持ったからである。具体的には一七五四年に保商制度の実施が徹底されたこと、一七五七年に対ヨーロッパ貿易が広州一港に制限されたこと、さらに一七六〇年に公行が成立したことを指している。つまり一七五五年布告・通達は広州における貿易制度が所謂「カントンシステム」として成立してゆく一過程だとみなされているのである。そして第二に、広州貿易時代を通してみても、一七五五年布告・通達ほど行商と行外商人の取引制限について詳細に述べている他の布告が見当たらないからである。もちろんこれ以降にも対西洋貿易にかかわる布告が出されており、一七六〇年の防範外夷規条、一八〇九年の華夷交易章程などがそれに当たるが、これらは西洋人の広州滞在中の行動に関する規制を主たる内容としているため、取引の具体的な取り決めについては知ることができない[9]。そのため必然的に一七五五年布告・通達が注目されることになったのである。

このように貿易制度の分析に当たっては避けて通ることのできない一七五五年布告・通達であるが、先行研究の見解は錯綜していて、その内容についてはっきりした結論を導くことができない。そこでまず第二節から第四節で一七五五年布告・通達に関連して起こった出来事を整理してみる。

二　貿易「独占」布告の発布

一七五五年布告・通達は、五月五日から七月二二日にかけて広州当局から発布された文書による四つの布告とひとつの総督の通達から成る。IORでは一七五五年の記録は、前年から滞在していたミゼナー（John Misenor）委員会、五五年六月に到着したピゴウ（Frederic Pigou）委員会（記録は六月二七日から七月八日まで）および八月五日に到着したパルマー（Henry Palmer）委員会の三つが残されている。そのうち布告発布の経過を包括的に記録しているのはミゼナー委員会のみである。こうした制約から第二節・第三節では主にミゼナー委員会の記録に基づいて布告・通達の発布にかかわる経緯を紹介する[10]。

布告一　一七五五年五月五日（乾隆二〇年三月二五日）の署両広総督楊應琚[11]と粵海関監督李永標による布告

徴税を確保する必要から、問題を未然に防ぐために以下の布告を貼り出した。

一、輸出入と徴税は保商の名義の下に行う。

二、行外商人は官の許可なしに外国人から買ったりバーター取引をしたりすることを禁ずる。もし資本が十分あるならば行商に充当して西洋人と取引することを許す。彼らは恒常的に行に出入りしていて、外国人とどのような値段でも取引しようとし、支払いの段になると質の悪い品物を渡したり逃亡したりする。また中国人も西洋人も保商の知らぬところで契約を交わし、納税の際に誤魔化しや滞納が起こるので、行商たちは損害を蒙っている。これを防ぐためにこうした商人のリストを作り、捕らえて厳罰に処する。さらに西洋人と取引した洋貨店五人をひとつの組織にして統制を図る。行商と通事は行に信頼できる人物を駐在させ、洋貨店が入り込まないように監視させる。

三、通事が保商の取引項目について承認した後に自己勘定の取引を付け加えるという不正があったので、通事の作った書類の裏に保商の裏書が必要である。

四、もし外国人が罪を犯した場合、中国の法により勾留され処罰される。

五、外国人が滞在する行のなかには彼らの貨物や財産が保管され、すべての積み出しが行われており、詐欺や窃盗を目的とするならず者や、同じくヨーロッパ人の言葉に通じ、騙して金を奪うことを目的に取引を持ちかける商人による、毎年公布される法を無視した出入りは禁じるべきである。〔中略〕衙門の役人は保商と数人の特別に優遇された者を除いたすべての人間を建物に入れないよう命令を受けており、従わないものがあれば保商と通事たちにより追放するか捕らえて罰する。保商・通事には今後その権限を与える。

布告一は陳国棟らの見解を裏付ける内容である。特に第一条は保商制度の確認であり、さらに第二条・第五条では行外商人を取引の場から締め出すことが定められていることから、この布告の要であると言える。ただし、第二条に「資力のあるものは行商に充当」すると明記されているように、行商と行外商人の境界を明確に定めたとはいえ、行外商人が行商となって貿易に参入することについては厳しい制限が加えられていない。

ともあれ、この布告から読み取れる貿易の様子は、まず西洋人が取引の場としての行に滞在し貨物を運び込むが、行外商人が制限もなくその場に出入りし、それぞれに取引を持ちかけているというものであろう。広州当局は保商制度の確立のために、まず行外商人を行に立ち入らせないような規則を定めて西洋人から遠ざけ、行のなかで発生する取引をすべて保商の管轄下に置こうとしたのである。

しかし過去十数年間にわたって望むものと取引する自由を与えられてきた西洋人にとっては大変な制約に感じられたであろう。そしてこの厳しい制限に対して広州にいる西洋人も激しく抵抗をしたと考えられるが、その間の記録はＩＯＲにも残されていない。ともあれ、この規定を覆す布告が続けて出されている。

布告二　一七五五年五月一七日（乾隆二四年五月七日）　粵海関監督李永標によるヨーロッパ貿易に関する布告

李監督は資元行黎開観、義豊行、蔡（Chai Hunqua の子）、陳捷官、蔡義豊、泰順行顔瑞舎、同文行潘啓らの要請を真剣に考慮している。彼らによれば、これからのち、ヨーロッパ人と取引することに慣れた洋貨店を洋行に加えるか、ある行商の保障の下に五人一組の組織を作り相互に責任を負わせるべきであり、洋貨店は入港したヨーロッパ船の私貿易人とのみ取引することを許されるが、会社によって持ち込まれた品を扱うことは許さず、保商に属する契約取引と、同様に真珠や珊瑚・水晶・琥珀等、皇帝への貢品の取引は禁止すべきであると請願してきた。

〔そこで〕正当な規則に従うことにより許可を与えられた洋貨店には、これまで述べてきたように一般的用途の私貿易人の商品すべて（all private goods of common use）を取り扱うことを許可し、高価な貴重品（precious curiosities）の買い取りは保商に行わせ、価格を定めさせる。

布告三　一七五五年五月一八日（乾隆二〇年四月八日）　両広総督楊應琚と粵海関監督李永標の連名による無許可の店舗主の貿易を禁ずる布告

現在行商たちが、ヨーロッパ人との契約はすべて保商が取り扱い、洋貨店が一般的用途の私貿易品と貨幣について許可を得て取引することを許されるよう請願してきた。（中略）行商たちの請願を考慮に入れ、彼らの要請どおり執り行うことを許し、南海県に命じて洋貨店のリストを作らせ、さらに彼らを五人一組にまとめて相互保障団体を作らせ、それを行商の監督下に置くようにする。

この布告二・布告三と先の布告一との明らかな違いは、洋貨店を五人一組の組織にまとめることを条件に、私貿易人との取引が許されていることであろう。私貿易人（プライベート・トレーダー）とは会社の船長や役員で会社の船の船倉に一定のスペースを与えられ、その範囲内で個人的な貿易活動を許された人々である。これを前提とすると、布告二の「一般的用途の私貿易人の商品すべて」とは会社の勘定による取引に対置される私貿易品だと解釈できる。また private goods of common use の語は個人的な日用品を指している可能性もあるが、貿易制度上、外国人に食料や日用品を販売するのは買辧の役目であり[12]、洋貨店がこれらの取引を許可されたとは考えにくい。むしろこの common use は文脈から、precious curiosities と対置される、皇帝への献上品ではない一般的用途の貿易品と理解するべきであろう[13]。つまりこの布告の要点は、会社と洋貨店との取引は全面的に禁止するが、貴重品以外の貿易品を私貿易人と取引することは許す（ただし参入する洋貨店は相互保障団体に入る必要がある）というものであったと理解できる。

三　管貨人ピゴウの見通し

布告二・布告三が出されたのち、制限のない取引を要求する管貨人たちはその内容に猛反発することになるが、一連の貿易制限への対処の仕方は必ずしも同じではなかった。

五五年以前から広州に滞在していた主席管貨人に、ジョン・ミゼナーがいた。彼は会社の記録によれば遅くとも一七二二年には広州に来航しているベテランであった[14]。彼は布告三までの内容に関する評価として、「上述の布告の真意はこの地でのすべての取引を数人の商人の手に握らせることにある」と言い、「独占」だと明言している[15]。こうした批判は保商制度に対してイギリス人が一貫して反対してきた論理を引き継いだものだと言えよう。

ところが同じイギリス人でも、ある管貨人は一連の布告を受けて「多くの点において我々にとって好ましい」と評している。この発言は、イギリス人は広州の「独占」的貿易制度に徹底的に抵抗したというイメージが定着している我々にとって、とても奇妙に聞こえるだろう。彼はこう述べた後、同じく管貨人のピゴウの言を引きながら次のように続ける。毎年ここでは貿易シーズンが始まる一、二か月前には布告が発せられるが、それらは徹底して実行されてはいない。またこうした布告に対して外国人が抗議をしても、会社の本国役員会の名で広州当局に突きつけるのでなければほとんど効果はない、と[16]。ただ、これだけでは「好ましい」という言葉がなぜ記録に残るのかを説明しきれていないので、この時期のピゴウの活動について言及しておきたい。

ピゴウは五四年冬に広州からロンドンに一度戻り、早くも五五年の六月には広州に到着している。その短いロンドン滞在期間に、彼は会社の役員会に対して、役員会の名で一七六一年に清朝に使節を派遣することと、毎年広州に派遣する船の数や購入する貿易品の量を決定するための出先機関としての管貨人委員会の設立を提案していた[17]。彼が使節の派遣を一七六一年と明確に定めているのには伏線となる出来事があった。この提案の三年前、すなわち一七五一年に広州の行商たちは管貨人たちに、南京で開かれる皇太后の六〇歳の慶賀祝典に、中国語を話し読み書きもできたフリント（James Flint）を派遣し、広州当局による権力の濫用を戒めるよう請願することを提案していた。その権力の濫用とは、一七三六年に勅諭によって定められた税率や船規の増加、また保商制度のように取引の窓口を一本化しようとする動きを指していた。行商たちはこれを提案するに当たり、南京までの旅費と皇室への贈り物の費用を自分たちが負担するとまで申し入れていた。しかしミゼナーは、もしそれが成功しても他国までもがその貿易の権利にありつくだろうと言い、提案を断っている。つまりピゴウの言う一七六一年とは皇太后の七〇歳の慶賀祝典に会社の使節を派遣することを意味していた。

ピゴウは使節派遣に当たり、次の一〇か条を要求するべきだとしている。それは①会社の船が中国のどの港でも取引できること、②会社が中国に滞在し、どこにでも家と倉庫を建てることができること、③会社は北京に永続的に駐在員を置くこと、④従価税六％、船規一九五〇両を守ること、⑤イギリス人は皇帝の臣民と同等の商業的特権を得、皇帝の税以上の税を要求されないこと、⑥会社に仕える中国人たちが役人から金銭を強要されないこと、⑦外国人とその貿易品を守るための効果的な命令を発すること、⑧日用品・酒からは税を取らないこと、また役人からの強要を禁止すること、⑨街の間の自由な往来、特に広州とマカオの間の手数料を廃止すること、⑩いかなる時でも高級官僚と直接交渉ができること、である。この要求は、後のマカートニー使節や、アヘン戦争時の要求と比べても、かなり踏み込んだものだと言えるだろう。南京条約ですら五つの港しか開かれなかったものが、ここでは全く制限のない開港を要求しているのである。しかし広州に滞在する管貨人たちにとっての喫緊の問題が、広州当局による規定外の税という名目での取り立てをいかにして止めさせるかにあったことが、④・⑤・⑥・⑧の条文から読み取れるだろう。

こういった背景を勘案すると、ピゴウが「好ましい」という言葉を使った意図は、広州当局といくら交渉してもほとんど効果がないので、皇帝の権力に直接訴えるべきであり、五五年布告などはむしろ広州当局による横暴を示すのに最も良い材料になりうる、というものだったと解釈できよう。もちろん、その皇帝への期待は、前述したように、一七三六年の上諭によって貿易が旧来の状態に戻されたという前例があってのことでもある。だが結局、ピゴウが提案した使節は派遣されることはなかった。

こうした考え方に対しミゼナーは、一連の布告を問題だと考えながらもその解決を将来の使節派遣に求めるピゴウ等を非難して、「我々はピゴウ氏とピーズリー（Richard Peisley）氏が直近の二つの布告を廃止させなければならないと考えてはいるものの、それほど重大事ではないと受け止めていることに非常に驚いており、我々はそれとは全く違った意見として、今まで行ってきた以上にこの有害な状況についてより深く検討する必要があると考えている」[18]と反論している。要するにミゼナーは、貿易に与える影響が甚大だとして解決を焦ったのである。

このことからもわかるように、保商制度などの一連の制度改革が当面の貿易状態に与える影響の大小をめぐって管貨人同士の間にもこうした意見の応酬が見られたが、結局ミゼナーが定めた方針のとおり広州当局に対して強硬な抗議が繰り返されていくのである。

四　「独占」貿易の撤回

この布告に対し、当時広州に来航し貿易していた西洋各国はこぞって抗議した。イギリスを含め、フランス・オランダ・スウェーデン・プロイセンなど各国の駐在員らは七月七日に連名で布告の取消を求める請願書を作成し、楊應琚に渡るよう李永標に仲立ちを依頼した。その請願書の内容を要約すると、広州当局が我々の安全を考えて布告を出したのはわかるが、これは独占の道を開くことになるため、かつてのように行商であろうと洋貨店であろうと誰とでも取引できる状態になることを望むというものであった[19]。

そして七月八日に持たれた会談で管貨人はまず、布告で定められた内容に抗議し、もし広州でこうした貿易の制限が行われることになると会社が知れば、会社は広州ではなくほかの港に船を送るよう指示するようになるだろう、と楊應琚を脅している。これに対して楊應琚は貴重品の話題を持ち出し、貴重品が売られてしまう前にそれを広州当局に見せるよう要求した。管貨人たちはそれを承諾し、もし行外商人との取引によって不良品を掴まされたとしても、その件について広州当局を煩わせるようなことはしないと約束したうえで、自分たちの要求を容れた新しい布告を出すという言質を得たのである[20]。そして七月一四日に出された布告が次のものである。

布告四　両広総督楊應琚と粤海関監督李永標による追加布告

本年四月（西暦の五月―六月）、行商たちが、ここで行われる取引のうち西洋人の会社の取引は彼らのみの取引にしたいと請願してきた。さらに彼らは会社役員によって当地で行われる私貿易に関しては、洋貨店らを五人一組の団体にして相互に保障することによって取引を許可してもらいたいと要求してきた。この請願を受け、我々は広州に一〇〇を超える洋貨店があり、これらの小規模な商人のなかにはまとまった資本はないが外国語を理解し、わずかな元金のみを持つものもいることを明らかにした。しかしこうした洋貨店のすべてを対西洋貿易から排除するのにふさわしい理由もなく、また公平だとも思えない。行商たちは我々の心情に基づく公平な判断を了解した。そこで我々は知県すなわち南海県の地方官に命じて、西洋人と取引しているすべての洋貨店の正確なリストを作らせ、五人一組の団体にし、それらの実施が我々に報告されたのち、外国人との小売取引をすることと、私貿易品を扱うことを許可する（They shall be permitted to carry on a Retail trade with the Foreigners, and also to deal with them for their private Merchandize）。

一読してまず気づくのは、貴重品の取引にかかわる規定が抜けていることである。これはおそらく総督との会談で、貴重品を売却する前に総督に見せるという取り決めがあったことを前提としていると思われる。また洋貨店に許された取引については、「外国人との小売取引」が許されたという表現になっており、会社との取引が許されたとは明記されていないが、私貿易の許可と併記されている以上、これは会社を含めると解釈しても差し支えないと考えられる。事実、布告が発せられた当日の七月一四日の朝にこの布告を見た管貨人も、まだ正式な翻訳を手に入れていないとしながらも、洋貨店と会社との小売取引が認められたと受け取っている[21]。つまりこの段階において、制限付きとは言え、会社は行商とも洋貨店とも取引をすることが認められたことになる。

しかしミゼナーらは、八日に総督が約束した内容とは違うと考えた。すなわち彼らが要求したのはあくまで行商か洋貨店かを問わない制限のない取引であり、洋貨店には小売取引しか許されないという制限がかけられている時点で重大な約束違反であると受け取ったのである。そこで彼らはまずオランダの責任者を誘って、この布告に対して反対することと各国もこの抗議に参加するよう呼びかけることで合意した。三日後の一七日にそのオランダ人が各国の駐在員に打診した結果、スウェーデンとプロイセンは参加する意思を示したものの、フランスは抗議に対して消極的で、これ以上の反対は望まない態度であったという。その理由を管貨人は、フランスは昨年の主要な取引相手で、今回の「独占」を提案した主要人物のひとりである陳寿官に肩入れしており、また陳寿官もフランスに対して債務があることなどから、フランスは当初の姿勢を曲げて新規則を擁護することに利益を見出しているからであると推測している。同時に、今回の貿易規則が発効されれば、より多くの取引が陳寿官の手に渡ることになるだろう、とも述べている。[22]このフランスの離脱は、イギリスにとってもかなりの痛手であった。それでも管貨人は、今回の問題を解決するためにはヨーロッパ人全体の同意が最も効果的であることに疑いはなく、問題を解決してゆくために継続して活動してゆくと決意しているが、結果としてこれがヨーロッパ人による最後の抗議の試みとなってしまったのである。

そしてこののちミゼナー委員会の記録によれば、七月一八日に広州府知府と南海県知県の監督の下で洋貨店に対する検査が行われた折、洋貨店はこの布告に対して抗議した。さらに二一日に五人一組の相互保障団体が作られている。そして二二日（乾隆二〇年六月一四日）には、次のように洋貨店に対し相当寛大な内容が言い渡されている。

> 洋貨店はこの日命令によって広州府知府のところに赴いた。知府は、総督が彼らの請願を可能な限り叶えてやろうとしており、その証として洋貨店には以前と同じように陶器や絹製品その他あらゆる品物を取り扱うことを許し、大量の茶葉を扱うことにのみ制限を加える旨を通達するよう〔知府に〕命じたと洋貨店に知らせた。[23]

つまりこの通達は文面のまま解釈すれば、洋貨店は「以前と同じように」西洋人のいる行に赴き、広範な品目について取引が許されたということになる。「大量の茶葉」取引には制限が加えられたが、そもそもこの通達自体が商人たちから間接的に聞いた内容であり、「以前と同じよう」な貿易が具体的にどういった形態を想定したものであったか、あるいは茶葉取引の制限にしても、「大量」とはどのくらいの量を指すのかなどが明らかではなく、分析材料とするにはやはり曖昧であると言わざるをえない。

また管貨人の認識から見ても、この通達が規定する貿易形態について確定的な評価を下すことは難しい。というのも、ミゼナー委員会は通達が出された当日の日誌に、「先述した七月二二日の南海県知県による通達は、現状では〔洋貨店が〕少量のもの以外の取引に参入するための唯一の根拠であるに過ぎず、何が「少量のもの以外の取引」なのかは、完全に行商の決断に委ねられることになるだろう㉔」と述べている一方で、やはり同日の記事に「この許可はこれまでのように小規模の取引のみを行おうとしている大部分の洋貨店にとってはこの上なく喜ばしいものであり、一方で、より取引に意欲的で、会社と取引しようと望んでいたものたちは、少数であったことから〔広州当局に対し〕反感を見せることを恐れた㉕」というように、両方の記述の間にかみ合わない部分が見受けられるからである。つまり、前者は形態としては布告四で洋貨店にかけられた制限が解かれたが、実態としては行商が洋貨店の貿易に制限を加えてくるだろうから、実効性はないだろうという見解であるように読み取れる。しかし、後者では「小規模の取引」が許されて一部の洋貨店が喜んだことになっている。これらの齟齬や、詳細に判明しない点を明快に説明することは、IORの同時代の史料にはこれ以上の決定的な記述がなく、不可能である。これらの問題の解決には別の当事者であったフランスやオランダの史料などに依拠して考証を加える必要があるだろう。

以上がIORに残されている記録から知ることのできる一連の布告の結末である。多くの引用を用いてやや冗長になってしまったので、先に言及したような史料的な限界も考慮しながら、これまでの内容を整理しておきたい。

布告一では行外商人を会社・私貿易を含むあらゆる取引から排除する命令が出された。しかしこれに続く布告二・布告三では五人一組の相互保障団体への加入を条件に私貿易が許されることになったが、会社とは取引できなかった。

その後出された布告四では洋貨店の検査と団体への加入を条件に「外国人との小売取引」と私貿易が許された。また口頭での取り決めにより取引前に広州当局に貴重品を見せることになった。さらにその後検査および相互保障団体の組織化が実行され、洋貨店に「以前と同じよう」な取引が許可された旨が通達された。こうした経緯から、広州当局は一度発布された厳密な行商の「独占」を緩和し、洋貨店と会社との直接取引を認めてゆく方向にあった、と結論づけられるだろう。

なお残念ながら中国語史料については、上奏・上諭などの檔案類、『粤海関志』など後年の編纂にかかるもの、あるいはＩＯＲやイギリス外務省記録（ＦＯシリーズ）からも、布告文はおろかそれに関する報告などの記録は管見の限り見出せなかった。ただ、この時期の楊應琚の施政については、一七五九年の段階で両広総督李侍尭が貿易状態の調査の際に「従前阿里衮・楊應琚が任に在りし時も亦総て大綱を持するに過ぎず、歴任皆此の如く辦理す」と報告している記述[26]はかろうじて確認できる。つまり、傍証ではあるが、清朝側でも一七五五年に重大な貿易制度の改変が行われたという認識はなかった可能性が高いと考えられるのである。

五　一七五五年布告・通達に対する管貨人の憂慮

このように結果として会社と洋貨店の直接取引が認められることになったが、それでもミゼナー委員会は依然として貿易状態への不満をあらわにしている。本節では彼らのこうした不満を分析することで、彼らが想定していた一七五五年布告・通達の影響を考察したい。

まずは彼らが認識した問題点を知る手がかりとして通達の内容を知った直後の日誌を紹介する。

この許可はこれまでのように小規模の取引のみを行おうとしている大部分の洋貨店にとってはこの上なく喜ばしいものであ

り、一方で、より取引に意欲的で、会社と取引しようと望んでいた者たちは、少数であったことから〔広州当局に対し〕反感を見せることを恐れたため、総督に送るための感謝状を作るに当たって洋貨店らは直ちに同意、署名することができたのである。このようなわけで、内地商人のために開いておきたいと我々が望んでいた道であったが、これらの人々は完全に隔絶されてしまった。(27)

このほかに、八月七日に広州に来航したパルマーに宛てたミゼナーの手紙でも彼らの不満が端的に語られている。この手紙は前年の取引およびシーズンオフの間に起こった出来事を新たに来航したパルマー委員会に伝えるために書かれており、パルマーが受け取った日付が八月七日であることから、七月二二日の通達が出された後であることがわかる。このなかでミゼナーは「五月に出された布告」の評価として、貢品を安く入手することを目的としたものだとし、「そのため上述の布告の本当の狙いは、広州でのあらゆる取引を少数の商人の手に握らせることにある」と記している。また布告に対してはあらゆる西洋人が同様な考えを持っており、従来の制度に戻すよう総督に抗議し、総督は「自由貿易（free trade）を認める布告を出すと約束したが、出されたものは結局はぐらかしであり、依然として我々は少数の行商の勢力の下にある」と述べている。洋貨店についても、内地商人とのコネクションとして重要であるが、「彼らとのつながりは絶たれてしまった」との認識を示している。そしてこうした広州当局の横暴に対して抗議する機会があれば、パルマーにも協力してもらいたいという言葉で締めくくられている。(28)

ここで紹介した二つの記録に共通していることは、いずれも内地商人との結びつきを断たれたことを憂慮している点であり、この結びつきは洋貨店によって確保されていたというのが彼らの主張である。それでは洋貨店の実態はどのようなものだったのだろうか。

すでに引用した七月二二日の記事には、二種類の洋貨店の姿が描かれている。まず従来どおりの小規模な取引を継続し利益を得ようとする洋貨店、次に大規模な取引を準備でき、会社と多額な取引をしようとする洋貨店である。前者は通達の結果を喜び感謝状まで送っているので、管貨人が問題にしているのはこうした者たちではなく、むしろ後者のような洋貨店がその活動を制限されたために内地商人と「隔絶されてしまった」と考えていると見て間違いないだろう。こうした洋貨店は別の日付の記事には、

> 我々が洋貨店と大量の取引をすることがほとんどなかったことは事実であるが、我々と毎年広州に貿易品を売りに来る内地商人との取引を行いうるのは、彼らを通じてのみであることを承知しておくべきである。

とも書かれている。[29] つまり管貨人のこの言によれば、洋貨店として括られている商人のなかには、洋貨を単なる小売で扱う商人だけではなく、内地の客商を受け入れその貨物の取引を仲介する機能を持った商人がいたことになる。これはまさしく牙行と同じ形態である。そしてこうした洋貨店は言うなれば、当局によって認可されていないが極めて行商に近い機能を備えた私設洋行とでも言える存在であったと理解できる。

　このような私設洋行の存在は断片的ながら一七五九年の両広総督李侍尭の上奏からも確認できる。「近来有等《いささか》の利を嗜む徒、所有《あらゆる》房屋或いは置買せし已経《すで》に歇業せる行を、欄を雕り檻を画し改造して工《たくみ》を精にせしめ、夷商を招誘して投寓せしめ、厚租を得んと図る。漢奸の夷舘に出入し勾引・教誘するを任聴《ほしいままに》せしめ……」[30] とあり、ここでも「利を嗜む徒」が建物を行として設え、外国人をそこに逗留させているとの報告がある。この姿は先にイギリス人が指摘した、私設洋行と重なる。とすれば、ミゼナー委員会ではこのような洋貨店と取引できる可能性を残しておくことを望み、最後の通達が出された後になっても、行商が洋貨店と西洋人との取引を監視・管理し、自らの寡占状態を脅かす私設洋行らを取引から排除するのではないか、と考えたのであろう。

　そして、ここまで取り上げてきたミゼナー委員会の不満は、そのまま一七五五年布告・通達が持っていた実際の効力を暗示していると言える。つまり、制度的には大きな改変はなかったが、洋貨店の検査と相互保障団体への加入の

強制により、広州当局が把握していなかった洋貨店、とりわけ私設洋行の摘発と、その違法行為に対する監視として機能することになったと考えられるのである。

それを裏付けるように相互保障団体についてもミゼナー委員会は「昨日、洋貨店たちは南海県知県のところに赴き、布告のとおり五人毎にひとつの団体となったが、これまでとの違いはただ彼らが行商やほかの者によって保障される必要がなくなったというだけのことである。それぞれの団体はその後、彼らに申し渡された規則の範囲内においてのみ活動するという誓約書にサインした。しかし見たところその範囲は厳密に決められてはおらず、それを指示するいかなる布告も発せられなかった」と言う(31)。つまりこれまでの文脈から考えると、この団体は実際には行商たちの厳密な管理を受けるというよりも、広州当局が検査しそれらの名前を控えることを以てその目的が達せられたと言える。

ミゼナー委員会の日誌から洋貨店とその取引について推察することが可能なのはここまでである。ここからは実際の貿易記録を用いて、ミゼナーが指摘するような事実が本当にあったかどうかを確認しておこう。

六　行外商人たちの取引

本節では五五年以降の行外商人の貿易参加がどのようなものであったかについて簡単な展望を示すことを目的としている。五五年以降の詳細な貿易実態は次章以降で論じることになるので、そちらも併せて参照いただきたい。

ここで用いるのは五三年（リエル委員会）と五五年（パルマー委員会）の二つの日誌である。五三年のものはG／12シリーズに収められており、一方五五年はR／10シリーズのものである。この二つの日誌は、いずれも一シーズンだけの取引であり、しかもシーズン開始から終了までの完全な記録が残っているため、比較的近い条件での比較が可能であると考える。これらを用いて各商人、特に洋貨店の存在形態を明らかにし、さらに商人毎の取引量を比較するこ

表1　会社による現銀支払いおよび前貸し額（単位：両）

受取商人	支払・前貸額 1753年 リエル委員会	支払・前貸額 1755年 パルマー委員会	取扱品目
潘啓	111,378.790	141,039.120	絹・茶全般
蔡永接		20,228.700	茶（中～低級）・絹
蔡瑞官	12,196.890	2,889.250	茶（中級）
葉義官	1,522.680	2,540.780	茶（低級）・陶磁器
顔瑞舎	3,763.500	2,275.860	茶（中級）・陶磁器
黎開観・顔瑞舎		2,157.000	生糸
張富舎	310.346	2,062.140	陶磁器
陳寿官	2,838.610	916.070	陶磁器
Cinqua		686.000	陶磁器
倪永官		646.800	陶磁器
顔徳舎		256.909	陶磁器
Loqua		183.718	陶磁器
Beau Hing		44.192	陶磁器
Tyon Tetqua	4,305.860		茶（中級）
Lockqua	1,017.900		茶（高級）
Tonchong		126.518	陶磁器

典拠：IOR G/12/57（リエル委員会），R/10/4（パルマー委員会）を基に筆者作成.

とで、布告のなかで述べられていたような貿易実態の一端をうかがい知る一助としたい。

表1は一七五三年のリエル（Thomas Liell）委員会と一七五五年のパルマー委員会が輸出品の購入に際し支払った、あるいは買い付けのために前貸しした銀を商人毎に整理したもので、破線より上段は行商であり、下段は行外商人である[32]。まずは会社と行外商人との取引を具体的に見ていきたい。

一七五三年のTyon Tetquaは一〇月に工夫（中級ブラックティー）を、一二月には小種（高級ブラックティー）をリエル委員会に売っている。このTyon Tetquaについて、「グリフィン号とボスカウェン号の管貨人と一緒にTyon Tetquaの友人である内地商人の所有する大変上質な工夫茶二三〇箱すなわち六〇担のサンプルを検査した[33]」という記録が残されており、会社はTyon Tetquaを通じてこの内地商人と価格交渉を行っている。

この記事から、商品である工夫を所有しているのは内地商人で、Tyon Tetquaは会社との仲介役であったことがわかる。IORには彼が洋貨店であるという明確な言及はないが、彼の果たした役割は前章でミゼナー委員会が、洋貨店は内地商人とのコネクションであると述べていたことと符合し、管貨人が広州当局に要求していたような取引が過去にあったことを証明できる事例である。この年リエル委員会の扱った取引でボヒー（低級ブラックティー）以外の中・高級茶葉を会社に供給したのはこの Tyon Tetqua と、一二月に取引があった Lockqua の熙春（高級グリーンティー）四七箱のみであった。このように、たとえ取引量がそれほど多くなかったとしても、年によっては行商が供給し得ないものを手に入れるという意味で、やはりミゼナーが言うように洋貨店は選択肢として不可欠な存在であったと言えよう。またここで取り上げたデータには五五年以降の茶の取引が含まれていないが、五九年には汪聖儀（Shin Y Quan）という安徽商人との大量の取引が認められる。[34] この商人は五七年に会社が寧波に派遣した船と取引をしたとして名前があり、五九年には広州で委員会の要請を受けて内地の茶のストックの調査、およびその買付けを行っている。そのために、会社は買付け資金を彼に前貸ししている。これは当時の西洋人と中国人商人との機能的関係を知るうえで非常に貴重な事例であるため、詳細については第八章で改めて検討するが、このことからも行外商人と会社の茶葉取引が五五年以降皆無であったと断定することはできない。

次に、五五年の取引相手に名前の見える Tonchong は、一〇月に取引があったとして、数人の商人との陶磁器取引リストのなかに名前・取引量および支払われた金額が記録される商人である。[35] そのため行商ではないことはわかるが、実際にどういう人物だったのか、取引の状況はどのようなものだったのかは不明である。ただ取引額から見るに、全体のうちの微々たるものに過ぎず、彼については取引のなかで Tyon Tetqua のような重要な存在ではなかったことがうかがえる。ただ、それでも取引量が最も少ない行商より上回っていることは指摘されるべきであろう。またこのほかにも会社から銀が支払われた記録が欠けているため表では扱えなかった行外商人として、Sundry という商人がおり、彼は九月にパルマー委員会と数度にわたり合計七五箱の陶磁器の梱包をしている。彼が Tonchong と違っているのは、「Sundry の所で梱包した（Packed at Sundrys）」と記録されていることである。[36] こうした表現は貿易記録に頻繁に見られ、それは行商との取引の場合も同様である。梱包はその荷を扱う行商の行でされたためこのような記述になっているが、ここから素直に考えると Sundry も輸出品を収容できるくらいの広さを持った行を所有していたことになる。このように、行外商人の行で会社用の輸出貨物が梱包されていたという実態も確認できるのである。さらに表にはないが五六年三月のピゴウ委員会の取引では Lusoncoon という商人が、会社に陶磁器を売っている。Sundry と同じく彼の行で梱包しており、取引量は四二箱、支払額は一二七〇両一銭八分一釐で、ピゴウ委員会はこれを「大変安い」と記録している。[37] こうした実態に示されるように、貿易記録のうえでも会社と行外商人との行商を通さない取引が確認できた。

しかしながら、制度上取引が許されたことがそのまま中国人商人間の均等な貿易を意味しなかったことは、表の取引額の違いからも明らかである。一七三〇年代に行商となり、生糸および絹製品の取り扱いで会社の信用を獲得していった潘啓が両年ともに第二位以下を圧倒しており、そのほかに一万両以上の取引をしている者は毎年一人を数えるに過ぎない。さらに下位の行商の取引額はそれらの上位の行商とは比較にならないほど少なく、前出の行外商人の Lusoncoon も決して多くはないが、それをも下回っているのである。ミゼナー委員会はこうした状況を「行商の数はすべて合わせてもせいぜい一〇人ほどで、そのうちの半分は小規模であるか他者に寄生しているような者たちである」[38] と理解していたのだろう。

ただし以上の取引状態について付言しておかなければならないのは、これらの年に中国人商人と取引したのはここで紹介したひとつの委員会ではなく、このほかにも二、三の委員会がやはり個別に商人を選んで取引を行っていたことである。例えば五五年にやはり広州で取引したピゴウ委員会は潘啓にはほとんど依存せず、他の行商たちと重点的に取引している。このようにそれぞれの委員会だけで見れば特定の行商に取引が集中しているように見えても、会社の取引全体で見るとその偏りはそれほど大きくはないと言える。それでも、行商と行外商人の取引量には圧倒的な差があることもまた事実である。五五年の管貨人の議論の場合、行商と行外商人との取引量の比較が重要な論点になっているように見えるので、その差異については重要視すべきであろう。

ともかく、取引量から言えば行商たちに依存して取引しているという状況下で管貨人が憂慮していたのは、少数の行商によって価格を自由に設定されることであり、彼らの言う「独占」とはまさにこのことを指していた。そうであるからこそ、ミゼナー委員会はこれらの大行商に対抗しうる存在として、洋貨店が私設行商として機能しうる状況を残しておきたかったのである。しかしこれと同時に我々が了解しておかなければならないのは、行商に取引が集中していた状況は、取引を彼に限定するといったような、権力による何らかのバックアップを受けて成立していたものではなく、イギリス人が彼らを信用し、重用したことによって作り上げられたものであったということである。言うなれば、旧来の行商への対抗馬として仕立て上げた潘啓といった行商に対して新たな対抗馬を立てる必要が生じたという循環構造であり、イギリス側が行商が少数に陥っていた責を広州当局にのみ帰するのであるとすれば、その論は正鵠を得ているとは言えないだろう。

小結

ここまで繰り返し論じてきたように、一七五五年布告・通達は行外商人を取引から排除するというような重大な制度改変とはなりえなかった。洋貨店が会社と直接取引することは可能であり、管貨人もそのように認識していた。その詳細については、布告四では「小売取引」が、通達では「従来どおり」の取引が許されたとあるが、両者の実質的な違いは何か、あるいは、そのいずれが制度として実効性を持ったかといった問題は判然としなかった。ただ管貨人の認識に立って言えば、洋貨店は洋貨店として取引することのみ可能で、私設行商として内地商人との仲介役になることは取締りの対象になった可能性も考えられる。

こうした構造の下で、貿易における「自由」の内実が広州当局と管貨人とで異なっていることを指摘しておきたい。

すなわち、広州当局の考える「自由」は洋貨店が洋貨店として取引することを許可するという意味であった。それは行商の地位が行外商人によって脅かされないようにすることでもあり、行商制度を前提とする広州当局の立場からすれば、ごく自然な考え方であったと言えよう。そして何より「誰とでも取引できる」という「自由」を満たしてはいるのである。一方ミゼナー委員会は行商と洋貨店の区分を定めないという意味での「自由」な取引を要求し、洋貨店が行商と同等の存在になれないことに不満を持ったのである。こうしたミゼナー委員会の考え方は、突き詰めれば行商という枠組みそのものを否定することになり、アヘン戦争まで連綿と続くイギリス側の行商制度に対する姿勢の、基本的な思考パターンになっていったのである。

以上のように、行外商人の取引は制度的に可能だが、実際にはその取引は微々たる量であったことを考慮すると、さらに考えなければならない問題に直面する。それはすなわち、すでに行商たちが取引のほぼすべてを占めている状況下で、広州当局はなぜわざわざ取引を彼らに限定する方針を強行しなければならなかったのか、という点である。行商たちに「独占」させることが彼らの利益の確保を目的としているならば、わざわざ西洋人や行商たちとの摩擦を引き起こしてまで制度を改編しようとする意図がますます見えてこない。それとも、それ以外に何か目的があったのだろうか。次章ではこの問題を検討していきたい。

（1）Kuo-tung Anthony Ch'en, *The Insolvency of the Chinese Hong Merchants, 1760–1843*, Academia Sinica, Taipei, 1990, p. 10.
（2）岡本隆司『近代中国と海関』名古屋大学出版会、一九九九年、一〇二—一〇三頁。
（3）Paul A. Van Dyke, *The Canton Trade, Life and Enterprise on the China Coast 1700–1845*, Hong Kong University Press, Hong Kong, 2005, p. 163.
（4）佐々木正哉「清代広東の行商制度について——その独占形態の考察」『駿台史学』第六六号、一九八六年、七三頁。
（5）黄国盛『鴉片戦争前的東南四省海関』福建人民出版社、二〇〇〇年、一〇三頁。

（6）　管亜東「清代前期広州口岸中西貿易的行外商人」広州歴史文化名城研究会・広州市茘湾区地方志編纂委員会編『広州十三行滄桑』広東省地図出版社、二〇〇一年、二七〇—二七一頁。

（7）　Hosea Ballou Morse, *The Chronicles of the East India Company Trading to China, 1635–1834*, 5 vols., Oxford University Press, Oxford, 1926, 1929, vol. V, 1929, p. 30.

（8）　Weng Eang Cheong, *The Hong Merchants of Canton, Chinese Merchants in Sino-Western Trade*, Curzon Press, Richmond, Surrey, 1997, p. 94.

（9）　防範外夷規条については中国第一歴史檔案館編『清宮粤港澳商貿檔案全集』（中国書店、二〇〇二年）第四巻、二〇〇四頁、乾隆二四年一〇月二五日両広総督李侍尭摺を、華夷交易章程については故宮博物院輯『清代外交史料』（故宮博物院、一九三二年）嘉慶朝巻三、九—一〇葉、嘉慶一四年四月二〇日両広総督百齢等摺を参照。

（10）　布告に関する記事はミゼナー委員会とピゴウ委員会はR/10/3に、パルマー委員会はR/10/3とR/10/4に収められている。なお布告の原文は、『編年記』ではパルマー委員会が広州に到着した時にミゼナー委員会から送られた手紙にすべて含まれているように編集されているが（Morse, The *Chronicles*, *op. cit.*, vol. V, pp. 36–44）、IORではその手紙には布告一から三までしかない（R/10/4, August 7th 1755）。イギリス東インド会社の管貨人は布告四が発布された七月には訳文を見ておらず、九月になってフランス東インド会社の管貨人からフランス語訳をもらい、それを英語に直したものを入手しているのである。この原文はミゼナー委員会（R/10/3, September 5th 1755）とパルマー委員会（R/10/3, October 5th 1755）に載せられている。これらの布告は全体でかなりの分量に上るので、ここでは要点のみ紹介する。

（11）　布告一の冒頭にHiu Tsong-tu Governerと表記されており、Hiuは「署」を意味すると考えられる。確かに楊應琚は前年に署理両広総督として着任しているが、同年の九月には両広総督になっている。なぜ布告一で「署」と呼ばれているかについては史料からは判明しなかった。

（12）　Van Dyke, *The Canton Trade*, *op. cit.*, Chapter Four. 買辦が取り扱った品目及び価格については特にp. 65を参照。

（13）　"precious curiosities"を皇帝への献上品（貢品）と解釈する根拠は『編年記』の貢品についての説明の中でこの語が用いられていることである（Morse, The *Chronicles*, *op. cit.*, vol. V, p. 13）。

（14）　Morse, The *Chronicles*, vol. I, 1926, p. 346. 広州来航の船舶リストに見える*Princess Emilia*号の船長がミゼナーであった。

（15）　Morse, *Chronicles*, *op. cit.*, vol. V, p. 36.

(16) IOR R/10/3, Pigou's Committee, June 27th 1755. ピゴウの意見とされている部分はモースも一部分を引用している(Morse, The *Chronicles, op. cit.*, vol. V, pp. 30–31)。

(17) Earl H. Pritchard, *The Crucial Years of Early Anglo-Chinese Relations, 1750–1800*, Research Studies of the State College of Washington, Pullman, Washington, vol. 4, nos. 3–4, 1936, pp. 124–125.

(18) IOR R/10/3, Misenor's Committee, July 4th 1755. "We are good deal surprised that Mess. Pigou and Piesly should seem to think a Revocation of the two late edicts of but little importance, and as we are of a very different opinion it may be necessary to examine a little Farther into ill consequence of them than we have hitherto done."

(19) IOR R/10/3, Misenor's Committee, July 7th 1755.

(20) IOR R/10/3, Misenor's Committee, July 8th 1755.

(21) IOR R/10/3, Misenor's Committee, July 14th 1755.

(22) IOR R/10/3, Misenor's Committee, July 17th 1755.

(23) IOR R/10/3, Misenor's Committee, July 22nd 1755. "The Shopmen this day by order attended the Quanchifon who acquainted them that the Tsongtouk was willing to grants them all these indulgence possible & as a proof of it he was directed to inform them that they would be allowed to deal in China Ware, Wrought silks and every other article as before, with the restriction only that they should not deal in large Chests of tea."

(24) IOR R/10/3, Misenor's Committee, July 22nd 1755. "…and the Namhoyen's declaration, which we mentioned on the 22nd July being the only warrant the Shopmen have at present to enter into business except in small matters, & what is to be so called will depend entirely upon the Hong Merchants to determine."

(25) IOR R/10/3, Misenor's Committee, July 22nd 1755. 後段でも分析材料とするため、後の部分を含めた原文は註(31)に掲載する。

(26) 『清宮粵港澳商貿檔案全集』第四巻、一七五六頁、乾隆二四年閏六月二二日両広総督李侍尭摺。「従前阿里衮・楊應琚在任時、亦不過總持大綱、歴任皆如此辦理。」

(27) IOR R/10/3, Misenor's Committee, July 22nd 1755. "This license was extremely satisfactory to the greatest part of the Shopmen who sought only to carry on their small trade as usual, whilst those who were more aspiring, and had entertained

hopes of doing business for the Companies were awed from shewing their dislike by the smallness of their number so that an address of thanks was immediately agreed upon and signed by their whole body, in order to be presented to the Tsongtouk. Thus at once the intercourse which we had hoped to keep open with the Country Merchants thro' these people seems to be entirely cut off from us."

（28）IOR R/10/4, Palmar's Committee, August 7th 1755, Morse, *The Chronicles, op. cit.*, vol. V, p. 36.

（29）IOR R/10/3, Misenor's Committee, July 4th 1755. "It is true we seldom enter into any considerable business with these people, but it should be remembered that this through them only any Intercourse can be carried on between us and the Country Merchants who is annually bring down goods here for sale."

（30）『清宮粤港澳商貿檔案全集』第四巻、両広総督李侍尭摺。「近来有等嗜利之徒、将所有房屋或置買已経歇業之行、雕欄画檻改造精工、招誘夷商投寓、図得厚租。任聴漢奸出入夷館勾引教誘……」、乾隆二四年一〇月二五日、二〇〇四頁。

（31）IOR R/10/3, Misenor's Committee, July 22nd 1755. "Yesterday the shopmen attended the Namhoyen and were associated by Five according to the late Regulation, with this difference only that they were not obliged to procure any securities either Hong Merchants or others. Each association afterwards signed an obligation to keep strictly within the bounds prescribed to them; but what these bounds are seems to be altogether unsettled, no Chop being issued for their direction."

（32）行商と行外商人の判別は、布告二で列挙した行商を基準として考えるのが最も史料に沿ったものだと言える。ただ張栄洋はその著書のなかで、一七五五年の行商を、第一クラスと第二クラスに分けて取り上げており、現段階においてこれ以上詳しい先行研究もなく、本章ではこれに従って分別している（Cheong, The Hong *Merchants of Canton*, p. 94, Table 10: First Two Classes of Hong merchants, 1755）。

（33）IOR G/12/57, Liell's Committee, October 1st, 2nd 1753, "Examined in conjunction with the Supracargoes of the Griffin & Boscawen a Master of Congho Tea Hensoon 230 chests of 60 catties which belongs to a country merchant a friend of Tyon Tetqua's."

（34）IOR R/10/4, Palmer's Committee, August 21st 1759.

（35）IOR, R/10/4, Palmer's Committee, October 17th 1755.

（36）IOR R/10/4 Palmer's Committee, September 6th, 22nd, October 6th, 13th 1755. 例えば九月六日には "Packed at Sundrys

27Chests of China Ware" と記されている。

(37) IOR R/10/4 Palmer's Committee, March 24th, October 1st 1756.

(38) IOR R/10/3, Misenor's Committee, July 4th 1755, "yet their whole number does not amount to more than ten, one half of which are either consideration or dependant on the others."

第三章　貢品制度から見た広州貿易

はじめに

前章では広州当局が行商の貿易「独占」布告を発したものの、西洋人・中国人双方の反対に遭い、その布告を撤回した経緯を明らかにした。従来の研究とは異なり、「独占」は制度として残らなかったことを指摘できたことは新たな成果であると考える。しかし、両江総督や粤海関監督といった地方の大官が行商の「独占」を企図し、布告を発していたのは事実である。本章で着目したいのは、そうした「独占」の設置は、何を目的としたものだったのかという問題である。そのために本章ではできる限り広州当局者と管貨人の視線に沿いながら出来事を読み解いていきたい。

「独占」設置の動機について研究の初期段階においては、プリチャードやモースらが、広州に赴任した官僚たちが行商に「独占」させることで自らも賄賂を受け取り、官界での昇進のための資金とした、と答えた[1]。そしてこの説が長期にわたっていわば定説となったのである。

しかしこの論の問題は、広州での貿易の存在そのものが官僚の私利のために蚕食されてしまう性質のものであったという理解に終始してしまう点にあった。こうしたなかで岡本隆司は広州当局者の行動原理を解明するに当たって、彼らの個人的動機から一旦離れ、北京と連動する要素である徴税に着目し分析を行った[2]。その論を要約すると、広州当局は徴税を確実にかつ円滑に遂行するために、行商たちのなかから商人を指定して保商とし、来航船一隻毎に割り当て管理・徴税に責任を負わせたというものである。このアプローチは、広州という一地方都市の案件である「夷務」を、清朝全体の枠組みのなかで理解するという意味をもっていた。広州貿易を管理した広州当局者の施政については、清朝という国家の機能との有機的結びつきを解明するという分析姿勢が不可欠だと筆者も考える。

一方で、先行研究のなかには広州当局の責務について次のような要素に論及するものもある。坂野正高は「粤海関監督には内務府の官人が三年の任期を限って任命された。粤海関監督は北京の宮廷に珍貴な輸入品の品々を送る吸い上げポンプでもあった。例えば、歌をうたう時計といったような外国製の贅沢品は専制王朝の宮廷の威厳を誇示するための装飾品および賜物として使われ、政治の手段の一種として重要なものであった③」と論じた。また、佐々木正哉も「当時粤海関より外国の珍奇なものを献上するのは慣例であって、その費用は皇帝から支給されて居た。〔中略〕かかる事例は以後も屢々記録の存する所で、殊に保商制度が出来てから、関税の納入とともに進献物の調達はその〔行商の〕責任とされ、そのために被害を蒙ることが少なくなかった④」とまとめている。

両者が述べているのはおそらく同じ実態で、監督が「珍貴な輸入品」を皇帝に献上することは慣例であった、という内容である。これは朝貢国の使節が皇帝に貴重な物品を献上する形式とは明らかに異なり、当時、貢品制度として知られていた制度の一環であると考えられる。

貢品制度とは殊に粤海関からの献上に限られたものではなく、その概要を一言で言えば、各地の督撫らが貴重品を買付け、あるいは製造して皇帝に送る制度であった。この制度については、何新華による詳細な研究がある⑤。また制度だけでなく、実際に皇帝に送られた物品に関する研究も進められている。馬冀は貢品として献上された清朝全域の特産品を包括的に論じ⑥、楊伯達は主に乾隆年間に広州から送られた貢品の種類や変遷について分析している⑦。鞠徳源の研究は宮廷で珍重された西洋の舶来品の収集や模倣品の製造に詳しい⑧。

貢品のうち特に機械仕掛けの時計は研究者の関心を集めており、商芝楠[9]・パガニ[10]による研究がある。なかでもパガニは紫禁城内や広州での時計の製造、それに携わった西洋人などについて重要な業績を残している。またイギリスで製造され中国で珍重された時計について論じるなかで、一七六〇年代以降の広州を通じた時計の流入や、広州におけるイギリス人による時計店の開設についても言及している。

しかしこれらの研究は貢品制度自体の解明に至っているとは言いがたく、宮廷側の視点に終始しているため、貢品制度と一般の広州貿易との関係、また貢品制度が広州貿易に与えた影響については、検討されていない。そこで本章では次のような問いを設定する。それは第一に、貢品の買付けを命じられた広州当局はどのように対応したか、第二に、貢品制度は貿易制度に、ひいては広州にいる西洋人との関係にいかなる影響を及ぼしたか、という問題である。これらの問いに答えるため、具体的な作業としては広州当局にとっての貢品制度の実態およびその変遷について分析を加え、その後、実際に貿易に与えた影響について探る。

検討する時期は乾隆前期の一七五〇年代を中心とする。なぜなら乾隆時期の貢品制度について見れば、一七五〇年代はその質的変化が生じた時期だからである。またその制度の内実は、広州当局者とイギリス東インド会社との交渉のなかで頻繁に言及され記録されており、その実態をある程度詳しく検討する材料が残されているからである。

以上を踏まえ、まず第一節では貢品制度の概要を説明し、第二節では貢品の収集が舶来品の買付けに傾斜してゆく過程を明らかにする。第三節では貴重な舶来品を入手するために広州当局がいかなる手段を用いたかを検証し、第四節で広州当局による貢品収集をイギリス人はどのように認識していたかを論じる。

一　乾隆前期の貢品制度

そもそも貢品制度とは、舶来品に限らず、各地の総督や巡撫らが皇帝に各地の名産品を送る制度である。その品目は芸術品・家具・装飾品・文房具・武具などから薬材・食材まで多岐にわたっている。また貢品は単に買い付けられたものだけでなく、中国人の技術者らによって製造されたものもあった。その製造施設は造辦処と呼ばれ、北京に内務府造辦処があったほか、九江関・粤海関にも造辦処が設けられていた。北京の造辦処は一六九三(康熙三二)年に紫禁城内部の養心殿の南に開設され、ガラス器・玉器・木製品・漆製品・書画・鞍・織物など六〇種もの専門工房で各種工芸品が製造されていた。蘇州・杭州・江寧(南京)には特に織造処が設けられ、その地方特産の絹製品などが製造されていた。

これら貢品の収集と製造はすべて内務府が管轄していた。内務府は内閣や六部とは異なり、宮廷内の諸事、特に皇帝の身辺にかかわる事柄を取り扱う役所で、独自の収入源を持つなど、その他の行政機構に対して相当程度の独立性を保っていた。貢品にかかわる業務についても、内務府大臣が特にこれを統括し、皇帝と内務府との間に上諭・上奏の遣り取りがあったことが確認できる。このことは貢品制度が本質的に「内廷」によって管轄される性質のものであったことを示唆している。

このように全国的な規模で行われた貢品制度であるが、本章では広州での貿易との関連で論じることを目的としているため、ここからは広州当局とかかわる範囲において、制度の実態を整理する。

広州から皇帝に貢品を献上したのは粤海関監督のほか、両広総督・広東巡撫らであった。原則として年に四回の進貢時期(端貢・万寿貢・年貢・灯貢)があり、その進貢のために粤海関において徴収した税のなかから、「雑税銀」あるいは「毎年備貢銀」という名目で三万両が与えられていた[11]。

乾隆初期に進貢された品目については、一七三八(乾隆三)年に粤海関副監督鄭伍賽が献上した貢品のリストからうかがい知ることができる。そこで確認されるのは合計二〇種類で、オンドル用ガラス屛風・オルゴール・象牙やガラス製の照明器具等五種類は国際産品で、その他の一五種類は舶来品であったと考えられている。舶来品は日時計・油絵・嗅ぎタバコおよび嗅ぎタバコ壺・ライフル銃・絨毯・広幅ラシャ地類などであった[12]。

また買付けではなく、皇帝の裁可を経て発注された品物を、粤海関の造辦処において製造していたという実態も認められる。この発注システムについて以下に典型的な事例を紹介したい。一七五四年四月一六日(乾隆一九年三月二四日)に乾隆帝から「先に「雕龍櫃」の図案を作成して、皇帝の裁可が下ってから粤海関に送って作らせるように」との上諭が下り、同年四月二九日(同年四月八日)に造辦処員外郎白世秀が図案を作成して皇帝に見せたところ、この通りに作るようにとの指示が出されている[13]。広州に設計図が送られた後、現物が製造され、監督の李永標から紫檀製「雕龍櫃」一対が送られてきたのが一七五五年六月一日(乾隆二〇年四月二二日)であったというから、発注から進貢までほぼ一年ということになる。このようにあらかじめ図案を皇帝に見せ、皇帝の気に入ったものを特注で製造する方法もまた、乾隆年間の初頭から一七五〇(乾隆一五)年くらいまでは広州の進貢の主要な部分を占めていた。

二　困難になる貢品収集

ところが一七四〇年代末から一七五〇年代前半にかけて、広州からの貢品のあり方が大きく変化することになる。ここでは広州当局者が責務を果たすことをより困難にした変化を三つに分けて論じたい。

(一) 舶来品を嗜好する皇帝

第一に、舶来品を買い求めよという乾隆帝からの命令が頻繁に見られるようになる。まず一七四七年六月五日（乾隆一二年四月二八日）に粤海関に対し、「琺瑯製品の製造は今後少数に止め、「西洋」の琺瑯製品を探して進呈して来い」という諭旨が下されているのが見える。これに加えて、同年九月一二日（同年八月初八日）にも「この度の進貢はかんばしくなく、広東で製造された琺瑯製品に過ぎなかった。これらは宮中に有るものなので、今後は上等な真珠や、宮中に少ない「西洋」のガラス器・琺瑯器などをいくつか買い求め、（不要なものを買って）浪費しないように」との指示がなされている。[14] 貢納されてきた物がありきたりであったり、不必要であった場合、特に進貢するべき品目を指定したり、不要なものを今後送る必要はないという指示が出されることは、粤海関に限らずそのほかの地域の貢納者に対しても頻繁に起こりうることであった。しかし、舶来品のうち特にヨーロッパ産の物品を西洋人から直接入手できるのは当時の中国では広州・マカオのみであり、これを入手するのが粤海関にのみ課せられた特別な責務であったと言える。

続いて一七四九年三—四月（乾隆一四年二月）、粤海関監督碩色への命令に、「時計・漆器・金銀織物・絨毯などを進貢する時には、努めて国外で作られたものでなければならない」[15]という文言が見える。この命令に応えて進貢した舶来品の品目・数量などの全体像を把握するのは史料上困難であるが、内務府の記録には一七五〇年一—二月（乾隆一四年一二月）に「洋畫」を四幅送ったことが見える。[16]

その次に見られるのは、一七五四年四月二七日（乾隆一九年四月六日）両広総督班第への諭旨のなかの、「舶来品のうち新奇なものがあればいくつか貢納せよ、木工品などを製造しなくともよい」[17]というもので、この命令からも皇帝が粤海関の紫檀などの製造品よりも舶来品を買い付けることを望んだことがわかる。さらに一七五八年一—二月（乾隆二二年一二月）にも「この度進貢してきた「鍍金洋景表亭」は非常に好い、嗣後同様のもので好いものがあればいくつか求めよ。さらにこれより大きくて好いものもいくつか求め、費用を惜しんではならない。入手できたなら端陽の進貢の際にいくつか送って来い」[18]とあり、同様の指示が一七五八年二―三月（乾隆二三年正月）にも発せられている。[19]一七四〇年代末以降、乾隆帝が舶来品を要求する上諭を頻発するようになった背景については、清朝における舶来品流行の問題と併せた考察が必要である。それについて先行研究では皇族内でプレゼントとして遣り取りされ、高位の官僚や富豪たちの贈答品として消費されたことが指摘されている。[20]本章ではこれに加えて、円明園の増築という要因についてふれておきたい。

乾隆帝は円明園の長春園のなかに西洋式の宮殿と噴水池を作ることを企図し、カスティリオーネ（J. Castiglione 郎世寧）やフランス人イエズス会宣教師ミシェル・ブノワ（P. Mitchel Benoit 蔣友仁）らに建築を命じた。これは、宮殿の着工が一七四五（乾隆一〇）年、竣工が一七五九（乾隆二四）年と、一四年もの歳月をかけた一大事業であった。また最初の噴水池は一七四七（乾隆一二）年に完成している。[21]乾隆帝が舶来品収集を命じた時期がこの西洋宮殿の建設時期と重なっているだけでなく、気に入った舶来品を円明園の噴水池に運ばせていることから、[22]北京においてはこの建設事業と舶来品の収集とが同じ文脈で進められていたと推測される。

ただし、「新奇なもの」を求めよという要求を満たすことは、相当に困難であったものと考えられる。なぜなら、当時宮廷はすでに舶来品と造辦処で作られた時計で満ち溢れていたからである。一例として一七五六（乾隆二一）年に内務府によって取りまとめられた、宮中所蔵の時計のリストを紹介したい。ここには贈答用あるいは陳列用として做鐘処によって製造された時計のうち、贈答用として一一六件、宮殿等（熱河などの離宮も含む）に陳列されている時計一六四件が列記されている。[23]これらは皆西洋式の機械時計であり、すでにこの時期にはイエズス会の宣教師や、彼らの手ほどきを受けた中国人職人が数百件を製造することのできる技術水準に達していたということになる。このことから考えれば、粤海関から進貢する時計は、単に西洋式の技術を取り入れた物というだけでは「新奇」であるとは言えず、西洋の最新式の技術であったり、飛びぬけて芸術性の高い装飾であったりといった付加価値が備わっている必要があったのではないだろうか。

すでに乾隆三年の貢品のなかに舶来品が含まれていたことにふれたが、それらの多くは決して貴重とは言えず、毛織物や絨毯などの繊維類に至っては毎年会社によって大量に輸入されていたものであったと推察される。しかし、「新奇な」舶来品でなければならないと皇帝から直接命令を受け取った以上、広州当局者は何らかの手段を講じて西洋人から特別な舶来品を手に入れなければならなくなった。その入手先として彼らが目をつけたのが会社の私貿易（プライベートトレード）であった。会社が持ち込む輸入品は毛織物やインド・東南アジアの物産であり、宝石・銀以外の貴金属・機械類などは取引されていなかったが、会社の船長や高級船員たちが個人で行う取引、すなわち私貿易では、皇帝が欲しがるような貴重品が売買されていたのである。[24] こうした事情から、この時期広州当局者は舶来品の入手のために、イギリス人に積極的に接近してゆくことになる。

(二)　不受理の増加

第二の変化は、駁回の増加である。駁回とは進貢された木工・装飾・玻璃などの貢品を不要として進貢者に送り返すことを言う。この措置も、乾隆一〇年代後半に至るまではほとんど見られなかったが、それ以降は次第に増えた。また駁回のほかに、たとえ受け取ったとしても「〇〇（品目）は今後製造しなくてよい（〇〇嗣後不必作）」「〇〇は進貢しなくてよい（〇〇不必再進）」などの処置が多く見られるようになる。[25] 特に一七五一（乾隆一六）年から急増し、一七五二年八月（乾隆一七年六・七月）の進貢は二七件（全国の数字）で、そのうち二五件の全部あるいは一部分が「駁回」されるという極端な時期もあった。[26] そして特に皇帝の気に入らなかったものについては「与えた費用から支出することを許さない（不准開銷）」、すなわち進貢者の自弁で賄えという命令も下されている。これらの変化は、各地の地方官僚の貢品製造・収集にかかるプレッシャーを増したと考えられる。

㈢ 買付け・製造費用の増加

第三に、広州における貢品の買付けと製造のための費用の増加が挙げられる。表1からわかるように、乾隆八(一七四三)年や九(一七四四)年の水準と比べると、乾隆一九—二〇(一七五四—五五)年の額はほぼ二倍に増加している。乾隆一二—一三年の額がひときわ少ないのは、進貢の回数に起因している。策楞が監督であった乾隆一二年六月からの一年間の進貢では、四度の進貢のうち年貢・灯貢が免除され、結果として消費したのはおよそ六六〇〇両であった。このように、この時期には広州からの進貢は省かれることもあったのである。

表1　貢品買付けおよび製造費用の増加

期　間	貢品買付けおよび製造費用（両）
乾隆8年4月—9年	15,908.0
乾隆9年—10年	16,982.0
乾隆12年—13年	6,659.71
乾隆15年—16年	11,874.5
乾隆16年12月—17年11月	20,236.4
乾隆18年11月—19年10月	17,518.6
乾隆19年—20年	27,085.4

出典：『清宮粤港澳商貿檔案全集』『造辦処檔案』を基に筆者作成.

これとは対照的に、乾隆二〇年には特定の品を臨時に求められる事例が見られる。一七五五年五月一五日(乾隆二〇年四月五日)に、官僚らに恩賞として与えるための「碧牙玖朝珠」(緑色の象牙の珠で作った朝珠)や「鼻煙瓶」(嗅ぎタバコ入れ)などを購入・製造して八—九月中に北京に送れという上諭が出ている。費用は海関税の雑項内から支出し、その細目を軍機処に報告せよとのことであった。しかしこれらの貢品の調達はうまくいかなかったようである。前述の「碧牙玖朝珠」は本来の皇帝の指示では二〇個を進貢せよとあったが、実際には二個しか調達できなかった。それは指定された期限までに北京に送るためには上諭を受け取っておよそ一月半ですべてを準備しなければならず、買付けがその期限に間に合わなかったためであった[27]。

また一七五五年五月二〇日(乾隆二〇年四月二二日)に上諭が発せられ、粤海関にて「問鐘時表」(チャイム時計)二〇個を調達し、貢品の時期に合わせず直ちに送るようにとの命令を受け取っている。結果、メノウやダイヤモンドを使い琺瑯などで装飾された時計を七種類、合わせて二〇個を揃えて六月一〇日（同年五月一三日）に北京に送っている。[28] 広州当局者がその上諭を受け取ったのが六月一日（同年五月四日）なので、調達から発送まで九日しかかかっておらず、まさしく喫緊の業務であったことがうかがえる。

以上、乾隆初頭から同二〇年代にかけての貢品制度の変化を概観してきたが、それは概して広州当局者にとって貢品調達の負担をさらに増すような変化であったと言える。こうした全体的な傾向を踏まえ、この時期の広州当局者の貢品調達の実態について分析を進めたい。

三　広州当局者から管貨人への要求

ここで検討すべきは、広州当局者はどのような手段で貴重な船来品を収集しようとしたのか、という問題である。それを知る手がかりとして、広州当局者から管貨人への次のような要求を紹介する。一七五四年八月一〇日に、監督から会いに来て欲しいという連絡を受けて監督に会いに行った管貨人は、貴重品のことについて監督から特別な要請を受けている。

> 今朝監督を訪問した際、〔中略〕皇帝のために購入するのに適した貴重品が船にあれば、その所有者は少なくとも〔他者と売却の〕価格を決めてしまう前に彼が見ることを許可してもらいたい、と望んだ。これは極めて妥当な要求だと思ったが、それらの貴重品は会社や我々に属するものではなく、会社船の高級船員たちの所有物で、それらに対して我々は何の権限も持ちえないとはいえ、もし何か問題が生じた時には監督が要求されているものを我々が入手するという程度のわずかな影響力であればそれを行使する準備はあるということを監督に知らせる以上に彼を満足させる〔返答をする〕ことはできなかった。[29]

監督がこのような要求をする背景には、後に述べるように、貴重品の取引が価格の決定も含めて、多くの商人たちの競合にさらされていたという貿易環境があった。そうした競合のなかで広州当局が最も有利に貴重品を購入するためには、所有者が他者との取引に入る前に優先的に取引する必要があったのであろう。ただし、管貨人がこのことを承諾しなかったためにこの要求は五四年の時点では果たされず、翌年に改めて議論されることになる。

翌五五年は、行商の対西洋貿易「独占」を企図した布告が広州当局によって発布された年である。[30] この布告は当時の取引方法について特に詳しい内容を備えているので、ここではこの布告を用い、貢品を獲得するための手段がいかに整備されていったかを明らかにしたい。

広州当局によって第一の布告が出されたのは五月五日であった。その内容は、要約すると以下のようなものであった。第一に、輸出入貨物のすべてが行商の手を経るようにすること（第一条・第四条）、第二に、それを確実にするために行商以外の商人を取引の場から締め出すことである。このことと関連して、布告文第五条のなかに貴重品にかかわる一節を見出すことができる。「行での積荷の受け入れの際には騒動を起こすような輩が大勢集まっており、貴重品が現れようものなら法外な値段がつけられ、それらを買うために代理人を雇ったりすると聞いている」。[31] そして、こういった状況であるがゆえに、行に出入りする輩を排除すべきである、という文脈につながってゆく。すなわち貴重品取引において広州当局が競争相手と目していたのは、こういった商人たちであった。

しかしこの「独占」制度は実際には成立せず、続く布告二・布告三で新たな制度が設定されている。例えば布告二のなかで「正当な規則に従うことにより許可を与えられた洋貨店には、一般的用途の私貿易人の商品すべて（all private goods of common use）を取り扱うことを許可し、高価な貴重品（precious curiosities）の買い取りは保商に行わせ、価格を定めさせる」と規定されたように、この二つの布告によって洋貨店は西洋人と接触し、取引をすることが許されれた。しかし許されたのは東インド会社の船長や幹部らが私的に持ち込む私貿易品のみであり、そのなかでも一般的用途の物品に限られた。一方、取引が許されず、依然として行商を通じた管理の下に置かれていた商品は、会社の輸入貨物、保商の契約取引による輸出品、そして皇帝に献上されうる価値を持つ貴重品であった。つまりここでも貢品の収集に関しては布告一と同様に、広州当局者にとって管理の容易な行商たちを経て貴重な舶来品を入手することが可能なシステムであった。

布告二、三が発せられ、依然として貿易に対して制限がかけられていることを知ったオランダ・イギリスなど各国の東インド会社広州駐在社員は、この制限を撤回するよう請願書を作成し、直接両広総督楊應琚の衙門（役所）に交渉に赴いた。その際、制限の撤回の条件として総督が交渉のテーブルに出したのが、ほかでもない、貢品に関する取り決めについてであった。

> 総督は貴重品のことに言及し、彼はそれらが売られてしまう前に彼に見せて欲しいと望み、あたかも我々がこの要求を以て会社に働きかけるべきだと言い張っているようだった。我々は貴重品は会社に属するものではないと答え、それらは一般的に船長や役員の個人的財産であり、我々はその点においていかなる権限もないが、彼が満足するようにできるのは我々次第であると述べた(32)。

これと同様の要求が前年に粤海関監督李永標によって管貨人になされたことは、すでに述べたとおりである。それと連続してこの一連の流れを意味づけると次のように言えるだろう。すなわち、内地の有象無象の商人との競合を排した形での貴重品の確保を目指した広州当局は、一七五四年に他に先んじて取引したいと管貨人に要請したが良い返事を得られなかった。そのため、五五年に布告を発して、行外商人が貴重品を含む西洋人とのあらゆる取引に参入することを禁じた。しかし広州の情勢として、行商がすべての貿易品を管理し行外商人を完全に排除することが現実的でないと判断し、改めて前年の要求を実現することで、貴重品だけは広州当局者自身の手によって確保しようとしたと解釈できる。そして五五年には管貨人の同意を引き出したのである。

この会談を受けて一七五五年七月一四日（乾隆二〇年六月六日）に布告四が出され、洋貨店を五人一組の保障団体に組み込むことで「外国人〔東インド会社を含むと考えられる〕との小売取引をすることと、私貿易品を扱うこと」が許可された。これは会談の時に貴重品を優先的に見せる約束をしたことを受けての、新しい制度であった。実際にはイギリス人はこの布告にも承服できず、また洋貨店もあらゆる制限の撤回を総督に誓願した結果、総督は「洋貨店は以前と同じように陶器や絹製品その他あらゆる品物を取り扱うことを許し、大量の茶葉を扱うことにのみ制限を加える」という通達を発することになる。この段階に至って、一七五五年の布告をめぐる遣り取りは終息を迎える。

以上の経緯から、貢品収集のシステムとして、管貨人との間で持ち込んだ貴重品をすべて広州当局者に一番に見せるという合意がなされたことにより、広州当局者は取引においてその他の商人たちよりも有利な地歩を占めることになったことが確認できる。

四　イギリス人から見た貢品制度

ここまで広州当局者の立場から貢品制度を見てきたが、貿易の一方の相手であるイギリス人は貢品制度をどのように認識し、いかに対処しようとしたのだろうか。

貢品収集に関するイギリス側の記録の多くは、一七五四年の保商制度化と関連して記されている。管貨人はそれまでにも、保商制度が行商たちの負担を増加させ貿易の状況を悪化させていると考え、度々広州当局にその取り消しを求めていた。しかし五四年に広州当局が行商に対し保商となることを強いたことを発端として、管貨人は広州当局と幾度も衝突することになる。

その衝突の際、管貨人たちによって作成された保商制度の取り消しを求める広州当局への請願書には、次のような一節が見られる。

〔保商が徴税を請け負うことで苦境に立たされていることにふれた後で〕さらに不利なのは、〔保商は〕担当した船で運ばれてくる貴重品や商品を、監督やそのほかの役人たちのために買い付ける唯一の存在であると彼らから目されていることであり、慣習では保商はそれら貴重品の価格の四分の一を監督たちのために支払っている。[33]

さらに七月二九日に保商制度への抗議のため総督衙門を訪れた管貨人ミゼナー（John Misenor）は、総督と次のような会話をしている。

総督[34]は管貨人からの請願書を読み、必要なものはすべて入手できるように手配できるが、貿易品の価格の決定については総督には権限がないためあまり商人たちに圧力をかけないほうがよいと管貨人に伝えた。それに対し、管貨人は次のように答えている。

私たちが要求したいのは商人のことについてではなく、現在の制度では我々と最初に取引した商人は誰であれ我々の船の保商となることを強要され、そのために彼らに課される課税金は非常に重いので、商人は皆我々と取引したがらないことを総督に知らせたいのだ、と返答した。総督はその課税金が何かを知りたがり、それに対し我々は自分たち〔の立場〕について包み隠さず説明しようと決め、我々の船はいつも非常に多くの貴重品をこの港に運んできていて、広州当局者たちがそれを買いたいと望んでおり、保商こそがその目的のために従事させられてそのためにしばしば非常に苦しむことになるので、誰もそれを引き受けようとしないのだ、と述べた。総督は、自身については満額を払えないものを欲しがりはしないし、もしそういう者がいれば自分が賠償するので知らせてもらいたい、と言った。[35]

これらの史料から管貨人の認識として確認しておきたいことは、第一に広州当局者たちがイギリス人の持ち込む貴重品を買いたいと望んでいると考えていること、第二に保商が貴重品買付けのために設置されていると考えていること、第三に貴重品買付けのために保商となる行商たちに過度の負担がかかっていると考えていることである。また別の日付の記事では監督が貴重品購入のために設けられたものであると断言すらしている㊱。

こうした認識をより詳細に語っているのはフリント（James Flint）である。彼は一七五五年から五七年にかけて会社の本国役員会の指示によって行われた寧波での貿易に同行した。その五七年の来訪の際、寧波地方の地方官（寧紹台道台）の范清洪がフリントとの個人的な会話のなかで、イギリス人が広州を避け寧波に来た本当の理由は何かと問うたところ、フリントは次のように答え、後日それを文章化して道台に手渡している。

広東で貿易をする船では、船長や高級船員によって非常に多くの貴重品が売りに出されており、現地の商人たちが常にそれを買い求めている。我々は毎年、それらが〔中国人商人にとって〕交易品とはなりえないことを知りながら、なぜそれらを熱心に買い求めるのかと問うたところ、それらは宮廷や官僚に送られているとのことであった。これらの貴重品は通常二〇パーセントの利益をつけて売られるが、商人たちは権力を持つ官僚に働きかけその支持を得られるように、自らは一両かそれ以上支払ったものを二、三分で引き渡してしまうのである。そのため相当量の金が彼らのポケットからこぼれ落ちており、彼らは通常七、八隻の船によって持ち込まれるこの種の物品のために一年に二万両も失っているという。彼らがこの損失を補うことは不可能であり、もし彼らが我々に売ることのできる貿易品を大量に持っていれば、〔直接返済する〕代わりに各船につき返済すべき四〇〇〇両程度を計上し、すべて会社の輸出品として引き渡〔して返済する〕ことになる。そしてもし我々が行商に対し彼らが望む高額な価格を払うことをせず、さらに輸出品を〔行商からではなく〕内地商人や洋貨店から買うことを選べば、行商は官僚に向かってこれらの商人に対する根拠に乏しい讒言を説くため、彼らはいつもトラブルに見舞われ、我々と取引することを恐れるようになる。その結果として貿易品が〔行商によって〕独占されることになるのである。皇帝はこうした負担の押し付けを許してはおらず、これは官僚と行商との共謀であって、こうした理由と、この場所で生糸と緑茶が生産されているという理由によって、我々はここに来ているのだ㊲。

この史料で述べられていることは先に紹介したものと似たような事柄を取り扱っているが、貢品の収集が行商の疲弊を生み、その損失を取り戻すために「独占」制度に傾いてゆく過程についての会社側の認識が、より詳細に関連づけられ説明されている。このように、寧波への貿易船の派遣と貢品制度とを、さらに言えば貢品制度と広州の「独占」制度とを、イギリス人は明確に関連づけて考えていたのである。

しかし以上で紹介したイギリス人の認識は、そのまま事実として認められるだろうか。以下、この問題について検証したい。まず、保商が貴重品買付けのために設けられたと言えるかどうかについては、史料上の制約からこれを論証するのは困難である。上述のようにイギリス側の見方は明らかであるが、一七五四年の保商の制度化は清朝中央に報告されることなく広州当局の権限によって行われているため、総督や監督の言葉からその設置の目的を確認することができないというのがその理由である。(38) また保商が貴重品の購入を肩代わりさせられ、そのために広州での貿易に悪影響を及ぼしているという認識についても、史料からの確認が困難である。なぜなら、一七五九年に李永標による汚職の調査のため欽差大臣として広州に派遣された新柱は皇帝への調査報告のなかで、貴重品や官用の物品を行商に買わせていたという事実は認めたものの、そこで行商に肩代わりさせた費用はすべて返済しているとして、不問に付しているからである。(39) さらに寧波への会社船の派遣について、両広総督であった楊應琚が事態の処理のために一七五七年に閩浙総督となった時、やはり彼も寧波に来た理由を管貨人に問うたのだが、その時管貨人は広州に来航する外国船が多く有利な取引ができないことと、茶・絹の産地に近いことのみを理由として挙げ、貢品のことにはふれていない。(40) 状況として、イギリス人は楊應琚のことを貢品制度による商人の疲弊を引き起こした張本人として認識していたため、直接そのことを彼に訴えることの不利を悟っていたとも考えられるが、そこに確かな根拠はない。

これらの点を併せて考えると、管貨人の認識が当時の実態とすべての点において合致していたと考えることには、一定の留保が必要である。ただ、彼らのこうした認識が原因となって保商制度化および「独占」布告をめぐって広州当局との間に摩擦が生じ、貿易制度が変化していったことや、広州の行商たちの状態を危機的と見てほかの港を開こうとしたことは事実である。そういった意味において、貢品制度がイギリス人との関係のなかで一大懸案であったと言うことは可能であろう。

小　結

本章の分析を通じて明らかになったのは、次の点である。まず貢品制度について、本来それは全国の地方官僚の責務であったが、広州では特に「新奇な」舶来品の入手が求められた。この傾向は一七五〇年頃から顕著となり、広州当局者はこれに応える必要から、舶来品を買い付けようとするほかの商人に先んじて、会社の高級船員たちと取引する権利を得た。しかし管貨人はこの買付けのために保商が設けられ、行商の経営が危うくなっているという認識から、いく度も広州当局と衝突した。こうした経緯を見るに、貢品の収集は、行商の「独占」や徴税の問題と並んで清朝とイギリスとの対外関係を揺り動かす要因であったと言えよう。

ただし貢品制度という要素は、清朝の対外関係の枠組みから考えると、特異な存在である。そのことは朝貢と比べてみれば顕著である。朝貢は清朝と朝貢国との国家レベルでの正式な関係を前提とし、礼部がこれを管轄する国家行事である。一方貢品の収集は国内の官僚や内務府員に与えられる命令であり、管轄するのは皇帝の私的な機関である内務府であって、本来対外関係に発展する要素のないものである。また朝貢で中国にもたらされる物品は朝貢国からの贈り物である。一方貢品は一見したところ官僚らからの進呈という形を取るが、実際には買付け費用は皇帝の私的な財源とされるもの（例えば粤海関の雑税項）から支出されていた。つまり貢品は進呈ではなく、代理購入である。それだからこそ皇帝は各地の進貢者に対して事細かに品目を指定し、自らの嗜好を伝えて購入させることが可能だったのである。換言すれば、皇帝が本当に欲する物を手に入れる経路が、貢品制度であったと言えよう。このように考えると、一見「外朝」の管轄下で朝貢のような国家間関係を持たないイギリスは、「内廷」の部分で清朝の権力中枢と分かちがたく結びついていたことになる。皇帝がイギリスを必要とし、総督・監督を手足として貿易管理・税金徴収・貢品収集という任務を課した、その場が広州だったのである。

こういった高級船員による私貿易だけでなく、会社の通常の取引も含めた交易の形態を近年では「互市システム」と表現することもある。互市とはそもそも交易することを含意する語であるが、「互市システム」論は従来の「朝貢システム」論を批判する概念として生み出されてきた。清朝の対外貿易を語るうえで従来は、清朝の対外貿易とは政府間の外交的儀礼を軸とした朝貢という制度に付随するものとして理解され、そうしたあり方を「朝貢システム」という概念で括っていた。これに対し、清朝の時代には政府間の交渉がなくとも周辺諸国や西洋諸国との貿易が成り立っていたことから、清朝の貿易をすべて「朝貢システム」という概念に代表させるのは実態にそぐわないと主張したのが「互市システム」論である。そしてこの論の枠組みを示してきたのは岩井茂樹や廖敏淑らであった(41)。

しかし「互市」という語が何らかの対外的・経済的システムの名称としてふさわしいかどうか、清朝の対外貿易を「互市システム」という概念に収斂させてもよいかどうか、さらに「互市」と称される貿易の実態はいかなるものであったかについての実証性に乏しい、といった批判(42)もある。

こうした研究の流れを受けて、清代の「互市」に対する理解をより深めていくために重要なのは、「互市」によって清朝がいかなる利益を獲得したかという問題を究明していくことではなかろうか。この点について従来の議論では、貿易にともなう税収入による利益という側面は示されている。また平和状態を保つことによって軍事費を軽減することができるという面もありうる(43)。この税収という点は、極めて重要なポイントながら、その税金が誰を富ませるのかという側面を同時に考慮しなければ、問題の本質にたどり着けない。例えば本章で検討した粤海関について言えば、粤海関の税収額を調査し報告するのは両江総督および粤海関監督であり、『宮中檔』などの檔案では、徴税問題について処理するのは戸部となっている。しかし貢品制度に関する何新華の研究では、粤海関で必要とされる経費に「備貢銀」という項目があり、五万五〇〇〇両が計上されるうち、二万両は内務府に送られ、三万両は広東省に留め置かれて貢品の製造・購入のための費用に充てられたという。(44) つまり、戸部管轄であるはずの粤海関から内務府に向けて恒常的に金銭を供給するシステムが存在していたということである。

こうした重層性についてさらに言えば、官僚機構に関しても同様の指摘ができる。すなわち貢品の収集は内務府が管轄しそこに直接命令を下すのが皇帝で、その意を受けて任務を遂行するのが皇帝の私的使用人たる包衣であるというのが建前であった。しかし実際には、内務府には属さない両広総督楊應琚らに向けても貢品収集の上諭が下っていた。しかも、内閣や軍機処からではなく、内務府がその上諭を伝達していたのである。

清朝内部のこうした複層性を前提とするならば、「互市」を論じる際にも、例えば「清朝は……」「中国は……」といった主語に頼るのではなく、むしろこういった使われ方をする「清朝」の中身は一体何であるかが問題とされなければならない。皇帝か、内閣か、礼部か、戸部か、内務府か。当時、中国には対外関係を担う現代の外務省のような機構は存在せず、正式にあった部署と言えば、朝貢を掌る礼部ということになろう。それでは「互市」を掌っていたのは誰か。こうした点についても、清朝内部の「互市」にかかわる行政構造の内実をつまびらかにしつつ、今後さらに検討と議論が進められていくべきである。そうすれば、言辞や観念の上だけの「互市」論ではなく、「互市」が清朝の現実にとってどのような役割を果たしたかが自ずと明らかになるだろう。

（1）Earl H. Pritchard, *The Crucial Years of Early Anglo-Chinese Relations, 1750–1800*, Research Studies of the State College of Washington, Pullman, Washington, 1936, p. 127, Hosea Ballou Morse, *The Guilds of China With an Account of the Guild Merchant of Co-Hong of Canton*, 2nd edition, Kelly and Walsh, Shanghai, 1932, p. 79.

（2）岡本隆司『近代中国と海関』名古屋大学出版会、一九九九年、一〇五頁。

（3）坂野正高『近代中国政治外交史』東京大学出版会、一九七三年、一三一頁。

(4) 佐々木正哉「粤海関の陋規」『東洋学報』第三四巻第一・二・三・四合併号、一九五二年、一四一頁。
(5) 何新華『清代貢物制度研究』社会科学文献出版社、二〇一一年。
(6) 馬冀『中国名城歴代貢品録』文匯出版社、一九九一年。
(7) 楊伯達「従清宮旧蔵十八世紀広東貢品管窺広東工芸的特点与地位――為《清代広東貢品展覧》而作」故宮博物院〔北京〕・香港中文大学文物館編『清代広東貢品』故宮博物院〔北京〕・香港中文大学文物館、一九八七年所収、同「清乾隆五十九年広東貢物一瞥」『故宮博物院院刊』一九八六年第三期（総第三三期）、一九八六年。
(8) 鞠徳源「清代耶穌会士与西洋奇器」『故宮博物院院刊』一九八九―一（総第四三期）、一九八九年。
(9) 商芝楠「清宮作鐘処在康、乾両代的変遷」『故宮博物院院刊』一九八六年第一期（総第三一期）、一九八六年、同「清代宮中的広東鐘表」『故宮博物院院刊』一九八六年第三期（総第三三期）、一九八六年。
(10) Catherine Pagani, *"Eastern Magnificence & European Ingenuity": Clocks of Late Imperial China*, University of Michigan Press, Ann Arbor, 2001.
(11) 与えられる費用は時期によって異なる。乾隆七年にはそれ以前の五万五、六〇〇〇両から三万両になっている（中国第一歴史檔案館等編『清宮広州十三行檔案精選』広東経済出版社、二〇〇二年、九七頁）。また進貢が年四回であったという記録は『清宮粤港澳商貿檔案全集』第三巻、中国書店、二〇〇二年、両広総督阿里袞・粤海関監督李永標「奏請解交粤海関節省辦貢銀両等項摺」乾隆一七年五月初一九日、一一七八頁（『宮中檔乾隆朝奏摺』第三輯、国立故宮博物院、一九八二年、五頁にもあり）を参照のこと。
(12) 前掲注(7)楊伯達論文「清乾隆五十九年広東貢物一瞥」一五頁。
(13) 中国第一歴史檔案館編『清宮内務府造辦処檔案総匯』人民出版社、二〇〇五年、巻二〇、三五八頁（以下『造辦処檔案』と略記）。
(14) 『造辦処檔案』巻一五、四三八―四三九頁、乾隆一二年四月二八日付上諭「再廣琺瑯活計嗣後不必多焼造、尋覓西洋琺瑯器皿呈進」、八月初八日付上諭「今次〇進貢物平常、不過廣東所造琺瑯活器皿之屬、俱係京内所有的。嗣後或将上好的珠子買些、或京内所少西洋器皿玻璃琺瑯等件買些、庶不致虚糜錢粮」。ここで言う「西洋」とは、中国に特有の語義であると考えられ、その場合中国から西に向かう航路上にある地域を広範に指すこととなる。つまり、この「西洋」は単純に現在のヨーロッパ地域のことであると断定はできない。

（15）『造辦処檔案』巻一七、七〇五頁、「如進鍾表洋漆器皿金銀絲緞毡毯等件務要寔在洋做者方可」。

（16）『造辦処檔案』巻一七、七二七頁。

（17）『造辦処檔案』巻二〇、六四四頁、「〔乾隆一九年〕閏四月初六日奉旨着傳諭総督班第将西洋物件内有新異者尋覔幾様進来、不必製辦木器等物。欽此。」。

（18）『造辦処檔案』巻二三、一六七頁、「此次所進鍍金洋景表亭一座甚好、嗣後似此様好者多覔幾件。再有比此大而好者、亦覔幾件不必惜價。如覔得時于端陽貢進幾件来。欽此。」。ただし舶来品の買付けのみが命令されたのではなく、乾隆二二年には舶来品をまねた琺瑯製品を作れという指示も見られる（『造辦処檔案』巻二二、七四二頁など）。

（19）『清宮広州十三行檔案精選』、一〇九頁。

（20）Pagani, *Eastern Magnificence & European Ingenuity*, *op. cit.*, pp. 91-93.

（21）劉鳳翰『円明園興亡史』文星書店、一九六三年、三六―四二頁、矢沢利彦『西洋人の見た中国皇帝』東方書店、一九九二年、一五八頁。

（22）貢品を噴水池に運べという指示は舶来品に限らずいくつか見られるが、ここでは次の一件を事例として挙げるに留める。乾隆二〇年一二月一〇日に両広総督楊応琚より「洋瑪瑙時辰表亭」（舶来メノウ置時計）と「洋花瑪瑙鑲鑽石烟盒」（舶来花柄メノウダイヤモンド嗅ぎ煙草入れ）が貢納され、乾隆帝の命により、貢品を北京に運んできた千総江啓勝の家人杜椿という人物の手によって円明園の噴水池に運ばれている（『造辦処檔案』巻二一、六〇三頁）。

（23）『造辦処檔案』巻二二、三〇〇―三一〇頁。

（24）イギリス人の私貿易にこうした期待がかけられたことには疑う余地はないが、その他の国の東インド会社はどうであったのか、またインドなどを拠点とする各国の地方貿易商人は貴重品を持ち込まなかったのか、など検討すべきが問題が存在する。現在用いている史料では明確な回答を与えられないため、別稿を期したい。

（25）例えば前者（「駁回」）であれば『造辦処檔案』巻二二、三八三頁を、後者であれば同巻二一、五九一頁を参照のこと。

（26）乾隆一六年については『造辦処檔案』巻一九、一六五頁、乾隆一七年については『造辦処檔案』巻一九、一八八―二〇〇頁参照。

（27）『宮中檔乾隆朝奏摺』第一一輯、国立故宮博物院、一九八三年、両広総督楊応琚「奏報採辦碧牙玖朝珠等情形摺」、乾隆二〇年五月初二日、三一一頁。

(28)『宮中檔乾隆朝奏摺』第一一輯、両広総督楊応琚・粤海関監督李永標「奏報覆辦買問鐘時表及赴肇察験官兵技藝摺」、乾隆二〇年五月一三日、三七〇頁。

(29) IOR, R/10/3, Misenor's Committee, August 10th 1754. "This morning upon our visit to the Hoppo, he acquainted us with the names of the persons he had appointed to be securities for our ships, and after some compliment said he hoped of there were any curiosities on board which were proper to be purchased for the Emperor, that the owners of them would at least permit him to see them before he came to any agreement of the price. This seemed a very reasonable demand, but we had it not in our power to give the Hoppo farther satisfaction than to let him know that there kind of things did not belong to the Company or to ourselves, but were the property of the officer of our ships over whom we had no power in this respect yet in case of any difficulties we were ready to use the little influence we might have with them that the Hoppo might be obliged." 要約だけにはなるが、Hosea Ballou Morse, *The Chronicles of the East India Company Trading to China, 1635–1834*, 5 vols., Oxford University Press, Oxford, 1926, 1929, vol. V, 1929 p. 14 にも同様の言及がある。

(30) 本章ではそれぞれの布告の要点のみを紹介している。布告の詳細な内容や経緯、あるいはその意義については本章第二章（初出は拙稿「一八世紀中葉の広州における行外商人の貿易参入に関する布告の分析」『東洋学報』第九一巻第三号、二〇〇九年）を適宜参照していただきたい。

(31) Morse, *The Chronicles, op. cit.*, vol. V, p. 40. "…and I am also informed that on the reception of Goods in the Hong there is a great concourse of people who make much disturbance, and if any Curiosity appears that offer Exorbitant prices, and employ agents to make the purchase for them."

(32) IOR, R/10/3, Misenor's Committee, July 8th 1755. "The Tsongtouk then entered upon the Article of Curiosities he desired they might be shown to him before they were bought and seemed indeed to insist that we should engage to company with this demand. We answered that these things did not belong to our Companies, we said they were generally the private property of the Captains and Officers of our ships over whom we had no authority in this suspect; but all that was in our power we would do to give him satisfaction."

(33) IOR, R/10/3, Misenor's Committee, July 2nd, 1754, Morse, *The Chronicles, op. cit.*, vol. V, p. 10.

(34) 楊應琚の赴任は一七五四年六月三〇日であることから、この時管貨人が面会したのは楊應琚であったと考えられる。

(35) IOR, R/10/3, Misenor's Committee, July 29th 1754, Morse, *The Chronicles, op. cit.*, vol. V, p. 12. "We replied that our intention was not to complain of the merchants, but to represent to him that by the present regulation whoever should first enter into business with us, would be obliged to stand security for our ships, and the charge attending this engagement, was so very heavy, that every body was deterred from dealing with us. He desired to know what were the charges we complaint of, upon which we resolved to explain ourselves without reserve, and accordingly acquainted him that our ships usually brought to this port, a great many Curiosities, and other valuable goods, which the Mandareens were desirous of purchasing that the Security was the person employed on this occasion, and often was so great a sufferer by it, that no merchant would now enter into this engagement: He said that as to himself, he should never desire any thing for which he would not pay the full price; and if any Man whatever should do otherwise, he desired to be informed of it, and he would give us full satisfaction."

(36) IOR, R/10/3, Misenor's Committee, August 3rd 1754, Morse, *The Chronicles, op. cit.*, vol. V, p. 13.

(37) IOR, R/10/4, Blount's Committee at Limpo, August 27th 1757. "Upon the English ships trading to Canton, a great number of Curiosities are brought out by the Captains and Officers, of whom the merchants there always purchase them; we every year ask them to what intent they buy them, knowing it impossible they can be an article of trade, are informed they are to send up to Court or for the Mandareens. These things are generally sold for about 20% profit, but they to make an interest and gain favor with the Officers in Power, only two or three mace for what they themselves pay a tale or more. By these means consequently be a great sum of money out of pocket, and they confess they lose about 20,000 tales annually upon these sort of things, that are bought chiefly upon our ships which are generally seven or eight in number; As it is impossible they could support this expense, if only a reasonable demand were made for goods they sell to us, in return they are obliged to add upon every ship about 4,000 tales to reimburse themselves, which falls intirely upon the Honorable Company's Exports. And if we don't choose to give the Hongist the high price he demand, and endeavor to by our returning cargoes of the Country Merchants and shops; he makes some frivolous Complaints to the Mandareen against these people, by which means they are already brought into trouble and are afraid to have any dealings with us; consequently the goods become monopolised. Being certain the Emperor dose not allow of any such impositions and that it must be collusion between the Mandareens and Merchants, has been the cause of our coming here added to the knowledge of the Raw Silk and Green Teas being the produce

of this country."

(38) 保商制度について岡本隆司は「その納税の最終的な責任の帰するところとして、保商が設定されていたわけである」（岡本『近代中国と海関』八八―八九頁）と述べ、保商の役割は徴税のためであったという立場をとる。この結論は管貨人ミゼナーの日誌を分析することで得られたものであるが、本章で取り上げたように、同じミゼナーの認識として保商と貴重品購入を結びつける考え方もまた確かに存在した。すなわち、広州貿易をめぐる様々な環境を規定したものとして徴税のほかに、貢品制度という要因も考慮にいれることが可能である。しかもそれらは二者択一の関係ではなく、それぞれの要因が特定の条件下で複合的に作用したという理解がより実態に即していると考えている。

(39) 『清宮粤港澳商貿檔案全集』第四巻、欽差大臣新柱「奏報審理英吉利商人控告李永標各款事摺」、乾隆二四年八月一九日、一八二三頁。しかし一七八四年に再び貢品買付け費用を行商と塩商が肩代わりしていることが問題となって、欽差大臣福康安が派遣されて調査が行われた時には、行商が費用を負担していたことが確認されている。『乾隆朝上諭檔』檔案出版社、一九九一年、第一二冊、二二頁（塩商案件）、二九頁（行商案件）。これらの点から、実態がいかなるものであったかについては、尚慎重な議論を要する。

(40) IOR, R/10/4, Blount and Flint's Committee, December 2nd 1757.

(41) 廖敏淑「清代の通商秩序と互市」岡本隆司・川島真編『中国近代外交の胎動』東京大学出版会、二〇〇九年、岩井茂樹「帝国と互市――一六―一八世紀東アジアの通交」籠谷直人・脇村孝平編『帝国とアジア・ネットワーク――長期の19世紀』世界思想社、二〇〇九年、同「清代の互市と〝沈黙外交〟」夫馬進編『中国東アジア外交交流史の研究』京都大学学術出版会、二〇〇七年、同「朝貢と互市」『東アジア近現代通史1　東アジア世界の近代　19世紀』岩波書店、二〇一〇年。

(42) 岡本隆司「「朝貢」と「互市」と海関」『史林』第九〇巻第五号、二〇〇七年、檀上寛『明代海禁＝朝貢システムと華夷秩序』京都大学学術出版会、二〇一三年。

(43) 岩井「帝国と互市――一六―一八世紀東アジアの通交」四六、四七頁。

(44) 何新華前掲『清代貢物制度研究』一三四―一三五頁。

第四章　貿易の実態——一七五五—五六年

はじめに

もしもあなたがイギリス東インド会社の役員会から一七五〇年代の広州に行って貿易をして来いとの指令を受けたら、どうするだろうか。広州に到着したらまず何をすればよいのか、誰に話をしに行けばよいのか。取引を開始する時まず売るべきなのか、買うべきなのか、どのような商品から取引したらよいか。取引する商人はどのように選べばよいか。取引のなかで提示された価格に応じるか否かをどのように決定すればよいか、など諸々の課題に直面するだろう。そしてもしもこれらの課題をすべて乗り越えて取引を終えた時、あなたは広州貿易の制度や商人、商品の価格についてどのような感じ方をするだろうか。

こうした一連の問いに答えるのが本章の目的である。それはより簡潔に言えば、当時の管貨人の行動や感じ方を追体験することである。だが、これは言うほど簡単なことではない。なぜなら管貨人たちによって書かれた貿易のマニュアルに類するものは、管見の限り残されていないからだ。しかし私たちは管貨人の残した史料から、彼らの行動を追うことができる。幸いにしてＩＯＲには、広州滞在中の管貨人の行動や取引や協議が記録された日誌が残されている。取引についても、妥結に至ったものだけでなく、至らなかったものとその条件、即時の取引だけでなく長期に及ぶ売買契約、梱包・計量・発送、そして支払いの形態についても事細かに記されている。そのためもしもこれまでの研究が言うように会社側が取引において不利益を蒙っていたのならば、こうしたデータがそのことを物語ってくれるだろう。

もちろん従来の研究においても数値データを用いて実態を明らかにしようと試みたものはある。その代表格はファンダイクの研究だろう。だが、詳細に見ていくとまだ十分に解明されているとは言いがたい問題にも気づかされる。ファンダイクの主要な目的は行商の実像を明らかにすることであり、取引の制度や慣習への踏み込んだ分析は意図的に避けられているような印象を受ける。例えば、彼はオランダ・デンマーク・スウェーデンに残された中国語の取引契約書を用いて貿易の実態を解明しようとするが、一七三〇年から七〇年までの分析に当たって、六四件の取引の実例しか用いていない。[1]イギリス東インド会社を例に出せば、毎年たった一隻の船の取引だけで行商との契約や金銭授受に関する遣り取りが一〇〇件程度記録されている。その船がイギリスだけで五隻から七隻、他国も含めると一〇隻以上が毎年広州に来航していたのである。このことからも、ファンダイクが扱った事例は、実態を解明するにはあまりに少なすぎることが理解できよう。さらに輸出茶の価格変動については上述の契約文書のうち二件を用い、一七六六年のボヒー（低級ブラックティー）の一担当たりの価格一六・八両を、一七三〇年の一九・〇両と比較して「茶の価格は次第に下降していったように思われる」と論じている。[2]しかしこの結論についても、参照に値する他のデータが存在する以上、より慎重に導きだされる必要があるように思われる。

それではほかに取引データを用いて当時の貿易構造を分析した研究はないのだろうか。管見の限り、この条件に当てはまるのは陳国棟であろう。陳はなぜ行商の多くが破産の憂き目にあったのか、という問題関心から研究を進めたため、行商が得た利益と蒙った損害とを知る必要があった。そのため輸出入品の価格などのデータにも注目したのである。しかしそこでも毎年の貿易の状態を窺えるような史料の利用の仕方はされなかった。一例を示すと、陳は「公行」が組織されていた一七六〇年から七一年の間の茶の価格がその他の時期よりも高い水準であったことを示すために、それぞれの時期の茶の価格の平均値を算出している。具体的には、一七六〇—七一年のボヒーの平均価格は一五・七二六両で、その後の八年間の平均が一三・五一八両であるとし、「公行」は行商に有利に機能していたとの結論を導いている。(3) しかし、当時のイギリス人の視点に立って考えてみると、一〇年間の価格の平均値を知ることは彼らにとってそれほど重要だったのだろうか。それよりもむしろ需給バランスの変動によって、ある年には一六両であったボヒーが、翌年には一九両に高騰するといった価格の乱高下こそがイギリス人管貨人や中国人商人たちの取引を苦境に陥れていたのではないだろうか。それを、この両年の平均価格は一七・五両であったと論じてしまっては、逆に見るべきものを見えなくしてしまうことになる。

また周知のようにモースの『編年記』(4) には数多くの数値データが掲載されている。しかしこれらのデータの来源は、管貨人委員会が他の委員会への引継ぎのために、あるいは本国への報告のためにシーズンが終わってから整理したものである。こうした統合されたデータは主に貿易量の推移を知るには便利ではあるが、管貨人らがどの時期に、どの商人と取引したものか、価格の決定のためにどのような交渉が行われたか、契約による購入であれば、どのような条件で契約したのかなどの疑問に答えうる材料にはなりえない。

このほか、デルミニーによる研究を忘れてはならない。(5) 彼は広州貿易時代を通じた輸出入品の価格変動を整理しただけでなく、アムステルダムにおける中国産品の売値といったデータも利用している。これほどまでに体系的なデータの利用は類を見ないが、惜しむらくは、茶の価格にしても年ごとにひとつの数値しか扱っていないことである。このことから、一年間のシーズン内・シーズン外の価格の違いを検討しようとする本章の問題関心にそぐわない。

このように、すでに数多くの蓄積がある広州貿易研究においても、取引実態解明の方法や結論が、極めて初歩的な段階に留まっている。その原因は、おそらく従来の研究が東西交渉史か行商の実態研究のいずれかに偏り、貿易制度についてはモースの研究を以て自明のものとして扱ってきたことに求められるだろう。

以上のように、広州におけるイギリス東インド会社の取引実態は、未だ明らかにされてはいない。本来ＩＯＲにはこれまでの研究が引用してきたような管貨人委員会内部の協議の記録や、広州当局者や行商との交渉の記録以外に、日々の取引の記録が残されている。これを詳細に分析すれば、一年を通じた取引の流れがわかり、そのことは当時の取引の慣習や制度を知ることにつながるだろう。また西洋人はどういった商人と取引できたのか、それはどのようにして選ぶことができたのか、あるいは価格は誰がどのようにして決めたのかなど、これまで広州貿易を語る際に常に問われてきた疑問が、解明されるだろう。

本論に入る前に、主要史料であるＩＯＲの限界について簡単にふれておきたい。日々の取引が記録される管貨人委員会の日誌の記録はそれ自体貴重なものであるが、経済史の分析に付きまとう、数値や記述の欠落や矛盾も考慮に入れなければならない。一七五五年シーズンに広州にいたパルマー委員会とピゴウ委員会の日誌をつき合わせてみると、片方で言及されている取引について、もう一方では全く記録されていない事例が見られる。例えばパルマー委員会の日誌には、八月一〇日にピゴウ委員会が生糸取引をしたという記述があるが、当のピゴウ委員会の日誌ではその取引にはふれられていない。こうした記録の違いが生じた原因を特定することはできないが、日々の取引記録が取引のすべてを包括する完全なものではない可能性には、あらかじめ留意しておく必要があるだろう。

一　ワンシーズン委員会の取引形態

(一)　ワンシーズン委員会と越冬委員会

貿易実態解明の第一歩として、本章では一七五五年と一七五六年の取引記録を分析する。この両年の記録を扱う意義は、史料の問題から言えば、この時期に広州に派遣されたパルマー委員会とピゴウ委員会という二つの管貨人委員会の日誌をつき合わせて見ることができる点である。しかもこの二つの日誌には、広州への入港から出港までの一貫した記録が残っている。このことは、両者の取引を比較、あるいは統合して貿易の全体像を解明する作業が可能であることを意味しており、それ自体重要な点ではあるが、より注目すべきはイギリス側の行動や思考を語る際の主語をより厳密に記述できるという点である。すなわち、従来の研究では広州にいたイギリス人を語る際、「イギリス人は……」という主語を頻繁に用いており、良くてもせいぜい「イギリス東インド会社は……」とか「イギリス人管貨人は……」という主語を設定するに留まっていた。しかし一歩立ち止まって考えてみれば、「イギリス人」はひとつの意思を持った主体ではなく、それは「東インド会社」も「管貨人」も同様である。こうした曖昧な主語で語られ続けてきたのは、個々の管貨人委員会や管貨人の行動や思考を比較し、相対化する作業がなされてこなかったからである。本章では幸運にも、同じ年に同じ場所で対清貿易という同じ業務に従事したパルマー委員会とピゴウ委員会の記録を利用することが可能である。そこでこの両者をそれぞれ主語に据えた時に何が見えてくるかという点についても意識的に論じていきたい。

ただし、パルマー委員会とピゴウ委員会とは広州における滞在期間が異なっていた。パルマー委員会は、一七五五年の八月に来航し、一七五六年一月に帰帆している。これをワンシーズン委員会と呼ぶこととする。一方、ピゴウ委員会は一七五五年六月来航、一七五六年一二月末帰帆であり、足掛け二シーズン滞在したので、これを越冬委員会と呼ぶ。この両者と五四年から広州にいるミゼナー委員会の滞在期間を図示すると図1のようになる。

広州での貿易シーズンは潮流と風向きの関係から毎年八月頃から一二月末までであった。ヨーロッパ各国の船は遅くとも一月中旬までには広州を離れ、バタビアやインド、ヨーロッパに向けて出航した。しかしこの時代には、ヨーロッパの本国から広州までは片道五―六か月の時間が必要であり、広州からの船が本国に到着する頃には次年度の派

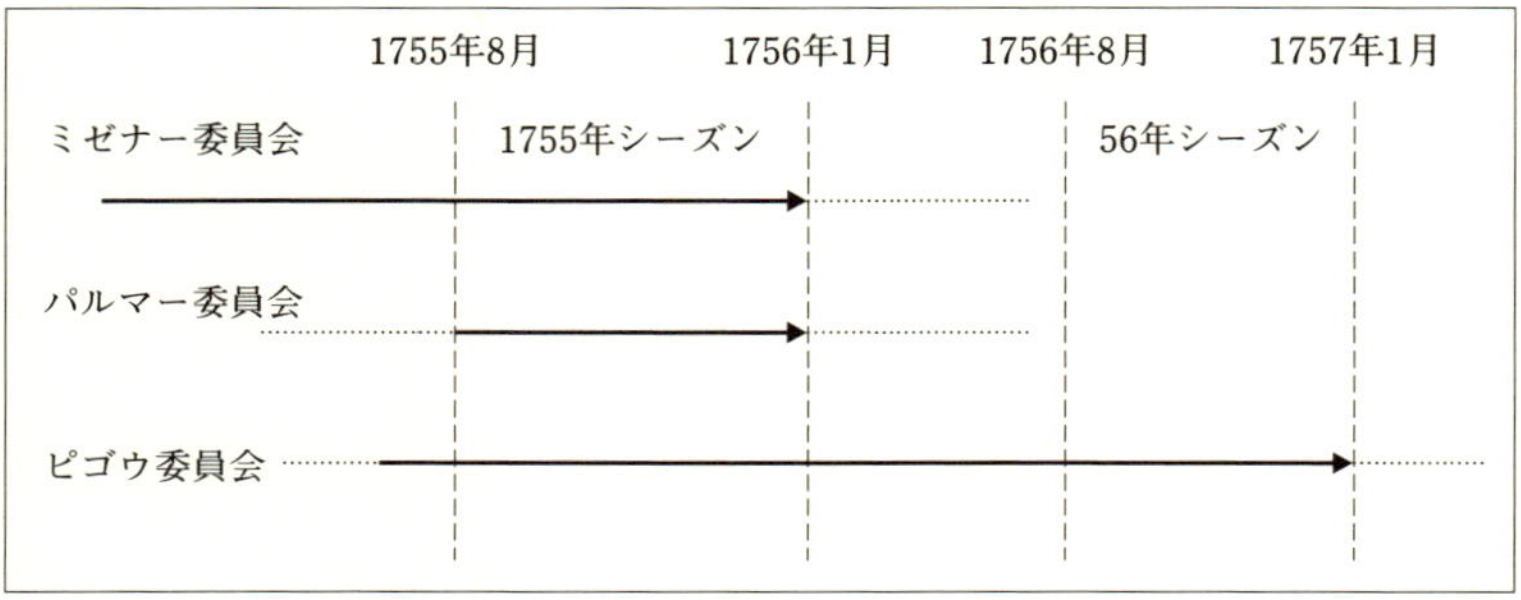

図1　ワンシーズン委員会と越冬委員会

典拠：IOR R/10/3-4 を基に筆者作成．実線部分が広州滞在期間．

遣船はすでに本国を出航している。それでは広州の市場の状態や取引の引継ぎができないため、本国役員会は毎年越冬委員会を指定して、彼らを広州に滞在させたのである。このようなローテーションを組めば、いずれかの管貨人がいつも広州におり、広州当局との交渉、行商との取引、情報の収集などの業務に当たることが可能だったのである。このように越冬委員会を置く方法はこの時期までで、ピゴウが本国役員会に広州常駐委員会の設置を提案し、それが採用されたことにより、一七五八年には常駐委員会が固定され、日誌も一本化されることになる。つまり一七五五—五六年シーズンは常駐委員会設置の直前であり、記録として残っている旧制度の最後の事例である。

以上の前提に立ち、これ以降、パルマー委員会とピゴウ委員会の取引実態を、彼らの日誌を手がかりに明らかにしていきたい。

(二)　パルマー委員会の取引の流れ

〈入港直後の手続きと取引〉

八月五日に黄埔に到着したパルマーは、昨年の取引が記録された手紙をミゼナーから受け取り、茶の値段がまだ高い水準にあることを知った[6]。七日には広州に入り、保商を選んでいる。その際、陳寿官、陳瞪官、Coqua らに保商を引き受けてくれるよう打診した。これに対し陳寿官はボヒーを一担当たり一八両で買うことを条件に保商になると返答したが、パルマーはそうした条件は呑めないとして、それ以上の交渉を拒否している。茶の価格についてはのちに詳しくふれるが、陳寿官の提示した一八両という価格はかなり高額であったから、パルマーの目にはこの要求は強気であると映ったと思われる。その他の行商からどのような返事があったかは記録されていないが、結局九日になって蔡義豊を保商にしている。その翌日には隆興行（Long-hing Hong）をパルマー委員会のファクトリーにするよう陳寿官と契約し、八〇〇両を支払っている。

取引の手始めは、絹織物の契約であった。八月一〇日の交渉で蔡義豊と八六〇ピース（piece）、潘啓と一九六〇件の購入契約を交わし、九〇日で納品するよう条件を付けた。だが、パルマーは絹の取引については大いに憂慮していた。彼は市況について「今月生糸の値段が二〇％上昇したことを受け、高騰した生糸を買いつけてくるよう商人たちに促すことは得策ではないと考えている。絹の価格はその質を見て決められるべきである」(7)と述べ、価格の動向を見るために、購入を手控えるべきだと判断している。

また茶葉についても同様に、価格の高騰を懸念している記事が八月一三日にあり、九月一〇日には茶の価格の下落を待つために松羅茶（低級グリーンティー）の契約を手控えたことが記録されている。これらの認識から、一七五五年に広州で取引した委員会は、前々年・前年の茶価格の高騰（後述）の余波が続いている状況と、生糸価格の高騰が起こり始めている状況という二つの取引阻害要因を抱えていたと考えられる。そのために輸出品の購入は、かなり控えめなスタートを切ることになった。

一方これと同時期の八月一三日には輸入品の売却が開始されている。この年、パルマー委員会が持ち込んだ輸入品は主に鉛であった。これを引き受けたのは保商の蔡義豊（二〇〇〇担）、潘啓（一〇〇〇担）、葉義官（残り、数量不詳）であり、保商の蔡義豊が多めに引き受けていることがわかる。ちなみに価格は一担当たり四両六分であったから、蔡義豊は九〇〇〇両以上の銀を会社に支払わなければならなかったことになる。

また同じ時期に、入港税の納入についても準備が進められていた。八月一九日に保商の蔡義豊に船規（present）・

表1　1755年，パルマー委員会の磁器取引

商　人	プリンスジョージ号向け取引量（箱）	ローダ号向け取引量（箱）	取引量合計（箱）	合計取引額（両）
顔瑞舎	32	33	65	2,221.362
張富舎	50	15	65	2,062.134
陳寿官	26	16	42	916.140
Ciqua	0	16	16	686.000
倪永官	0	15	15	646.800
Tiqua	12	0	12	256.152
Loqua	0	10	10	183.718
葉義官	0	10	10	171.777
Beau Hing	0	1	1	44.192
Tonchong	0	4	4	26.518
諸経費：120箱＋見本1箱の代金	0	0	0	50.500
合計	120	120	240	7,265.293

典拠：IOR R/10/4 Palmer's Committee, September 8th 1755 のデータを基に筆者作成．商人の中国名が確定できる場合は中国名で表記したが，不明あるいは特定できない場合は英語名のまま記した．

船税（measurage）の一部として二八八七・四一八両が渡された。半端な額に見えるが、これは会社が持ち込んでいた銀の一箱に相当する。次いで九月四日に通事の Tsouqua と船規・船税の額を定め、それぞれ一九五〇両と一三六〇・六四三両、合わせて三三一〇・六四三両が海関に支払う金額と決められた。

〈陶磁器の購入〉

こうして入港してから一か月の間に、保商の決定・絹の契約・輸入品の売却・入港税の確定が済み、続いて陶磁器の購入が進められた。パルマーは取引した商人、購入した品目を九月一八日の項で細かく書き記しているが、ここではその一端のみを紹介する。品目としては碗（bowl）や皿（plate）、カップとソーサー（cup & saucer）が主であり、それらは blue & white や white & flowered と記されているので、白磁に青色の絵付か、白磁に花柄であったと考えられる。取引数量と取引金額は表1のとおりである。取引額はどの商人も購入合計金額から二％割引された価格である。

五五年にパルマー委員会が担当した船が表1にあるプリンスジョージ号（Prince George）とローダ号（Rhoda）であった。この二隻の取引量を比較してみると、双方とも一二〇箱で同じで

あった。

取引数量を商人毎に比較すると、それぞれの商人から均等に買っているわけではなく、最も多い商人で六五箱、最も少なくて一箱と、その差が大きい。取引量の多い商人の顔ぶれを見ると、顔瑞舍や陳寿官など会社との取引では頻繁に名前が挙がるような行商に混じって、張富舎という名前もある。このことから、張富舎は主に磁器を売買する商人として、西洋人との大量の貿易に応じられるほどの経営規模であったと考えることもできる。(8) 六五箱の取引量という数字では取引規模が大きかったことを実感するのは難しいが、実際には張富舎のプリンスジョージ号向け五〇箱に含まれた商品の内訳は一万五〇二個のカップ、一万五六六九個のソーサー、三七八セットの碗セットなどかなりの数量に上る。

そのほか、中段に位置する商人たちの詳細は判じえないが、取引額としては最下位にある Tonchong は、劉勇のオランダ東インド会社の研究にも同一人物と思しき商人の名が見える。それによれば、一七六〇年にオランダ東インド会社と磁器の取引契約を交わした商人のなかに Tonchon という人物があり、彼の陶磁器店は徭昌（Yaochang）という屋号であったという。また同じく一七六〇年の取引相手の Pontonchon という商人は、同昌（Tongchang）という屋号であったともある。(9) イギリス側の記録では詳細が残されていないので表の Tonchong が二者のうちのいずれかを断定することは難しいが、いずれにしても重要なのは、これらの商人は行商ではなく、磁器を取り扱う「店」（shop）であったということである。

このようにパルマー委員会の磁器取引はその大部分を比較的大きな商人たちに依存する形で数を揃えているが、一方で少量ながら、行商のみでなく陶磁器店も取引相手として広く受け入れていたことがわかる。

こうした磁器の取引は、入港直後の八月一四日に陳寿官の磁器が梱包されたのを皮切りに継続的に買い入れと梱包が行われ、プリンスジョージ号向けは一〇月七日に、ローダ号向けは一〇月一七日に各商人に支払いがなされ、磁器

表2　1755年シーズンのボヒーの価格変動（パルマー委員会）

日　付	取引相手と取引形態	数量（担）	価　格	備　考
8月7日	陳寿官がオファー		18	保商引受の条件として
8月13日	蔡義豊と契約	800	16.5	
8月28日	潘啓と契約	2,000	16	
9月25日	数名の行商がオファー		15	
10月11日	葉義官と合意	274.16	14.7	
10月25日	潘啓と契約	1,500	14.7	
10月30日	蔡義豊と契約	600	11.5	前シーズンの茶

典拠：IOR R/10/4 Palmer's Committee, 1755の各日付の取引データを基に筆者作成.

取引は完了している。

〈茶の取引〉

次に茶の取引経緯を見ていきたい。前シーズンからの高値が続いていた茶⑩について、九月二五日の記録には、次第に茶の価格が下がってきており数名の行商らが良質のボヒーを一五両でオファーしてきたと書かれている。確かに、これより前の八月一三日には蔡義豊とボヒーを一六・五両で契約し、同月二八日には潘啓と一六両で契約しているので、管貨人は価格が下落傾向にあると体感していたと考えられる。シーズンを通じての価格の変動は表2に示した。

蔡義豊の一一・五両のボヒーを除けば、五五年シーズンに作られたボヒーの底値は一四・七両ということになる。蔡義豊のボヒーは極端に安いが、これは前シーズンのものであることを了承して購入したからである。ただ、その品質についてパルマー委員会に所属する管貨人のひとりであるロバート・ジョン・ハリソン（Robert John Harrison）から疑義が申し立てられている。彼の主張によれば、前シーズンの茶だとする茶は、パルマー委員会が広州に来航する途上立ち寄ったバタビアでポルトガル人から買い、広州に持ち込んで売却したものを再加工したものに違いない。もしそうであればこの茶は一度パルマー委員会が七両で買ったものであり、一一・五両の価値などなく、購入は考え直したほうがよい、ということであった（一月三一日）。パルマーはこの提議を受けて、自分の委員会のほか、ピゴウやミゼナーの委員会とも共同で協議した。その結果、パルマーを含めたほかの管貨人たちも、この茶は確かに一一・五両の価値があるものであるとし、またこの茶がバタビアで買ったものであると断定する根拠もないという理由から、ハリソンの主張は退けられた（一月三一日）。

この出来事については、結果から言えば、ほかの管貨人がハリソンの見方に賛同しなかったため、彼の行商に対する猜疑心は実際の行動に反映されることはなかった。しかし管貨人ひとりひとりの中国人商人に対する猜疑心や、あるいは逆に信頼感などの他者認識が取引行動、さらには人間関係に大きな影響を与えていくケースもあった。この問題はピゴウ委員会の取引を見た後でさらに検討していく。

茶の取引に話を戻すと、価格の下落を受けてパルマーは、価格がより安い時に買えるように少し長めに滞在するのがよい、とコメントし（九月二五日）、この時期から本格的な茶の取引が始まる。商標で言えば、初めにボヒーの取引が集中的に進められ、一一月一四日までにはボヒーに関する売買交渉・納品・梱包は終わっている。続いて松羅がシーズン終了までの間に数人の行商たちから買われている。そのなかでも屯渓や半精製熙春などの銘柄（中級グリーンティー）は一二月に入ってから納品と梱包が進められた。高級茶に属する熙春・小種などは希少であることから、まず茶の価格が落ち着いてきた頃に行商と購入契約を交わし（例えば一〇月七日に潘啓と契約）、シーズンが終わるまでに調達するよう手配している。それらの受け取りは一一月中旬からシーズン終了間際の一二月末にかけて順次行われた。

商標別の取引量は表3のとおりである。

表3　茶の商標別価格比較および購入量比較（1755年，パルマー委員会）

商標名	価格（両）	購入量（担）
ブラックティー		
ボヒー	11.5-16.5	4,765.63
小種	35	132.35
グリーンティー		
松羅（無銘柄）	21.5-25	650.25
松羅（屯渓）	24.2	942.93
松羅（半精製熙春）	25-25.2	213.69
松羅（2級熙春）	34	218.95
熙春（頭級）	40-48	378.53

典拠：IOR R/10/4 Palmer's Committee, 1755 の取引データを基に筆者作成.

まず価格で比較するとグリーンティーはブラックティーよりも全般的に高価であり、最下級の松羅ですらブラックティーの工夫と同等の値段である。こうした事情を反映して、購入量で見れば最も安価なボヒーが圧倒的に多い。グリーンティーについて言えば、一七五三年などグリーンティー

表 4　商人別の茶取引量比較（1755 年，パルマー委員会）

	ボヒー（担）	小種	松羅	熙春	白毫
潘啓	3,043.48	82.35	1,862.87	378.53	47.21
蔡義豊	1,447.99		50.58		
葉義官	274.16				
蔡瑞官			112.37		
顔瑞舍		50			
合計	4,765.63	132.35	2,025.82	378.53	47.21

典拠：IOR R/10/4 Palmer's Committee, 1755 の取引データを基に筆者作成.

の入手が非常に困難であった年と比べればグリーンティーの購入量が全体的に多く、シーズン当初の管貨人の予想に反して、トラブルの少ない、かなり順調な取引であったと評価できる。

次に価格の決められ方を紹介しておく。すでに述べたようにパルマー委員会はシーズン開始当初には茶葉の価格が高騰したままであったため、取引に対して慎重になっていた。とは言え、滞在期間の短いパルマー委員会にとっては早い時期に購入契約を交わしておく必要もあった。そのため、例えば価格の高い上級茶については、契約の際に価格の決定を留保し、実物の品質を見てから価格を決めるという条件で契約しているケースもある（一〇月七日、潘啓との熙春購入契約）。さらに同日に潘啓と松羅購入契約を結んだ時には、一担当たり二二両で契約するが、もし実物が値段より劣っていれば買わない、あるいは値段を下げてもらうという措置もありうると通告している。結局この茶葉は二二・五両に値下げされて委員会に引き渡されている。

同様に、蔡義豊から買ったボヒーを見て、普段の頭級よりも葉が開いているため、値段を下げるよう交渉している（一〇月一〇日）。この茶は八月一三日に一担当たり一六・五両で契約したものであると考えられるが、この交渉によって一六両に値下げされている。

これらの茶の取引に当たって、前貸しという項目での支出は一切なされていない。支払いは基本的に梱包が終わった後に順次行われている。例外は潘啓で、彼はシーズン開始から終了までいく度も契約を交わし、常態的に委員会に納品している。そのため委員会も都合がつき次第彼に購入金額の一部を順次支払っている。そしてシーズン終了間際の一二月一四日から二六日にかけて、取引があったすべての商人に対しすべての費用を支払っている。

次に行商毎の茶葉の取引量を見ていく。表4は商人毎の茶葉の取引量である。この表から明らかなように、パルマー委員会の茶取引は、その大部分を潘啓に依存する形で行われた。それはボヒー・松羅など一般的な品目についても、小種や熙春など購入量の少ない高級茶についても同様である。潘啓に次ぐのは保商であった蔡義豊であり、彼はボヒー・松羅について、それなりの量の取引をしている。半面、そのほかの商人はせいぜい不足分を補う程度の分量の取引に止まっている。こうした結果がどのように評価できるかについては、後段でピゴウ委員会との比較を通じて論及する。

〈生糸・絹製品の取引〉

パルマー委員会の生糸（raw silk）および絹製品（wrought silk）の取引は、茶の取引とは対照的に、時間が経つほどより困難な状況になっていった。委員会の記録に絹の市況に関する記録が現れるのは、入港後間もない八月一〇日のことである。

それによれば、蔡義豊から八六〇ピース、潘啓から一九六〇ピースの絹織物を買う契約を交わし、九〇日以内に納品することと価格は受取時に決定するという条件が提示された。このように一見順調に見える取引も委員会の調査によれば、生糸の価格が今月に入って二〇％上昇したとある。その情報を受けて、現時点で急いで生糸の契約を交わすべきではないことと、生糸の質を吟味してそれに見合った金額を支払わなければならないといった方針が委員会のなかで確認されている。

その後パルマー委員会が絹織物や生糸の取引を行ったという記録は見えないが、一一月二一日には本国役員会に宛てた取引経過に関する手紙のなかで、生糸の価格は購入できる限度額を超えており、去年の残り物を二〇〇担しか手に入れることができなかった、という言及がある。そして一一月二七日には、五四年からの越冬委員会であるミゼナー委員会が手配しておいた生糸を資元行黎開観と潘啓からそれぞれ三四・八五担、三四・六八担を受け取り、パルマー委員会の絹取引に関する記録は終わっている。この生糸の価格は一担当たり一八八両であった。

絹の価格が上昇し取引に支障を来たしている状態は、一七五三年から継続していた。そして五五年には高騰が収拾されるどころか、より深刻な状況になっていたのである。生糸価格上昇に関する中国語史料の側からの証明については、すでに岸本美緒が分析を加えている。それによれば生糸価格は明末の上昇、康熙時期の低落、乾隆時期の騰貴という曲線を描いており、一七五五年に始まる高騰は一七六八年頃になってようやく止まった[11]。しかし広州の管貨人たちにとっては、本国役員会から指示された量の絹織物や生糸を買い付けられないことは重大な問題であり、清側の商人たちとのトラブルが引き起こされる原因になっていくのである。

二　越冬委員会の取引形態

(一)　ピゴウ委員会の毛織物売却

次に一七五五年から五六年シーズンにかけての越冬委員会であったピゴウの取引を見てみよう。五五年六月二四日に広州に到着したピゴウらは、同月二六日には毛織物の売却交渉を始めている。この年彼の委員会が持ち込んだのは広幅織（broad cloth）・ロングエル（long ells）・カーペット（imbossed carpets）・ヘアーキャムレット（hair camblets）・サージ（serges）などであった。これらはすべて保商であった黎開観・顔瑞舎に売却され、その取引によって会社はトータルで二三一二両の利益を得た。しかしこの取引は決して健全とは言えないものであった。なぜなら、実際に利益を生んだのはロングエルのみに過ぎず、そのほかの品目はほとんど大きな損失となったからである。表5はその利益と損失の内訳である。

これによればロングエルの利益が六二六三両であるのに対し、イギリスの主要輸出産品であった広幅織が最も大きな損失を出し、約二五〇〇両のマイナスとなっている。広幅織は単色物のほか、中国市場向けに二色に染色されたものも用意されていたが、黎・顔ともこれを評価せず、ピゴウも売却価格を高くするための無理強いをしなかったため、安価で買われた。その他の品目についても、売却することによって会社は合計約一五〇〇両の損失を出し、さらにこれらの商品の転売によって黎・顔も二〇〇〇両も損をしたと記録されている。こうした状況が生じていた背景には、広州の市場にとってイギリス産毛織物は魅力的ではなかったという要素があったと考えられるが、それ以外に文化的背景からくる要因も考慮されるべきである。例えば、会社が持ち込んだ絨毯には黄色と緑色の二色に染められているものがあったが、黎・顔によればこの色は服喪の際に用いられるもので、転売することができないと訴えているケースも見られる。

表 5　毛織物売却内訳（1755 年，ピゴウ委員会）

広幅織	−2,471
その他の品目（ロングエル以外）	−1,480
小計	−3,951
ロングエル	+6,263
合計	+2,312

出典：IOR R/10/4 Pigou's Committee, November 20th 1755.

総じて言えば、輸入品において会社はロングエルに依存する形で二三一二両の利益を得ることができたが、その他の個別の品目については会社も行商も売れば売るほど損をするという異常な交易形態であった。そのために広州での貿易に次のような困難が生じていた。

まず行商について見れば、取引で損をする品目についても、関税を支払う必要があった。これは当然、行商らの負担を増すことになったと考えられる。また転売によって利益を得られないことは、輸入品の購入代金の支払いを困難にした。行商から支払われる輸入品購入の代金は、ピゴウ委員会との取引の場合、広幅織物とロングエルについてはその直後の中国の新年と取引の翌年の九月か一〇月の二回に分けて支払われ、その他の品目は八か月のうちに支払われることになっていた。こうした措置が採られるのは、年末（すなわちシーズン末）に行商たちが会社から茶の代金を受け取り、関税を支払った後の比較的資金の残っている時期を設定することで、資本の少ない行商を保護するためであったと考えられる。

一方会社の側から言えば、損失を前提とする輸入は、輸入品と茶や絹などの輸出品とのバーター取引を成立させえないという点に問題があった。そのことによって会社は毎年大量の銀を船で広州に持ち込むことを強いられた。さらに深刻なのは、毛織物を引き受けて損をした行商と優先的に輸出品の取引をする必要が生じたことである。つまり、輸入品取引で損害を蒙った行商のために、輸出品取引で利益を保証し、損失を補塡したのである。管貨人がこのような行動をとったのは、行商から破産者を出さないという配慮以外に、輸入品取引の決済をできる限り早く済ませるためでもあった。実際、潘啓は一七五三年シーズンにリエル委員会の広幅織とロングエルを引き受け、すぐに広州の洋貨店に売り払ったが、五五年になっても支払いが済んでいなかったという。そのために潘啓は、それ以降、会社との毛織物取引を手控えるようになったとも記されている（一一月二〇日）。

この憂慮はピゴウが本国役員会宛の書簡のなかで指摘したものであり、こうした認識はピゴウ委員会のその後の取引にも影響を及ぼすことになる。それは特に、輸出品を取引する商人の選択に際して、顕著であった。

(二)　ピゴウ委員会のシーズン内取引

〈茶取引〉

茶取引をめぐる市況については、パルマー委員会と同じく、前シーズンまで価格の高騰が続いていた点を考慮しなければならない。またそうした流れから、ピゴウは五五年も広州では需要過剰になるのではないかと予測している。

ピゴウ委員会が最初に茶葉購入契約を交わしたのは、日誌によれば、九月二四日であった。この日蔡瑞官はピゴウの下を訪れ、今期は内地の茶商人がすでに産地を去り残ったものを安く手に入れられるだろうから、福建省の武夷山にエージェントを派遣してボヒーを買い付けてはどうかと提案している。蔡瑞官はその取引条件として、一担当たり一二両、新年後に引き渡し梱包するとし、買付けのために銀一〇箱（この年のピゴウ委員会の基準では銀一箱は二八八七・四一八両に相当する。ここでは一〇箱なので三万両弱であったと推定される）を前貸ししてほしいと要請した。ピゴウ委員会は同日に協議を開き、広州にはそれほど茶は残らないだろうから、提示された条件を含めて蔡瑞官の提案を受け入れることを取り決めた。委員会側からはボヒー三〇〇〇担を確保するという条件を追加して契約を交わした。ちなみにこの時の前貸しの割合は、取引金額に対しておよそ八〇％であった。

その後ピゴウ委員会は一一月一五日に黎・顔に熙春の買付けを依頼している。熙春を五〇〇担、二級熙春を二〇〇〇箱確保してもらいたいと言い、二級熙春についてはもしすべてを産地で得られなければ、一二〇〇箱を産地で、残りの八〇〇箱を広州で入手すること、再梱包の際は会社が費用を負担すること、価格は現物を見てから決めること、次の年の一一月一日までに納品することを条件とした。前貸しの金額は、熙春の価格を五〇両、二級熙春を二五両と見積もり、その費用の三分の二とした。このほか、一二月一九日にも良質の松羅を五〇〇担、一担当たり二四・五両を支払う取引契約も交わした。これも納期は翌年の一一月一五日としている。ここまでがシーズン中にピゴウ委員会が交わした茶取引の契約である。

〈生糸取引〉

ピゴウ委員会の絹取引に関しては、パルマー委員会と同様に供給不足による価格の高騰に直面していた。ピゴウ委員会の記録では、一一月一五日に黎・顔と八〇〇担の生糸売買契約を交わしている。この八〇〇担のうち一級品の四〇〇担の価格については、契約時に黎・顔が一担当たり二〇〇両と提案したのに対しピゴウ委員会が値下げ交渉を行い、一九五両とすることで決着した。残りの四〇〇担の価格はのちに決めることになり、結果として一二月一九日に一九〇両とすることが取り決められた。これらの生糸の価格は、パルマー委員会が購入を諦めた値段と大差ないが、ピゴウ委員会はそれを承知でかなりの量を買い付けたということになる。

(三) ピゴウ委員会のシーズン外取引

〈シーズン外取引の茶の価格〉

一七五五年シーズン末、一二月三一日に二隻のオランダ船、一隻のフランス地方貿易船の出港を皮切りに、各国船の帰帆が始まった。従来の研究ではこの時期を境に広州での対西洋貿易のシーズンは終わりを迎えると理解されている。もちろん時期的な区切りとしては、こうした見方は正しいが、ただひとつ留意しておかなければならないのは、むしろこのシーズン終了を契機として取引がより活発になることである。西暦の新年が明けた一月一日にオランダ東インド会社の管貨人は社員に対し、売れ残ったボヒーを買えるだけ買えと指示したという。この情報がピゴウ委員会にもたらされると、ピゴウは黎・顔を呼び、できる限りボヒーを大量に確保するよう要請した。その二日後の一月三日には黎・顔から七、八〇〇担のボヒーを確保したという知らせがあった。これを受けてピゴウはさらに良質の煕春で広州に残っているもの全部をそこそこの値段（三〇両以下）で買いたいと伝えている。また同日に、蔡瑞官、陳寿官、蔡義豊、潘啓、陳源泉、Loqua、葉義官らにも残っている茶葉を売って欲しいと要請している。

この後四月までの間にこれらの商人との茶取引が行われるが、すべてを紹介するのは煩雑に過ぎるので、まずはピゴウ委員会が作成したシーズン外取引に関する総括を用いて、その取引の特徴を論じてみたい。

表6では、価格別に購入量が整理されている。その価格を見ると、ボヒー、松羅ともかなりの幅を持っていることがわかるだろう。ボヒーでは九・二両から一六・五両まで、松羅では一三・七両から三六両までといった具合である。これは同一品質の茶にこれだけの価格の差が生じていたということではない。実はピゴウ委員会はシーズン外の茶を

表6　1755年度，ピゴウ委員会のシーズン外茶取引

ボヒー 6,626箱				松羅 1,652箱			
価格（両）	箱	担	支払額（両）	価格（両）	箱	担	支払額（両）
9.2	150	366.76	3,374.192	13.7	110	126.68	1,735.516
10	2,245	5,498.28	54,982.800	13.8	42	43.57	601.266
10.5	270	681.33	7,153.965	16	122	128.91	2,062.560
11	2,080	5,283.08	58,113.880	17	146	167.37	2,845.290
12	1,180	2,980.45	35,765.400	18	131	118.38	2,130.840
14.2	82	50.91	722.922	18.2	187	202.93	3,693.326
15	121	299.74	4,496.100	26	50	51.00	1,326.000
16	289	445.79	7,132.640	27	53	52.97	1,430.190
16.3	164	195.74	3,190.562	30	500	401.05	12,031.500
16.5	45	27.81	458.865	31	90	94.42	2,927.020
				36	221	111.90	4,028.400
合計	6,626	15,829.89	175,391.326	合計	1,652	1,499.18	34,811.908

典拠：IOR R/10/4, Pigou's Committee, April 28th 1756の表を一部改変して作成.

買い付ける際、中級ブラックティーの工夫や上級グリーンティーの熙春を購入した時にも、行商たちにボヒーあるいは松羅という名目で荷為替を切るように依頼していた。そのため一律にボヒー、松羅として梱包された茶のなかには、より上級の茶が含まれていたのである。つまり、それぞれのカテゴリーのなかで価格の高いものは、実質工夫や熙春などであったということである。わざわざ工夫をボヒーと表記させた理由については、ピゴウ委員会による説明がないためはっきりとはわからない。ただ可能性として言えるのは、ボヒーや松羅という呼び方は、ブラックティーやグリーンティーという区分の古い表記方法でもあるので、ここでは低級という意味ではなく、単にブラックティーあるいはグリーンティーという意味でのみ用いていたのではないかとも考えられる。

それでは次に価格毎の取引量を比較してみよう。ボヒーについて言えば、一〇両から一二両までの茶が大部分を占めている。そのなかでも一〇両、一一両のものが突出して多い。またこの表に出てくる一二両のボヒーは九月に蔡瑞官と契約しておいた茶葉であると思われるので、純粋にシーズン外取引として多いのは一〇両・一一両といったものであったと言える。逆に松羅はかなり平均的に買われているが、強いて言えば三〇両以上のものの取引が目立っている。

このことから、ボヒーはより安いものが買われ、松羅ではより高いもの（実際には熙春であったと思われる）が好まれたという傾向があったと言えよう。実は、この点にシーズン外取引の利点があったのである。

一〇両、一一両といったボヒーは、シーズン中の茶の価格と比べるとどう評価できるだろうか。すでにパルマー委員会の茶取引について紹介しているので、それと比較しよう。一七五五年シーズン当初は茶の価格が高騰していたが、実際にパルマーが買ったボヒーは一四・七両から一六・五両までのものであった。これを基準として考えると、シーズン外取引のボヒーはシーズン中と比べて六割程度の価格で買えたということになる。さらにパルマー委員会によって買われた工夫は二五両であったが、シーズン外では工夫に相当する品質の茶は一一両から一六・五両までの間の価格で買われている。

一方の松羅についても、安価であったという点は共通している。そもそも会社の茶葉購入の方針は、質は落ちるが安いブラックティーを大量に買い、高いが高品質なグリーンティーを適量購入するというものであったので、高品質なグリーンティーをどれだけ安く買えるかがシーズン外取引の評価の鍵となる。このように見ると、パルマー委員会が四〇両から四八両で買い、ピゴウ委員会が五〇両で契約した熙春を、シーズン外では三〇両程度で買えたということは、会社にとって大変な利益であったと言えよう。

次に購入量を比較してみたい。ピゴウ委員会のシーズン外取引では、ボヒーがおよそ一万六〇〇〇担買われた。これがパルマー委員会ではブラックティーを合計して五〇〇〇担程度であり、ピゴウ委員会のシーズン内取引では三〇〇〇担のボヒーを契約しただけであった。このようにシーズン外の取引量がシーズン中の取引量を上回る傾向は、グリーンティー（松羅）でも同様であった。このように大量に購入した背景には、ピゴウ委員会が自分たちの監督する船だけでなく、翌年に来航する会社船の分のボヒーも確保しておくという狙いがあり、実際に日誌には「六艘分に十分な量の茶葉」(12)を購入したと書かれている。ピゴウが恐れたのは前年、前々年のようなボヒー価格の高騰の再来であり、安く手に入るうちに確実に手に入れておくべきだと考え、このような行動をとったものと考えられる。

そもそもシーズン外の茶がこのように安価なのは、ヨーロッパ船の帰帆のタイミングと密接に関連していた。この五五年から五六年を例にとると、五五年シーズン中に購入すれば五五年の新茶をそのままヨーロッパに持ち帰り販売することができる。ところが五六年一月以降、ヨーロッパ行きの船が出港した後で買われた茶は、翌年の五六年シーズン末にヨーロッパに帰帆する船の出港まで出荷することができないことになる。そういう意味では、五六年一月に買おうが、五六年の一一月に買おうが、「昨シーズンの売れ残り茶葉」として同等の安値になってしまうということである。

出荷のタイミングが一年遅れることで中国側の商人が不利になってしまう要因は二つ考えられる。まず茶の性質の問題を挙げることができる。茶は長期の保存が可能になるように精製され、売却される。しかし発酵を完全に止めておくことは不可能であり、時間が経てば経つほど味の劣化や変色が起こり、商品価値が下がってしまう。そのため中国人商人たちはできる限り早く売却したがったのである。次に、商人たちの交易形態の問題である。内地の茶産地から広州に茶葉を運んでくる茶商人は、行商の行に投宿し、貨物を預け、行商に西洋人との取引を仲介してもらうことになる。そして貨物が売れればまた産地に戻り、茶葉を仕入れて広州に向かう、という行動パターンをとっていた。ところが、シーズンが終わっても茶葉が売れなければ、貨物を保管しておくための費用がかさみ、さらに貨物を置いたまま次の取引の資金を手にすることなく産地に帰ることもできないので、長期間の足止めを強いられることになる。そのため、彼らは少しでも早く貨物を売却したかったと考えられる。このように広州では西洋人商人に比べ、中国人商人のほうに不利な要素が多かった。これとは対照的に、西洋各国の商人は意図的にシーズン外取引に持ち込み、大量の茶葉を購入しようとしたのである。この点については今後も折にふれて事例を紹介していきたい。

表7　1755年度，ピゴウ委員会のシーズン外茶取引（商人別）

ボヒー				松羅			
商　人	担	箱	価格（1担当たり）	商　人	担	箱	価格（1担当たり）
蔡瑞官	3,883.68	1,630	10，12	顔瑞舎 Sweetia	771.35	833	17，18.2
黎開観 Beau Khiqua	3,504.29	1,464	10	潘啓 Puan Khiqua	223.33	212	13.7
顔瑞舎 Sweetia	2,150.41	843	10，11	蔡義豊 Teunqua	155.47	263	13.8，36
源泉行：陳 Chowqua	1,083.85	434	10，15.0	源泉行：陳 Chowqua	126.68	110	13.7
陳寿官 Suqua	1,054.95	460	10.5，11	陳寿官 Suqua	51	50	26
蔡義豊 Teunqua	996.41	380	10，11				
Tiqua	886.43	407	14.2				
Footia	763.99	300					
葉義官 Geequa	366.76	150	9.2				
Loqua	254.9	100	11				
潘啓 Puan Khiqua	82.97	92	16				
小計	15,028.64	6,260		小計	1,327.83	1,468	

典拠：IOR R/10/4, Pigou's Committee を基に筆者作成.

〈取引した商人とその分量〉

これ以降さらに商人毎の取引量の違いを分析する。

まずボヒー取引では、上位から蔡瑞官、黎開観、顔瑞舎という順になっており、それ以下の商人の取引量を大きく凌いでいる。ピゴウ委員会はシーズン中から保商である黎・顔を優遇して取引しており、その傾向がシーズン外取引においても一貫していることがわかる。蔡瑞官は、黎開観の共同経営者であり、黎・顔がピゴウらと談判した時にも蔡瑞官が同行していることから、黎・顔と同等の扱いを受けたものと考えられる。

すでに明らかにしたように、パルマー委員会は潘啓に大きく依存した取引を行っていたのに対し、ピゴウ委員会は潘啓からは少量を購入するに止まっている。逆にパルマー委員会とはほとんど取引のなかった黎・顔は、ピゴウ委員会に対しては最大の取引相手となったのである。つまり、各委員会ごとに見れば取引相手に偏りがあるように見えても、会社全体としてはある程度バランスがとれていたということになる。

シーズン外取引に関してもう一点、前貸しについて説明しておきたい。前貸しは会社と行商との取引における重要な要素のひとつである。管貨人は売買契約を交わす際には必ずと言っていいほど前貸しを行っており、ピゴウ委員会がボヒーの買付け契約に当たって購入金額の八〇％を蔡瑞官に前貸ししたことはすでに述べたとおりである。もちろんシーズン外取引においても大量の茶葉を購入する関係上、前貸しが行われた記録が残されている。それを表にすると表8のようになる。

黎・顔に対する前貸しが圧倒的に多いのは、これまでと同様の傾向である。それと同様に注目すべきは、その他の行商たちも資本も取引規模も小さい者たちであり、潘啓といったような大行商はそれに含まれていないことである。このことから、ピゴウ委員会は茶葉の買付けに当たって、小行商を支援する意図を以て前貸ししていたと考えられる。だが、前貸しはこの年のピゴウ委員会のシーズン外取引においてはむしろ例外とも言えるものであった。それというのも、ピゴウ委員会は大部分の茶葉を、代金未払いのまま購入したからである。日誌には、現在現銀の持ち合わせがないために、七月以降、新たに銀を積んだ会社船が来航したあとで支払う、という文言が取引の際に頻繁に見られる。つまりピゴウ委員会は、それぞれの商人から掛買いをし、翌シーズンに来航するための茶葉を買い漁ったのである。記録によればその借金は、例えば黎・顔に対しては六〇〇〇両（三月三日）といった金額であった。先行研究では行商が西洋人に対して負債を抱え、それが常態化しているというイメージが強いが、実態としてはイギリス側が行商に借金をする場合もあり、その関係は流動的であったと考えることができる。

以上がシーズン外の主な取引とその傾向である。ここではシーズン外取引として茶葉のみを扱ったが、実際には少量ではあるが陶磁器取引もあり、また絹取引についても継続して調査、交渉が行われている。しかし絹取引については供給不足の状況は改善されず、進展が見られなかった。この問題はまた翌シーズンに持ち越されることになる。

表8　1755年度，ピゴウ委員会によるシーズン外取引の前貸し

日　付	前貸し相手	金額（両）
1月 6日	黎開観	2,887.418
1月 8日	源泉行：陳	1,443.709
1月10日	黎開観	34,949.016
1月10日	顔瑞舎	23,099.344
1月10日	Loqua	721.854
1月21日	源泉行：陳	2,165.543
1月21日	Tiqua	656.346
1月27日	蔡瑞官	8,462.254
1月27日	Loqua	300.000

典拠：IOR R/10/4 Pigou's Committee の各日付の取引データを基に筆者作成.

表9　ピゴウ委員会の1756年シーズンの輸入品売却による損益

項　目	金額（両）
綿花売却による会社の利益	9,461.633
胡椒売却による会社の利益	1,419.288
小　計	10,880.921
白檀売却による会社の損失	−2,776.938
Putchuck 売却による会社の損失	−91.980
小　計	−2,868.918
利益の合計	10,880.918
損失の合計	−2,868.918
損益の合計	8,012.003

典拠：IOR R/10/4, Pigou's Committee, October 20th 1756.

(四) ピゴウ委員会の二シーズン目の取引

ピゴウ委員会の二シーズン目は会社船ホートン号（Houghton）が一七五六年七月二三日に広州に到着した時点から開始された。ピゴウ委員会はまずホートン号の船長に手紙を送り、シーズン外取引で抱えた負債を清算するために積荷の銀をピゴウの手元に送るよう要請した。そしてそれらの銀の受け取り、支払い（八月一日までに完済）と並行して、黎開観をホートン号の保商に指名した。

これらの手続きを済ませた後、ホートン号の輸入品取引の交渉が行われた。ホートン号の荷は、綿花、白檀（Sandalwood）、胡椒などであった。五五年と輸入品の種類が違うのは、ホートン号がイギリスからではなく、ボンベイから派遣された船だったからである。そのためにインド周辺の交易品が積み込まれていた。

輸入品は黎・顔に一括して売却されたものの、ピゴウ委員会としては期待したほどの価格では売れず、損失を出した商品もあったが（表9）、それでも毛織物を売ることに比べれば遥かにスムーズに取引が進んだ。

その後、新たに輸出品を購入するといったことはなく、一一月に入ると昨年契約しておいた生糸や茶葉の受け取りに終始している。この時入手した顔瑞舎の煕春について「この煕春は中国で作られる茶としては最上級品質のものであり、もしこれが〔イギリスで〕売れなければ、これ以上の品質の茶を探すのは無駄な努力である」（一一月一一日）と評し、最大限の賛辞を与えている。

ピゴウ委員会においては、これ以上取引にかかわる記事は見られない。だがシーズンも終盤に入ってひとつの問題が発生した。それは五六年の越冬委員会を乗せたカーナーボン（Caernarvon）が到着しないことであった。これを放置しておけば、その年のシーズン外取引を担当する委員会がなくなってしまう。そこでピゴウ委員会は　ピゴウ委員会管貨人のロックウッドとピーズリーに命じて本国役員会宛てに手紙を書かせ、両名が一七五八年まで広州に滞在することを許可してもらいたいと要請させた（一一月一八日）。そして一二月三日の協議の場で両名に、すべての船が出港してから茶を買うよう指示を出している。

こうした処置を済ませた後、ピゴウらは一七五六年一二月二五日に広州を発ち、帰途についた。この時点で日誌は閉じられている。

三　取引実態の分析

(一)　購入の形態

ここまでパルマー委員会とピゴウ委員会の日誌を詳細に分析しつつ、彼らの広州滞在中の取引および活動を紹介してきた。そのなかで新たに明らかになった数点の事柄について、整理してさらに詳しく論じておきたい。

ワンシーズン委員会、越冬委員会のそれぞれが行った取引は、次の三つに分類できる。

〈シーズン内取引と短期契約〉

この取引は主にパルマー委員会が行ったものである。広州のマーケットに供給されている商品をその場で買い付ける方法で、四か月で取引を終えて帰帆しなければならないワンシーズン委員会にとって最も重視すべき取引であった。短期間での取引が可能であることと引き換えに、商品の質・量・価格ともにその時々のマーケットの状態に大きく左右される不安定な形態でもあった。パルマー委員会で言えば、茶はシーズン当初の高騰価格がシーズン内に沈静化したので茶の取引が可能であったが、絹取引についてはついにシーズン終了まで状況が改善せず、取引を諦める結果となってしまった。このように、マーケットの好不況の波が商人たちの取引に決定的な影響を与え、最悪の場合には中国人商人が多額の負債を抱える原因にもなったのである。

〈長期契約〉

この方法は主に越冬委員会が採りえた。ピゴウ委員会の場合には、一年後を納期として設定し、行商たちに茶や絹を仕入れさせた。この形態の利点は、購入を確約し、準備期間も豊富なため安定した取引が可能なことであった。投機的要素が減ることで、管貨人はシーズン内取引よりも安い価格で購入することができた。同時に、ピゴウ委員会が言及していたように、最高品質の茶を確実に入手することが可能だったのである。高級茶葉の獲得は毎年管貨人が苦心していることであり、ヨーロッパ域内での販売競争を有利に進めるために欠かせない条件であったことから、長期契約は取引に安定をもたらす点において計り知れない利点があった。またピゴウ委員会のように、行商の提案によってエージェントを産地に派遣して商品を確保する形態も長期契約に含まれる。

管貨人にとってのこの形態のリスクを挙げるとすれば、それは大量の前貸しが必要であったという点であろう。ピゴウ委員会は、熙春の買付けにその購入額の三分の二を、さらにエージェント派遣によるボヒーの買付けには八〇％もの資金を前貸ししていた。この時の行商の利益が具体的に明らかではないので正確な数字を提示できないが、購入額の八〇％を前貸しするということは、産地での購入や輸送のための費用といったいわゆる原価のほとんどを会社が賄っていると考えられる。そうであれば、ピゴウ委員会の採った取引形態は、契約や共同事業というよりも、会社の自己資金による買付けというほうがより適しているように思われる。

〈シーズン外取引〉

すでに述べたように、ピゴウ委員会の取引の大部分を占めたのがシーズン外取引であった。売れ残りの茶葉を買うため安価であり、またマーケットのストックによっては大量に購入することが可能であった。ピゴウ委員会の記録によれば、越冬委員会はシーズン外取引を遂行するために設置されているようにも見え、また五六年に次の越冬委員会が到着しなかった際に管貨人を残してまでシーズン外取引をさせようとしていたことからも、彼らがこれをいかに重要視していたかがわかる。この形態はイギリス人にとっては疑いなく有利なものであったが、中国人商人側からはどのように評価できるのか。この点については、のちに価格について論じる際に検討したい。

(二)　取引相手の選定

次に、管貨人の取引相手の選定にはどのような傾向があり、それはどういった要因によって制限されていたのかを探る。

パルマー委員会の場合、保商は蔡義豊であった。輸入品については主に蔡義豊が引き受けたが、茶葉取引においては潘啓との取引が圧倒的に多かった。ただし蔡義豊も取引量では第二位に位置していた。一方、ピゴウ委員会は黎・顔を保商とし、輸入品、輸出品の長期契約、シーズン外取引ともに黎・顔と重点的に取引を行った。特に長期契約においてはすべて黎・顔に依存していた。こうした事例から、保商となった行商を重視して取引している場合と、保商以外の行商と大量の取引をしている場合の両方が確認された。パルマー委員会が潘啓を選んで取引した理由は述べられていないので、推測をするしかないが、潘啓はこの当時すでに比較的豊富な資金を蓄え、内地商人とのコネクションも強固であり、二〇年にわたって取引相手として評価されてきたことなどが要因として考えられる。一方でピゴウ委員会が黎・顔を優遇した理由はかなり明確に示すことができる。それは第一に、彼らが毛織物を引き受けたことである。この毛織物取引が双方に損害をもたらしたことはすでに述べたとおりである。それでも黎・顔は購入の代金および関税を支払わなければならず、彼らの破産を防ぎ、できるだけ早く代金を回収するために、彼らから輸出品を買わざるをえなかったという側面があった。だがこのほかにも管貨人の心理的側面に注目しておきたい。ピゴウ委員会は、絹の長期契約を他の商人に打診せず、黎・顔とのみ交渉していることについて、次のように説明している。

我々はこの商人たちのことを、この種の交渉において適正で最も厳正であると評価しており、したがってその他のいかなる商人にも話を持ちかけていない。なぜなら〔取引の情報を〕秘密にしておくことは我々両者にとって有利に働くからであり、こうした理由から我々は絹をたったひとりの商人から買っているのである。(13)

ピゴウ委員会はここで、取引の情報を秘密にしておくことが有利に働くという理由以外に、黎・顔はこの取引を任せるにふさわしいと述べている。取引の際に相手を限定するということは、その相手が決して自分たちを裏切らない、あるいは要求を達成できることを信じているということである。

さらにピゴウ委員会の日誌からこの問題に関連する記事を紹介したい。五六年三月二二日にピゴウ委員会は、一七五二年と五四年にイギリスに送った茶の一部からクズ茶や土くれが見つかったことに言及し、それに対し次のようにコメントしている。

一七四七年から一七五四年の取引リストによれば、Chinqua、Fat Hunqua、Ton Teinqua らが取り扱った一部分を除けば、〔黎・顔、蔡義豊といった〕商人たちはみな良い茶を供給しているように思われる。Chinqua はすでに死去しており、その家族には損害を弁償するだけの能力はない。また後者の両名も現在資金に乏しく、弁償金の支払いはほとんど期待できない。それでも会社の損失を弁償しようとする態度はとても誠実である。(14)

このようにピゴウ委員会は中国人商人に対して、侮蔑ではなく、かなり好意的な評価を行っている。もちろんこうした信頼感がイギリス人管貨人の全員に共通するものであったと断言することはできない。事実、パルマー委員会のハリソンは購入した茶葉がバタビアから持ち込まれたものではないかという疑いを持っていたことは、すでに述べたとおりである。

重要な点は、取引のデータから見た場合、パルマー委員会もピゴウ委員会も特定の行商に偏った取引を行っていたが、それは保商だからという理由で保商のみに取引が限定されていたわけではなかったことである。受動的な理由としては、輸入品取引の問題がある一方で、取引相手を限定することが信頼の面から見て可能であり、そのほうが取引に有利であるという積極的な理由を持つ管貨人も存在した。

㈢ 輸出茶の取引価格

最後に取引の価格およびその決められ方について評価しておきたい。個別の取引においては、パルマー委員会、ピゴウ委員会とも、中国人商人側が提示した価格から〇・五両から一両を値切って購入しており、こうした交渉、遣り取りは常態化していたものと考えられる。契約に際しては、求めた品質に見合わない場合は減額、あるいは購入を取り止めるといった条件を提示するなど、管貨人はかなりの強気であったと言える。また五五年シーズン当初のように、高騰した価格の茶葉を強制的に買わされることがなかった、という点においても、管貨人の主体性が存在していたことを知ることができる。そして管貨人が価格の決定を主導した最たる事例は、シーズン外取引であった。

シーズン外取引の茶葉は破格の安値であった。それは中国人商人側が取引の条件として圧倒的に不利であったからにほかならないが、この取引によって彼らがどのような影響を受けたかを分析してみたい。行商側の取引記録がないためこの問題の解明は極めて困難であるが、ピゴウ委員会が行っている試算を材料として紹介する。

彼ら〔黎・顔〕はそれ〔ボヒー〕に中国内地の価格で一担当たり七両五分や七両六分を支払っており、さらに梱包や船積みの費用に一担当たり二両が必要である。彼らは我々〔ピゴウ委員会〕に一担当たり一〇両を要求しているので、彼らの利益は四、五分ということになる。[15]

この試算を基に、例えば黎開観の利益を概算すると、彼はシーズン外に一〇両のボヒーをおよそ三五〇〇担販売しているので、この取引による利益は最大で一七五〇両である。三五〇〇担という数字は決して少量ではなく、パルマー委員会がシーズン内取引で購入したボヒーが四七〇〇担であったことから、相当の量であったと言えよう。それにもかかわらず、得られた一七五〇両という金額は、黎開観が毛織物の代金として一月にピゴウ委員会に支払った一万三一一四・一一五両と比べるとあまりに少ない。こうして見ると、シーズン外取引は価格の面においても会社側に圧倒的に有利であったと評価することができよう。

小結

ここまで詳しく見てきたように、管貨人委員会はそれぞれの滞在などの条件のなかで品質の良いものをできる限り安く買うために努力していた。だが管貨人にとって足かせとなったのが、毛織物の輸入であった。損を出す行商らが毛織物の代金や税金を支払えるようにするためには、茶や絹を購入する際に彼らが十分に利益を得られるよう配慮する必要があった。行商側の取引や資産についての記録がないために事実そうであったかを立証するのは難しいが、少なくとも管貨人たちの認識においては右のようなことが言え、その姿勢は取引相手の選び方や価格の設定の仕方にも表れていた。

しかし管貨人がそうも言っていられなくなったのは、生糸や茶の価格が高騰したからであった。会社側にとっても限られた資金のなかで輸出品を大量に買い付けるために、結果として行商に負担を強いることになった。その最たるものが、シーズン外取引だったのである。

シーズン外取引は、本章で検討した五五年だけでなく、遅くとも五一年からその取引形態を確認でき、やはり売れ残り茶を安価に入手している。とすると、会社側にとってはすでに意図的に慣習化されていた制度であると言える。

そしてピゴウの行動などを見ると、この慣習を継続していこうとしていたと評価できる。こうした流れが今後どうなっていくのか、中国側からの反応はあるのか、などについては第八章で分析を続けていきたい。

（1）それぞれの契約文書を撮影したものを、ファンダイクは自著のなかで史料として示している。これらの史料は西洋人と中国人が実際に遣り取りした史料として計り知れない価値を持つものである。彼が六四件しか用いていないという書き方をしたが、史料上の理由からすれば、契約文書の全文はそれだけしか現存していなかったということでもある。この点は特に付記しておきたい。

（2）P. A. Van Dyke, *Merchants of Canton and Macao, Politics and Strategies in Eighteenth-Century Chinese Trade,* Hong Kong University Press, Hong Kong, 2011, pp. 42–43.

（3）Kuo-tung Anthony Ch'en, *The Insolvency of the Chinese Hong Merchants, 1760–1843,* Academia sinica, Taipei, 1990, p. 221.

（4）Hosea Ballou Morse, *The Chronicles of the East India Company Trading to China, 1635–1834,* 5 vols., Oxford University Press, Oxford, 1926, 1929.

（5）Louis Dermigny, *La Chine et Lioccident, Le Commerce a Canton au XVIIIe siecle, 1719–1833,* Imprimerie nationale, Paris, 1964.

（6）パルマー委員会の取引に関する出典は、IOR R/10/4, Diary of Palmer's Select Committee に依拠し、記述のある日付は本文中に明記する。記事を引用する場合に限りそれぞれ註を付す。

（7）IOR R10/4 Palmer's Committee April 10th 1756, "As the price of Raw Silk is within this month raised above 20 percent we did not think it proper to insist upon the merchants procuring them for us, at the same price that Mr. Pigou's Commission had contracted for, thinking that we should have paid for it in the Quality, which we apprehend would be of worse consequence, than the advance price."

（8）Footia を張富舍としたのは、ファンダイクの研究に拠っている（Van Dyke, *Merchants of Canton and Macao, op. cit.*, p. 202）。ファンダイクは Foutia として取り上げているが、主に磁器を取り扱っていること、文献に現れる時期が一致することから同一人物と考える。

(9) Yong Liu, *The Dutch East India Company's Tea Trade with China 1757-1781,* Brill, Leiden; Boston, 2007, p. 78.

(10) IOR R/10/4 Palmer's Committee, August 7th 1754. この日パルマー委員会は昨年の取引状況に関する報告書をミゼナー委員会から受け取っており、ボヒーの取引価格が最高で一九・五両であったことなどがここから読み取れる。

(11) 岸本美緒『清代中国の物価と経済変動』研文出版、一九九七年、一四三—一五〇頁。

(12) IOR R/10/4 Pigou's Committee, February 24th, "there is in all about 6000 Chests which is enough for 6 ships."

(13) IOR R/10/4 Pigou's Committee, November 15th 1755. "We reckon our merchants the proper at and severest for this negotiation, and have not therefore consulted any others on this subject, because secrecy is advantageous to both parties, and that is the reason we employ only one person to buy up the silk for us."

(14) IOR R/10/4 Pigou's Committee, March 22nd, 1756. "It is to be observed the merchants have made good all the tea demanded of them, according to certain lists sent here dated from the years 1747 to 1754 except those Parcels to be supply'd from chimqua, Fat Hunqua & Ton Teinqua: The former is dead, & his family is not able to pay the deficiency; the other two are so low at present, that little is to be expected from their ability, though their inclination to give a proper satisfaction seems very sincere."

(15) IOR R/10/4 Pigou's Committee, March 22nd, 1756. "and that they had paid for it Tales 7. 5 & 7. 6 the Pecul China Price, and as the Charge of packing & shiping is about 2 Tales the Pecul, they desired we would give them 10 Tales the Pecul, that then their Profit would be the odd Mace, to which we consented."

第五章　広州貿易時代のブラックティー考

はじめに

本章は、これまでの広州貿易の実態解明とは異なり、輸出された茶の品質がいかなるものであったかを問うことを目的としている。その際、中国の茶書や会社の茶検査人の書き残した史料を用いることになるため、文化史としての性質が強い章となる。そうした、やや異質な論考を独立した章としてこの箇所に配する直接的な動機は、前章で明らかにしたシーズン外取引の茶についての利害状況を明らかにするためである。シーズン外茶は、シーズン中取引される茶と比べて破格の安さであったが、それと引き換えにイギリス人は茶の品質面でのリスクを負った。いくら安く買えるとは言え、広州に一年、船旅で六か月かかる本国までの旅の間に腐敗し、飲めない状態になっていたのでは結果的に大きな損失となるはずである。そうしたリスクが想定されるなか、管貨人たちはシーズン中の茶の取り扱いを手控えためらうことなくシーズン外茶葉を買い漁っていたということは、管貨人はそのリスクを抱える必要がなかったのであろうと推測される。それでは、丸一年取り置いていても問題のない茶葉とは、いかなるものだったのだろうか。これが第一の疑問である。

これに付随して想起される疑問は、低級ブラックティー（ボヒー）と高級ブラックティー（小種）との品質の差はどういった要因で生じているのかという点である。後段で紹介するように「小種は緑色の湯、ボヒーは茶色」という違いが指摘されている。しかしこの説明では疑問はますます深まるばかりである。ブラックティーに分類される小種がなぜ緑色なのか、小種とボヒーはブラックティーとして同じ製法ではないのかなど、こういった疑問はこれまでの先行研究が紹介してきた簡略な説明では解決しえないことは明らかである。

さらに、取引の利害状況を知るためには、茶の品質を定数と見て価格の変動を比較考察する視点と、それとは逆に、価格ではなく茶の品質を変数と見る視点との両方を備えた考察が必要である。そうすることによって初めて価格の妥当性を当時の管貨人の視線に寄り添って評価できる。

例えばブラックティーのボヒーに一担当たり一九両の商標と一六両の商標とがあった場合、価格のみを変数と考え品質は同等であると仮定するならば、一九両のボヒーは管貨人にとって高額だと感じられ、取引に不満を抱いたであろう。しかし、もし一九両のボヒーがその価格に見合った高品質なものであり、本国で売却する際ワンランク上の工夫茶と同等の価格で売りさばけるとしたら、イギリス人はこの取引に満足するだろう。このように、品質を変数と見た時には、同じ一九両のボヒー取引に対しても、正反対の評価をしうる可能性が生まれるのである。数値のみを取り出して評価を下す危険性は、この点にあると言ってよい。これまでのように、価格の数値が高いからイギリス人は不満であったと単純に考えるのは止め、価格にこめられた意味を読み解き、取引に臨む中国人・イギリス人双方の商人の心理を理解するためにも、本章で詳しく茶の品質を見ていきたい。

一　これまでのブラックティー論

ひとくちに茶の品質解明と言っても、茶文化史の方面ではこれまで相当量の研究蓄積がある。そこでまずはそれらを参照しつつ、本章で注目すべき論点を見出すこととする。中国茶史の研究としては、まず布目潮渢の名を挙げるべきであろう。[1] 布目はブラックティーの上級茶である小種茶の製法について一九八九年に中国で出版された『制茶学』を参考に、現代の小種紅茶の製法を過去の小種茶と同様のものとして紹介している。[2]

中国における研究も、過去のブラックティーと現代の紅茶を同一視している点で一貫している。近年の例で言えば、陳文化は江西省の紅茶の起源を探究する論考のなかで、一八世紀の文献に現れる「江西烏」という茶を紅茶とみなし、三〇〇年の歴史があると主張している。[3]

他方、社会経済史研究の側からも、当時の茶について論及するものがある。そうした研究として波多野善大、[4] ガルデラ、[5] 劉勇[6] などの名を挙げることができる。ボヒーを Black tea（Hong cha）とのみ説明するガルデラは例外として、波多野はデーヴィス[7] の記述から、劉は様々なインターネット上の資料から、ボヒーを現在の紅茶と同様のものと考えている。

しかし矢沢利彦は広州貿易当時の工夫茶の湯色は「青みを帯びた琥珀色」という立場をとり、[8] 一方で下級茶のボヒーは「タバコの煎じ汁」のようであり、イギリス人からも忌み嫌われたという側面を紹介している。[9] 同様の指摘は、イギリス文化史の滝口明子の研究にも見られる。[10] 滝口によれば、イギリス人のショート・トーマスやジョン・C・レットサムはブラックティーについて、緑色ではなく、黄緑色よりもさらに濃い色をしていたと書き残しているという。さらに現在日本において中国の紅茶について論及した専論として高橋忠彦の研究があり、高橋はこの時代の「紅茶」あるいはブラックティーを完全発酵の紅茶と同質のものとして扱うことに警鐘を鳴らしている。[11]

これらの指摘はブラックティーの品質を考えるうえで、極めて重要である。突きつめて言えば、ブラックティーと認識された茶は商標によって色が大きく異なっており、高級茶はブラックというより「琥珀色」であったということになり、ますます実態を見えにくくしている。

以上のような問題・課題を視野に入れつつ、これ以降ボヒー、すなわち福建省武夷山地方から広州にもたらされたブラックティーの実態を分析する。その手がかりとして、まずは西洋人たちが知りえたブラックティーの製法を見てみたい。

二　輸出茶に付けられた商標

広州からイギリスに輸出された茶の産地が安徽省南部と福建省北部であったことは、多くの研究から自明のこととされてきた。それは主に輸出された茶の商標を根拠としていた。一六九九年から一七三六年までの四〇年弱の商標の変遷を見ると、初期においては「Tea」「Singlo」「Bohea（あるいはBohee）」が交互に、あるいは同時に現れている。それが一七三〇年になると「Singlo」と「Bohea」という二つの区分として現れ、しかもそれぞれ「Green」と「Black」と整理されている⑫。

「Singlo」とは松羅の音訳であり、安徽省南部にある松羅山を指していると考えられている。また「Bohea」は「Woo-e」、すなわち福建省武夷山のことである。このことから、この二つの商標名のニュアンスは「松羅山の茶」、「武夷山の茶」というものであり、イギリス人はその前者をグリーンティー、後者をブラックティーと認識したのである。そして本節で紹介する様々な商標名は、このグリーンティーとブックティーから派生したものとして貿易品目のなかに頻出するようになる。これ以降、これらの品目のうちの主要なものについて、西洋人の観察に基づいて簡単に紹介していく⑬。

(一)　グリーンティーの商標

松羅（Singlo）――これはすでに述べたように松羅山の名を冠したグリーンティーであるが、実際は広く安徽省南部の緑茶生産地の茶であった。のちに現れる熙春（Hyson）との比較においては、より低級な茶として認識されており、形状は大きな平たい葉で作られ、あまり巻いていなかったようである。ハンターによると、後に独立した商標として残らなかったという。[14]

熙春（Hyson）――これはグリーンティーのなかでも高級なものを指す総合的な商標名で、Hyson small leaf, Hyson 2nd sort という、形状・選別段階での等級分けのほか、Young Hyson のように茶葉を穀雨（現在の暦で四月二〇日頃）以前に採摘した、より新鮮な茶を指すものや、Hyson skin のように熙春のなかでは最低級のくず茶を指すものまで様々であった。この商標名の語源については現在少なくとも三つの説がある。①この茶を初めてイギリスに輸入した東インド会社商人の名前、②この茶を扱っていた中国人商人の商号、③「暖かき春、草木の芽生える春（genial spring or first crop）」を指す He-Chuen という語とそれぞれあって、未だ確定されていない。[15]

インペリアル（Imperial）――この語自体には上質の、特上のという意味があるが、この茶が上級であると認識されたのはその形状によっている。この茶にはガンパウダー（Gunpowder）、パール（Pearl）という別名があり、精製過程においてよく揀捻されて丸い形をしている茶を指していた。この時期グリーンティー・ブラックティーとも揀捻は葉を縦に撚るのではなく、球形にするように作られており、これが成功するかどうかは作り手に大きく依存していたと言われる。

屯渓（Twankay）――安徽省の地名に由来し、グリーンティーの最も低級と言える茶。葉は古く、あまり巻けていないため、しばしば他の茶に混ぜて売られた。デーヴィスは「グリーンティーのなかのボヒー」と評している。[16]

㈡　ブラックティーの商標

ボヒー（Bohea）――ブラックティーのなかの最も低級な茶で、丁寧に作られたとはお世辞にも言えないような品質であった。この茶は別の節において取り扱うため、詳細は後に譲る。

コングー（Congou）――もともとは Congfoo すなわち工夫茶を指す語。現在工夫茶と言えば、閩南や台湾に伝わる、小さな茶壺を使った工夫式の茶の煎れ方を指すが、「〔工夫茶は〕小さな瓶に一、二両しか作れず、茶師でなければ作ることはできない」[17]とあることから、過去には特定の製法で作られた特殊な茶をも意味していたと考えられる。イギリス人には武夷山地方から来るボヒーより上級な茶として認識されていた。

小種（Souchong）――ブラックティーの最上級品。語源は武夷茶のなかでも特に珍重された小種茶である。武夷山で作られる茶は、岩茶と洲茶の二種類に分けることができ、この茶は岩の切り立った武夷山中で育つ茶樹から採れる岩茶を指している。この茶は山中の寺観において僧たちによって作られるため少量しか得られず、純正の小種茶がイギリスにもたらされることはほとんどなかったという。

白毫（Pekoe）――これは中国語では白毫茶にあたり、茶葉の先端の若い芽を摘んで作る茶である。背に白い産毛が生えている形がその名の由来になっている。この茶は武夷山において一般の茶戸が作る洲茶において最も等級が高いものであり、その葉の新鮮さから小種とともに珍重された。ここではブラックティーの範疇に入れているが、

Hyson-pekoe なるグリーンティー生産地で作られるものも文献上現れている。デーヴィスはこれが Loong-tsing（龍井）と呼ばれて官僚たちの間の贈答品として使われ、イギリスには輸入されたことがないと記している。[18]

ＩＯＲに記された茶の商標はこれ以外にもあるが、ここでは最低限を紹介するに留め、ここからは茶の等級がどのように決定されていたかを明らかにする。

三　ブラックティーの商標決定基準

イギリス人が広州で茶を購入する際、その茶の等級毎に価格を決めて取引を行った。その時彼らは高級茶と低級茶とを区別する基準として、茶の産出地域と茶葉の採摘時期を考慮していた。ここでは小種―工夫―ボヒーというブラックティーの等級分けを例に、その実態を紹介したい。

〈産出地域による分類〉

ボールは分類の基本的な考え方として、武夷山中に近いものほど品質が良く、離れるほど質が落ちるとしていた。[19] 武夷山中の一二―一三里（約七―八キロメートル）を半径とする同心円内の地域で作られる茶は内山茶（Puon Shan Tea または Mid hill tea）と呼ばれ、精製されて小種茶となる。中心から半径七〇里（約四四キロメートル）までの地域で採れる茶は工夫茶を作るのに用いられ、外山茶（Wai Shan tea）とも呼ばれている。そこから外の地域で採れる茶はほとんど使い物にならず、せいぜい下級の工夫茶に混ぜられて使われるに過ぎない。ボールはこれらの産茶地域の地名を紹介しているが、ここでは省く。

〈採摘時期による分類〉

中国において、茶を精製する際（現在においては特に緑茶の場合）には、成長して大きくなった葉よりも春先に生える新鮮な小さい葉を重んじて製茶を行ってきたということがあり、この基準もそれを反映しているものと考えられる。ボールはこれについて、特に工夫茶の採摘を次のようにまとめている。

The first gathering（Teu Chun 頭春）——四月二〇日—五月初旬（以下すべて西暦を表す）。上級・中級・下級に分けられ、上級のものは香り・味ともに小種と変わりはない。

The second gathering（Ul Chun 二春）——六月六日前後。白毫と小種も作られる。工夫茶は焦げた香り（fire smell）で、葉は粗大でつやがない。

The third gathering（San Chun 三春）——六月二一日以降。白毫と小種も作られるが、数は多くない。どちらも品質は良くない。香りは乏しく、湯色は明るい緑色である。

The autumnal or fourth gathering ——八、九月。香りは乏しく、湯色は淡い黄色である。葉の色は平凡である（plain and ordinary）。

九、一〇月。茶の木が剪定され、枝も一度に刈り取られる。葉は粗大で硬く、香りはひどく悪い。この秋摘みの茶は籠につめられて広東に送られ、ボヒーになっていた。

このように同じ工夫茶の採れる産地でも、早摘みの茶で品質の良いものは小種として精製されたり、逆に採摘時期が遅くなればなるほど低級のものとして認識されたりしている。そしてこのことは前述の茶産地による分類とは矛盾しないこともわかるであろう。

ただし文献を基に茶の品質を推定する作業は、極めて統一性、確実性を欠くものであることを理解しておかなければならない。その好例として、次のような記録を挙げることができる。

〔武夷山天游観の〕静参が言うには「茶の名前には四種類あり、茶の評価にも四種類ある。いま城中・州・府の役人や富豪たちは競って武夷茶を尚《とうと》んでいるが、最も知られているのが花香である。この花香より上等なものが小種である。山中では小種をもって普通の茶としている。これらより上のものを名種と言い、これは山を下ってしまうと多く手に入れることはできない。すなわち泉州人や厦門人が行っている工夫茶は名種を称しているが、実際は小種を手に入れているに過ぎない。また名種の上を奇種といい、雪梅・木瓜などの種類があるが、これらは山中でも多く手に入れることはできない[20]」。

この史料が示すところによれば、同じ商標を冠する茶でも、場所が変わればその中身が変わる、ということになる。この事実は、研究を行うスタンスからすれば、中国全域における茶、あるいは国内向けの茶と輸出向けの茶の統合的な分析が極めて困難であることを意味している。

こうした状況を踏まえ、本章では分析する対象をイギリスに輸出されたブラックティーとはいかなる茶であったのかという問題に答えることを中心的課題とし、中国語の記録とイギリス人による記録の双方を注意深くつき合わせることによって、分析が厳密であることを期したい。

四　「紅茶」とは異なる輸出茶の製法

広州貿易時代において、グリーンティーと認識された茶の作り方は現在の緑茶の製法とほぼ同じであり、ブラックティーは諸説様々であるが、ほぼ青茶や紅茶に類似したものであると考えられている。緑茶・青茶・紅茶という分類は現在の中国茶の六大茶分類に従っている。それは製法の違いによって、緑茶・黄茶・黒茶・青茶・白茶・紅茶の六種類に分類する方法である。本章では過去の茶の製法との比較の材料を提供するために、緑茶・青茶・紅茶の三種類について簡単に紹介する。(21)

三種類の茶の製造過程は次のとおりである。

緑茶　採摘→殺青→揉捻→乾燥

青茶　採摘→萎凋→揺青→殺青→揉捻→乾燥

紅茶　採摘→萎凋→揉捻→発酵→乾燥

それぞれの工程は次のようになる。

殺青――茶葉の水分を火の影響で蒸散させ、発酵することを防ぐ作業。その方法には蒸青（水蒸気による）・炒青（鍋炒り）があるが、現在中国茶は炒青が主流で、青茶も炒青で作られる。

揉捻――茶葉を丸める作業である。現在は縦に長く撚ったものと球状に固めたものが見られる。これらは茶の銘柄によって大きく形が違うので、特に形状に統一性はない。文献上では、鍋で炒めながら指を使って巻く方法と、いったん炒めた後、別の容器あるいは机で巻く方法がある。後者は通常、殺青と揉捻を何度か繰り返す。

乾燥――茶の精製過程はほぼすべて茶葉を乾燥させるためのものであるため、ここで乾燥という語を用いるのはいささか適当ではないが、これは特に焙青の作業を示すために用いる。焙青とは、気熱により乾燥させる方法で、中央のくびれた竹の筒を炭火の上にかぶせ、その上部に茶葉を置いて燃えないように水分を蒸発させる。これも一度で乾燥させる方法と二度に分ける方法とがある。

萎凋――発酵茶に特有な製法である。これは殺青前（紅茶の場合は揉捻前）に一定時間空気に晒すことで水分を減らし軽く発酵させておく作業で、香りを格段に高めるという。

揺青――青茶のみに行われる過程で、茶葉を手で空中に放り上げる、あるいは籠のなかで混ぜる作業であるが、これにより葉と葉が擦れ合い、細胞が破壊されて発酵しやすくなって、紅い斑点が見られるようになるという。青茶は半発酵茶と呼ばれるが、茶葉の縁が発酵のため紅くなり中心部は緑であるため「半」と称される。揺青はこの性質を引き出すために必要な過程である。

発酵――現在では紅茶を作るために行われる作業である。積まれた茶葉をある一定の環境の下、葉全体が紅くなるまで放置しておく。萎凋の延長上にある作業と言える。

ここで緑茶・青茶・紅茶それぞれの違いを簡単にまとめておくと、それは主に殺青（乾燥）前の精製過程の違いであり、具体的には萎凋や発酵過程の有無が品質の差を生んでいたと言える。基本的に茶葉の発酵は殺青によって止まるため、緑茶のように全く発酵させない茶葉は採摘後できる限り早く殺青するのに対し、茶葉全体を発酵させて作る紅茶は、殺青（乾燥）の前に十分に発酵させる工程を経る。その中間に位置する青茶は、茶葉の一部分が発酵するように殺青の前に萎凋などの作業が短時間行われる。こうした違いを前提として、以下に五港開港前後のブラックティーの製法を紹介したい。

ここで主に用いるのは、イギリス人のロバート・フォーチュンやサミュエル・ボールによる調査の記録である。ボールは東インド会社の茶検査人で、一九世紀初頭から広州に滞在し、中国人商人から茶の製法について聞き取り、中国語文献を調べて茶の研究を行った。フォーチュンは五港開港後に茶産地である安徽省・福建省・浙江省を密かに訪れ、茶木のサンプルを持ち帰り、茶の製法について調査している。この両者による著作はそれまでのイギリス人の茶に関する知識の不足を補って余りある充実した内容であり、茶の栽培・製法・流通に関して体系的で的確な記述を行った著書として利用価値が高い。さらに時代毎に変化し続ける製茶方法を、同時代の観察によってここまで詳細に知りうる史料もないため、ここで一六〇年前のブラックティーの製法をこれらに基づいて紹介しておきたい[22]。

フォーチュンとボールの著作にはブラックティーの製法としてまとまった記述が記されているが、これらは全く同一のものではなく、また観察した地域も違うため、製法別に三つに分けて検討したい。

（i）フォーチュンが福州府付近で観察したもの（Fortune, *Wanderings* 一六章）

これは非常に特殊な記述である。というのも、いわゆるブラックティーを産する地域の茶に、Luk-cha（緑茶）とHong-cha（紅茶）の二種類を観察しているからである。その製法をまとめると、次のようになる。

Luk-cha＝採摘→萎凋→炒青→揉捻→晒し（一―二時間）→乾燥

Hong-cha＝採摘→萎凋→炒青→揉捻→晒し（二―三日）→乾燥（炒青）

これらの製法について、高橋忠彦は、Luk-chaは烏龍茶に近い味、Hong-chaは後発酵をともなった濃い茶であったであろうと推測している[23]。後発酵とは、殺青した後に茶葉に残った水分と自らの熱によって発酵作用を起こすもので、現在の普洱茶には欠かせない渥堆という工程に極めて似ている。ブラックティーとともになぜ緑色の茶が作られていたかについては、後に考察を譲る。

（ii）フォーチュンが武夷山で観察したもの（Fortune, *A Journey* 一六章）

採摘→萎凋→揺青→炒青→揉捻（球状）→晒し（三時間、水分を取る）→殺青→揉捻→焙青→揉捻→焙青→さらに数度

乾燥

この製法で特徴的に言えることは、まず(i)にも出てきたように、揉捻の後で空気に晒しておくことである。これは現代の製法では見られないが、この作業がブラックティーの品質にどれほどの影響を与えていたかは推測によるしかない。ただ通常普洱茶などの黒茶を作る際の渥堆（手順は殺青・揉捻の後であり、上記の製法と同じである）は、茶葉が五〇度前後の温度をともなって一五―二四時間ほどかかり、この過程のなかで後発酵を起こすものである。しかし、空気に晒された状態で三時間放置されて、果たして茶が黒くなるほどの後発酵が生じるものであろうか。また最終的な乾燥の作業のなかで、焙青や揉捻をしつこいほど繰り返しているのは、徹底的な乾燥が求められる輸出向け高級茶にのみ見られる特徴である。

(iii)　ボールが広州で茶工や中国語文献から学んだもの（Ball, *Cultivation and Manufacture* 六・七章）

ボールは小種の製法について記しているが、彼は武夷山の高級茶を二種類に分けて考えている。すなわち「岩茶あるいは包種茶」と、「岩茶あるいは Puon Shan Souchong」である。これらは記されている製法が異なっている。Puon Shan Souchong とはボールによれば、武夷山で作られる高級茶で、Mid hill tea とも呼ばれている、と記している。(24)

「最高級岩茶あるいは包種茶」

採摘→萎凋→揺青→ Oc ching →殺青→揉捻→乾燥

「下級岩茶あるいは Puon Shan Souchong」

萎凋（正午から六時）→揺青→殺青→揉捻→乾燥（焙青→放置〔朝五時まで〕→再焙〔八時から、正午に裏返して三時までそのまま乾燥〕）

ここで見られる Oc Ching とは、竹のザルの上に乗せた茶葉を布で覆って、しばらく置いておく作業を指す。夜間に行われ、その間ひとつひとつのザルを見回り、紅い斑点が出ているかどうかを確かめて、これが現れるとすぐに炒青に入る。タイミングが遅れてしまうと葉が傷んでしまうため、慎重に行われた㉕。

発酵の問題について、最初の萎凋が正午から六時まで行われたとあるが、この製法では日に直接晒してはいないという。現在も青茶の製造において昼から夕方の時間に日晒しが行われており、その時間は三〇分程度と短いものの、時間帯が過去の製法と一致しているのは重要である。また現在の青茶の製法には見られない発酵過程であるが、「いくつかの葉にこうした状態〔茶葉の外側に紅い斑点ができること〕が見られれば、炒に適した時期である㉖」ともあることから、極端に発酵度が低かったとも考えられるのである。

ここまで詳しくブラックティーの製法を紹介してきたが、どの製法もいわゆる紅茶の製法とは異なっていたという結果が得られた。過去の製法のうち、最も濃い色を呈したと考えられるのは(i)の Hong-cha であった。ただ武夷山からもたらされたブラックティーの実態を探るという本章の趣旨から言えば、この茶が観察されたのが福州府であったという点に注意する必要がある。

一方で武夷山の茶であると記録された茶の製法を見ていくと、どれも採摘後に短時間の萎凋などが行われるだけで、すぐに殺青の作業を行っていることがわかる。その萎凋などの発酵工程についても、茶葉の外側に紅い斑点ができる程度で発酵を停止させていることからも、紅茶のような紅い茶葉や、紅い湯色であったと考えることは難しい。

以上が、ブラックティーが現在の紅茶ではなかったと考える第一の根拠である。

五　「緑湯」であった武夷山茶

第二の根拠として、武夷山の茶あるいはブラックティーの品質に関する記述を提示したい。その際、広州貿易時代の茶を検討するために、まずは清代に至るまでの武夷山の茶について概観しておきたい。[27]

武夷山は福建省の北部、いわゆる閩北に位置し、唐代には建州府が置かれていた。閩北の茶はすでにこの時期から建州に産する茶、すなわち建茶として文献に現れている。その代表格であり、宋・元を通じて献上茶であった龍鳳団茶は文人たちの間でその名を知られていた。現在この茶は製茶法による分類上「蒸青団茶」と呼ばれるが、その意味は茶葉を蒸して殺青させた固形茶であることを示す。中国で現在生産されている緑茶は、殺青の際に鍋で炒る炒青法が採られており、蒸して作る製法は日本の抹茶に近いと考えられる。団茶は茶の芽を摘み取った後、それを蒸して殺青し、すりつぶしてペースト状にしたものを餅状に圧搾したものであり、その形状は基本的に円形であった。この茶を献上用として作ったのはもともとは武夷山中ではなく、その南に位置する北苑の官営茶園であったが、元の大徳二(一二九九)年に武夷九曲渓の第四曲にも官営茶園が設けられて、多い時には二五〇戸が製茶に従事した。しかし献上用の団茶を製造することは民にとって大変な重労働であり、民力を損なうこと顕著であった。そのため洪武二四(一三九一)年、北苑においては官営茶園が廃止され、武夷山では団茶の製造を禁止し、散茶(葉茶)で上納させることとした、これらは現在の茶の形状に近いものであったと考えられ、その品目については『閩游偶記』(呉振臣、一七一〇年)に「探春・先春・次春・紫筍」等の名が記されているが、その詳細は判じえない。さらに嘉靖三六(一五五七)年には御茶園も廃止になり、武夷山における官営茶園の歴史は幕を閉じる。

ここまで見てきたように、歴代の建茶自体に関して完全発酵の紅茶をイメージさせる記述はここまで現れてはいない。しかしこれ以降、献上茶としての武夷茶のブランドが消えることで、その製法や実態を示す体系的な史料がなくなり、散見される程度になってしまう。そうしたなかでも『閩小記』にはいくらかまとまった記述があるので、それを引用してみたい。

閩茶　武夷連峰・紫帽・龍山では皆茶を産する。僧は焙青が不得手なため、摘んだ茶葉を先に蒸してその後焙青する。そのためにその色は多く「紫赤」であり、ただ供せられて宮中の洗濯に用いられる程度のものである。近年、松羅の製法で茶を作り、これを実際に試してみると色も香もともに具わっていたが、一〇か月も経つと昔のように「紫赤」となってしまう。そもそも茶を作るものは土着の数名の僧のみである。彼らは「三呉之法」について語り、そのやり方が次々と人づてに伝わるが、かつてのやり方があちこちに現れてしまう。これは譬えるに、昔の人が琵琶の演奏法を教えるのに数年間琵琶を近づけさせず、昔のやり方を完全に忘れさせたように、〔製茶に関しても〕そうした状態になった後で、「三呉之法」をもって製茶を行えば、おそらく効果があるだろう。(28)

「三呉」とは古来より会稽の地を含んだ江蘇省南部・浙江省を指す。龍井・陽羨などを産する緑茶生産の中心地であるこれらの地域において、当時龍井は蒸青された後で炒青されたという記事がボールに見られ(29)、これは先の引用文中の製法と類似している。

この文章から、武夷山において官営茶園が廃れた後、一〇〇年ほど経った時点でも「蒸青」が行われていたこと、また緑茶の生産地としてその品質を評されていた安徽省南部の松羅山の松羅茶を真似ようとしていたことが見て取れる。その茶の品質に言及している部分では茶の色が「紫赤」であると述べられ、その原因は、焙青の技術が劣っていたことに求められた。ところが松羅の製法では茶は「紫赤」にならなかったという。つまりこの時点でも、武夷山の茶の生産者は、「紫赤」の茶になることを回避しようとしていたと考えられる。

また同じく『閩小記』には次のような記事もある。「崇安ではかつて黄山の僧を招き、松羅法で建茶を作らせたが、

〔建茶と〕並び賞されるほどのものであった。今年余分に数両を得て、これを大変珍重した。時に『武夷松羅』の品目あり」[30]。ここから明らかなように、武夷山では黄山の緑茶の製法を学び、緑茶を生産していたのである。

このように、中国における茶の主流が宋代の団茶から、明代の葉茶（茶葉の形がそのまま残るもの）へと転換してゆく流れのなかで、武夷茶も有名な緑茶の製法を取り入れることで茶産地の名誉を高めようとしたと考えられる。

以上が、ヨーロッパ人によって武夷茶がブラックティーと認識されるのとほぼ同時期までの歴史である。それでは これ以降、武夷山ではどのような茶が作られたのだろうか。

劉靖は『片刻余閒集』（一七五三年以降）のなかで武夷九曲渓の五曲にある天游観の茶を評して「茶は香にして冽《きよ》く、盤屈するに干蚕が如き状にして、色は青翠にして松羅に似たり[31]」と述べている。これによれば、道士によって作られるその茶は、香りがよく清らかで、松羅茶のように「青翠」であったという。またその形は現在の岩茶のように縦に長細く撚ったものではなく、丸い形をしていたこともわかる。これは乾隆年間に書かれた本であると考えられているが、道光二七（一八四七）年、すなわち五港開港後に編まれた『武夷山志』「物産」にも、

〔岩茶を産する〕各岩の有名なものに、白雲・天游・接笋・金谷洞・玉華・東華などがある。採摘して火であぶって乾かすのに、その独自の方法に従って行えば、香、味ともに絶品となる。岩茶に等級をつけるのは逆にそれほど細かくはない。すなわち小種・花香・清香・工夫・松羅などの名があり、これを煎れると天然のうまみがあり、その色は紅くない[32]。

とあるのが見える。また武夷茶を検証する際に必ずと言っていいほど引用されるのが、清代の詩人袁枚の『随園食単』（一八八〇年代）であるが、そのなかで彼は、まず武夷茶は薬を飲んでいるような濃くて苦い味のため、かつてはそれを好まなかったと述べている。しかし武夷山の曼亭峰・天游寺などの場所で実際に僧に入れてもらった茶は非常に優れており、三杯入れても味が衰えなかったという。さらに緑茶の龍井・陽羨と比較して「龍井は清らかであるが味が薄い。陽羨は佳いといっても後味に欠ける。まさに玉と水晶の品格が比較にならないのと同じである[33]」と評して

いる。彼は武夷岩茶と龍井・陽羨を比較しているが、龍井・陽羨は乾隆帝によって愛された緑茶の最高峰である。それらの茶と「黒色紅湯」のブラックティーを同じ土俵の上に置き、しかも武夷岩茶に軍配を挙げているとは考えにくい。さらに、袁枚が訪れたと言っているのは天游寺であり、すでに引用した二つの史料からもその茶が緑湯であったと考えて差し支えないだろう。しかし彼は、かつて飲んだ武夷茶は「濃くて苦かった」とも書いている。この矛盾を解消する鍵は、彼が実際に武夷山に登り、僧に茶を振る舞われたという事実に隠されている。すなわちこの史料を素直に読んだならば、武夷山中以外の土地では武夷茶の味は濃くて苦いものであり、山中で飲んだ武夷茶は最高峰緑茶に勝るほどの品格高い緑湯であったと言っていると考えられるのである。

六　なぜボヒーは「ブラック」か

ではなぜ山中では緑色であったものが山を下ると濃くなるのか。あるいは緑色であったものがなぜ「ブラック」と認識されたか。この問いに対する第一の答えは、売買の過程における混ぜ物の存在である。それを示す史料を以下に引用する。

凡そ岩茶はみな各岩の僧侶・道士たちが摘み焙青して作るもので、遠近を問わずそれを買い求めるものが九曲内の各寺観で買い求め、市中にて売るものはいない。洲茶はみな民が天秤棒を担いでいって売り、「行」にて買い上げる。九曲渓の終着点である星村鎮は、茶行商人が多く集まる場所となっている。この外に本省〔福建〕の邵武、江西省の広信などの地があり、そこで産する茶は「黒色紅湯」であり、土地の名で「江西烏」と呼ばれて星村鎮の各行で官の手を経ずに売られている。茶行商人はこの茶を紫毫・芽茶のなかに混ぜ、これを売るのにその値段を安くし、量を増やしているのである。本地の茶戸は茶行商人たちが不当に利益を得ているのを見て、これを官に訴えた。芽茶の多くは本物と偽者が入り混じり、京師および各省にも広まるものは、ほぼこの偽者である。ただし、広東人は真偽を見分けることができる[34]。

ここで注目すべき点は、武夷茶が中国内においても一般的に低級茶と混ぜられて流通していたということと、武夷山周辺において「黒色紅湯」の茶が存在していたということである。そしてその「江西烏」と呼ばれている茶について、「黒色紅湯」であること以外に、『乾隆広信府志』（乾隆四八（一七八三）年）に広信の茶に関する断片的な記述が見られるので、それを紹介しておきたい。まず「物産」の条に、

> 前郡志拾遺に曰く、郡では茶木を植え、清明節頃に芽を吹くと山に住むものは男女を問わず山に入って、芽を摘み、「焙炒」する。宋代には周山茶・白水団茶・白龍鳳団茶があり、みな建安の上供を佐《たす》けていた。桐木山で産する茶は葉が小さく味が甘かったが、ついに武夷の誉れに名を加えることはなかった。味は澄んでいるが苦く、長持ちであった。今建安の茶は多く鉛山の河口鎮を通るが、鉛山には良い茶はない。弋陽の茶の品質は大変劣っており、その他の邑で産するものも値段が一〇文ほどに過ぎず、鴻漸〔陸羽、『茶経』の著者〕がもう一度生まれたとしても、この茶を記すことはないだろう[35]。

とあり、団茶を製造していた時期はともかく、ここでも品質の低さが問題にされている。その茶の実態に迫る史料として、同書「雑記」に豊山で産する茶に関して「製法は最も劣っており、概して言うとよく焦がして初めて飲むことができるようなものなので、茶を評するような人々はこの茶を書き留めないのである[36]」とある。すなわち史料によれば、「江西烏」は紅茶のような発酵のために「黒色紅湯」だったのではなく、茶葉の低品質を隠すために炒青の際の火力を強くして焦がしていたためであると考えられる。

製茶における火力の問題については、これに限らず史料がいくつか見受けられる。例えば『福建新通志』（民国一一（一九二二）年）には『閩産録異』を引いて「また茶の枝から新芽を摘んで鍋に入れたものを指で次第に丸めるが、火力の調節が雑なために（火候不精）色は黒くなり味は焦げてしまっている[37]」とある。また劉源長『茶史』（雍正六（一七二八）年）「焙茶」の項には、「茶を採摘する時にはまず茶工の最も優秀な者を選び、その賃金を倍にして、〔炒める際

に」しっかりと手もみをして硬くなってしまわないように、また焦がしてしまわないようによく諌めておき、細心の注意を払って炒めて乾燥させ、扇いで冷まして初めて瓶の中に貯蔵させるようにしなければならない[38]」とも記されている。さらに同書「蔵茶」の項では、一旦貯蔵してしばらく経った茶を乾燥させるために火にかける時には、「火また多すぎるべからず、多すぎればすなわち茶は焦げ食すべからず[39]」と戒めている。現在の製法では炒める時には緑茶の場合約三五〇度の温度で二―三分、青茶の場合は二二〇―二六〇度で二分程度である[40]。この温度の違いは日晒しの有無によって茶葉に含まれる水分量が違ってくることに由来する。ここから緑茶より青茶のほうが火力制御が難しいことが見て取れる。現在のようにガス器具で簡単に火力を調節することができず、火を焚き、その火勢を制御しなければならないとすれば、その難しさは容易に理解できよう。ましてや火力が弱いと茶葉から十分に水分を発散させることができず、時間が経つと結局変色してしまうため、適度な火力を探し出しそれを維持するという苦労がともなうのである。火力の一事をとってみても、古来良質の緑茶を産することが容易なことではなかったことがわかる。

すなわち本題に戻ると、劉靖が指摘した「黒色紅湯」の茶は完全発酵の紅茶ではなく、製茶技術の問題によって生じた粗悪茶であったと考えられ、それがために高級な武夷茶との混ぜ物が行われたのである。このように国内流通において断片的ではあるが先の史料から偽茶の普及をうかがうことができたが、本章の分析対象である輸出茶においても同様のことが行われていたことをうかがわせる文章がある。そのひとつとしてボールが観察した「ブラックティーのなかの緑の葉」について述べることとする。

前節において引用したボールによる等級分けの基準に関する記述のなかで、「その茶〔工夫〕の葉は薄くて小さく、味気がない。そしてその葉がグリーンであろうとブラックであろうと、さらにどれほど丁寧に作られていようと、香りが全くないのである[41]」という部分があり、グリーンの語に付けられた註によると「このグリーンというのはブラックティーのなかに見られる緑の葉のことで、イギリスのディーラーはイエローリーフと呼んでいる」と明らかに緑色の葉の存在を認めている。さらにこれに続いて、「しかしながら、後者の場所〔使い物にならない茶を産する地域〕から来る茶は恒常的に下級の工夫と混ぜられており、これらの場所から来るものは、葉が緑であろうと黒であろうと、工夫のうちの多くが人為的に偽の銘柄を名乗っているということには信ずべき理由があり、これ以降取り上げる別の中国人から受け取った資料が示すように、先に挙げた場所のうちのいくつかは工夫として輸入される茶の一部分を生産している場所として数えられているのである」[42]と述べて、その実態を見事につかんでいる。また別の箇所では「〔さまざまな茶園や地域から集められてきた〕色々な品質の茶はおそらくすべて混ぜられブレンドされるが、それは固定された価格に合うようなあるひとつの品質を作るために行われる」[43]として、価格と混ぜ物の関係にも言及している。

ここまで中国語文献と英語文献を頼りに混ぜ物の存在を明らかにしてきた。これによって先に紹介したように袁枚が武夷茶を評して、武夷山中では高級な緑湯、山を下ると低級な紅湯、と述べたことにも合理的な解答が与えられたものと考える。武夷山の岩茶あるいは小種と呼ばれた茶がどのような特徴を持っていたかについて、滝口明子が『英国紅茶論争』で示しているように、「スーチョンの湯色は黄緑色で、コングーはやや濃く、並みのボヒーはさらに濃い色だ」とヨーロッパで認識されていたことも、混ぜ物の要素を取り入れて読むことで納得がいく。

武夷山の茶を黒色と認識したもうひとつの原因は、腐敗による変色である。この問題については先に引用した『閩小記』の「紫赤」茶の部分で一度紹介しているが、変色と黒色との関係についてロバート・M・マーティンの記事を引用する。

> 私が福州・寧波・上海で飲んだ茶は、高度に乾燥させられておらず、砂糖やミルクなしの中国人の飲み方で飲むと、とても繊細な香りがした。しかしこれらの茶は数か月以上の保存ができない。ある中国人は「高度に乾燥させた最高級のブラックティーは香りの面で改良されていて、完全に密封された輸送箱に入れられているので一年や二年はもつ」と言っている。[44]

この記述から、中国国内で流通していた茶は外国向けのものほど乾燥させられていなかったことがわかり、前節で取り上げたブラックティーの精製過程での念入りな乾燥工程の繰り返しはおそらく輸出用の茶に特有のものであったという推測ができる。中国人は変色について、「茶は作った当初は清翠だが、貯蔵する方法が悪いと一変して緑となり、再変して黄となり、三変して黒となる。そして黒くなってしまったらもう飲むことはできない[45]」と述べており、文献上「黒」の字が用いられている。そして茶のなかでも特に変色しやすいのは新芽などの柔らかい茶であるとして、「すなわち新しい茶と古い茶が交じり合って色は紅となり、味は衰え香りは減ってしまう。特に蓮心・白毫など日に干して作るものは色が最も変化しやすい[46]」という文章も見られる。茶の枝の先に出る芽の部分は葉肉が柔らかいため、少しでも火力が強ければすぐに焦げてしまう。特に白毫など白い産毛が生えているような姿を特徴とする茶には、細心の注意が必要であった。そのため陰干しにして、炒める前にある程度水分を発散させておく必要が生じる。そしておそらく精製し終わってもほかの茶葉より水分が含まれた状態だったのだろう。このように考えると、先に検証した混ぜ物の偽茶として売られていた白毫などの諸茶は、もちろん混ぜ込まれた低級なものは黒色をしていたと思われるが、白毫自体も変色で黒くなっていた可能性も考えられる。

ここまでかなりの紙面を割いて「黒い」茶について分析を加え、武夷茶あるいはボヒーが「黒」であると認識された要因として、混ぜ物と変色という二つの結論を得た。しかし、完全発酵の紅茶の起源については何も答えることができなかった。そしてこの点にこそ、中国の黒い茶の品質を特定できない難しさがある。すなわち、完全発酵したもの、焦げて黒くなったもの、腐敗して変色したものという、全く性質を異にする茶に対して等しく「黒」の字を充てているのである。

最後に、武夷岩茶いわゆる小種茶の特徴についてまとめておきたい。これまで武夷茶を品評した文献を見てきたが、そのなかで各人が褒め称えているのがその香りの高さである。袁枚が龍井・陽羨をも淩ぐと評したその風味を生み出していたのは、龍井・陽羨にはなくて武夷岩茶にはあった製法、すなわち萎凋と呼ばれる日晒しの作業だったと言えるのではなかろうか。陸廷燦は『続茶経』（雍正一二（一七三四）年）のなかで『随見録』を引いて、「おおよそ茶は日をしてその味を奪わしむ。ただ武夷茶は日晒しを喜ぶ[47]」と記している。さらに武夷茶の日晒しは散茶（葉茶）の製法が普及してからの特徴ではなく、団茶を作っていた時代からのものであることが次の史料から見て取れる。

建州北苑の数所で産する茶は、その性質・味ともに極めて佳く、他のものと製法が同じでないため、今独りこの茶のみが有名になっている。〔その製法は〕蠟茶を作るのに、餅状に固めて日に晒したあと火で処理されるので、ますます良いものになる[48]。

また同書「焙茶」の項に

茶には宜しく日を以て曬すものあり。「青翠香潔」にして火を以て炒めるに勝る。火にて乾かすものは汽熱を以て〔殺青を〕止め、日によって乾かすものは柔なるを以て〔日晒しを〕止める。茶を日に晒すに、必ず日気〔強い日差し〕有りては青布を用いてこれを蓋い、〔日差しを〕免れるべし[49]。

とあり、日晒しを火で加熱する方法と対置させていることから、茶の製法としてすでに確立されていたと見ることができよう。

武夷茶の二つ目の特徴は、特に武夷山中の各岩で製されるようなものは、少なくとも五港開港頃までは緑色であったという点である。これについてはすでに贅言を尽くす必要はないだろう。そして緑色と言えども日晒しによってある程度は発酵しており、それはボールが小種茶について「いくつかの葉にこうした状態〔茶葉の外側に赤い斑点ができること〕が見られれば、炒青に適した時期である[50]」と記録していることからも推測される。ここで挙げた二つの特徴と、フォーチュンが示すように丸く揉捻されていたことを考え合わせて、私は具体的には現在の安渓鉄観音や台湾の凍頂烏龍茶（特に鹿谷郷などの名産地のもの）をイメージしている。

ボールはブラックティーの製法に一とおりふれた後で、茶の品質と製法の関係をワイン作りにたとえて、これを分析することの難しさを訴えている[51]。本章では武夷茶という括りでその品質に言及してきたが、当然作る人（茶師も含めて）、その年の天候、日晒しをした日の気温や湿度、茶木の育つ茶園とその土壌などによって出来上がるものが違ってくることを考慮すると、その括りすら不用意なものに見える。ただこの問題を研究するに当たっては、まだまだ学術的な検討が加えられたうえで広く紹介されなければならない文献があり、それを地道に読み進めることが第一であろう。

高級武夷茶の分析を締めくくるに当たって、レットサムがブラックティーの小種について「湯の色は、黄緑色になる」(52)と証言していることを取り上げておきたい、ブラックティーは今回指摘しえた要因によって、必ずしも「黒」だったと考える必要はないのである。

七　最下級ブラックティー、ボヒーの品質

武夷茶分析の最後に、最下級茶であったボヒーがいかなる品質の茶であったかを確認しておきたい。そもそもボヒーは一八世紀初期に松羅、すなわちグリーンティーと対照の語として使われ、イギリスの詩や劇中に現れるようになった。しかし商人にとっては最も粗末な茶を表す言葉として認識されていた。その根拠として中国人がこの茶を「大茶」と呼んでいることなどが挙げられる。これは通常中国で貴重とされる茶は龍井茶や白毫茶のように茶の新芽を使って作られるものであったのに対し、「大茶」すなわち秋摘みの粗大な葉を使っていることから疎んじられてきたことを意味する。そしてすでに述べたように、ボヒーの茶の木が育つ場所が、武夷山から遠くに位置していたことも低級さのひとつの要因である。しかし実はボヒーの品質を決定づけたのはそのどちらでもなく、採摘後の精製過程の粗雑さであった。その実態を示す史料を以下に引用する。

それ〔ボヒー〕は通常、手を加えられていない状態で、広東で炒青し梱包するため、武夷山地方から籠に入れられて運ばれる。

それが到着した時には一部が熱せられた酸い臭いがしていた。また一部はかび臭く、そのほかは石鹼のような臭いであった。そのため私が想像するには、完全ではないにせよ部分的に発酵が起こっていたと考えられる。しかしこの忌むべき性質は、乾燥させる作業を経た後に完全に消え去るが、非常に低級な品質は残ってしまうのである。(53)

またマーティンも同様に、次のように述べている。

ボヒーは事実、すべてのブラックティーのくずのようなものであり、それは茶の生産地で梱包されるほど価値のあるものだとは考えられなかった。そのため広東まで籠で運ばれ、そこで何年も売れ残っているくずのブラックティーと一緒に山積みにされ、一度に梱包されるのである。この茶は通常、「コモン・ボヒー」として東インド会社によって輸入されている。(54)

これらの史料から考えると、ある程度の品質を保持するために行商たちの努力が払われるのはせいぜい工夫までで、ボヒーに対してはかなり粗雑な扱いであったと言えよう。武夷山から広州まで陸路でほぼ六週間から八週間かかる。この期間、完全に乾燥させられていない状態で、しかも密封されないまま籠に入れて運ばれると、史料が述べるように腐敗していたことは疑う余地のないことであった。しかも広東で炒青が行われたとあるが、腐敗した性質をなくすためには焦がしてしまうほどの火力で炒めたであろう。その点についてはデーヴィスも「その湯色はより濃い色で、火の作用を強く受けているので、上級のものよりもカビが生えることなく長持ちする」と述べていることからもわかる。そしてその味は、焦げた味であったと推察される。

小　結

以上、西洋に輸出された中国の茶の品質について、中国・イギリス双方の史料から実態を明らかにしてきた。行商たちが西洋人と契約をして産地で買い付けてくる茶は常態的に混ぜ物がなされており、取引の価格にあわせて混ぜ物の量を増やしたり減らしたりしていた可能性が確認された。行商たちのしたたかな側面でもあるが、同時に管貨人の側もそのことを理解して購入していたことも重要である。管貨人は、高級茶については徹底的に品質の良さを求め、低級茶に対しては品質の悪さはやむをえぬこととして、とにかく量を求めた。そうした姿勢が、粗悪な輸出茶の存在を許容していたとも言える。もちろんこの手段を使えばどんなに安い茶でも作り出せるという訳ではなかったであろうが。

また、最後で述べたボヒーの品質については、シーズン外取引の横行と併せて考えると、かなり納得できる結論を得られた。当時の中国人が記した茶書には、茶は一年もすると黒くなるという記述が散見される。しかしシーズン外取引は購入してからほぼ一年間広州に保管しておくことを前提に行われた取引であった。そしてシーズン外茶取引の中国人にとってのリスクは価格が暴落すること、イギリス人にとってのリスクは茶が劣化することであったはずである。しかしイギリス人がそのリスクを意識せず取引できたのは、ボヒーの品質がそもそも劣悪であったことに由来していたのである。運搬によって茶葉はすでに傷み、その臭いを消すほど強く炒められた茶はほとんど時間の経過による劣化の影響を受けなかったであろう。

（1）布目潮渢・中村喬編訳『中国の茶書』（東洋文庫二八九）平凡社、一九七六年、同『中国茶の文化史――固形茶から葉茶へ』研文出版、二〇〇一年。
（2）同上書、一二四―一二七頁。
（3）陳文化「探尋〝信陽紅〟的歴史座標――在〝信陽紅風暴〟之北京論茶活的発言」『農業考古』二〇一二年第二期（総第一二〇期）、二〇一二年四月。
（4）波多野善大「中国輸出茶の生産構造――アヘン戦争前における」『中国近代工業史の研究』東洋史研究会、一九六一年。
（5）Robert Gardella, *Harvesting Mountains, Fujian and the China Tea Trade, 1757-1937*, University of California Press,

Berkeley, Los Angers, London, 1994.

（6）Yong Liu, *The Dutch East India Company's Tea Trade with China 1757-1781*, Brill, Leiden; Boston, 2007.

（7）John Francis Davis, *The Chinese: a General Description of the Empire of China and Its Inhabitants*, Charles Night, London, 1836.

（8）矢沢利彦『グリーン・ティーとブラック・ティー』汲古書院、一九九七年、一一三頁。

（9）同上書、一〇八―一一二頁。

（10）滝口明子『英国紅茶論争』講談社選書メチエ、一九九六年、ジョン・コークレイ・レットサム著、滝口明子訳『茶の博物誌』講談社学術文庫、二〇〇二年。

（11）高橋忠彦「中国茶史におけるロバート・フォーチュンの旅行記の意義」『東京学芸大学紀要　第二部門　人文科学』第四一集、一九九〇年。

（12）Hosea Ballou Morse, *The Chronicles of the East India Company Trading to China, 1635-1834*, 5 vols., Oxford University Press, Oxford, 1926, 1929, vol. I.

（13）茶の品質について西洋人が詳しく知るようになるのは一八世紀末以降であり、中国に滞在した貿易のプロフェッショナルが茶について記し始めるのはもっと後の時代である。本章は一七五〇年代を中心とするものであるが、その時期の輸出茶についてては史料の不足から詳しいことがわからない。これを前提としつつ、ここでは主に会社の茶検査人であったサミュエル・ボール（Samuel Ball, *An Account of the Cultivation and Manufacture of Tea in China: Derived from Personal Observation during an Official Residence in that Country from 1804 to 1826*, London, 1848（以下 *Cultivation and Manufacture* と略記））、長年管貨人を務めたジョン・デーヴィス（Davis, *The Chinese, op. cit.*）、アヘン戦争後に内地の茶産地を巡ったロバート・フォーチュン（Robert Fortune, *Three Year's Wanderings in the Northern Provinces of China, Including a Visit to the Tea, Silk and Cotton Countries; with an Account of the Agriculture and Horticulture of the Chinese, New Plants, etc.*, Second Edition, J. Murray, London, 1847（以下 *Wanderings* と略記）および Robert Fortune, *A Journey to the Tea Countries of China; Including Sun-lo and Bohea Hills; with a Short Notice of the East India Company's Tea Plantations in the Himalaya Mountains*, J. Murray, London, 1852（以下 *A Journey* と略記））らの記した一九世紀前半の茶に関する諸文献から実態を解明したい。ただし、中国語文献では地方志や茶書を中心として、断片的な記録は残っているため、

これらを最大限利用する。以下で紹介する茶の商標に関する解説は、次の史料に拠った。Davis, *The Chinese, op. cit.*, R. M. Martin, *China; Political, Commercial, and Social; in an Official Report to Her Majesty's Government*, Charles Night, London, 1847, W. C. Hunter, *The Fan Kwae at Canton, Before Treaty Days 1825–1844, by an Old Resident*, Kegan Paul, London, 1882. 日本語では、波多野前掲「中国輸出茶の生産構造——アヘン戦争前における」、矢沢前掲『グリーン・ティーとブラック・ティー』がある。

(14) Hunter, *Fan Kwae at Canton*, p. 94.

(15) 上記の三説については矢沢前掲『グリーン・ティーとブラック・ティー』を参照。③の内容についてはDavis, *The Chinese, op. cit.*, vol. 3, p. 212を参照した。

(16) Davis, *The Chinese, op. cit.*, vol. 3, p. 212.

(17) 『福建通志』（民国一一年、一九二二年）中に引かれた『閩産録異』を参照。

(18) Davis, *The Chinese, op. cit.*, vol. 3, p. 211.

(19) Ball, *Cultivation and Manufacture, op. cit.*, Chapter 3, 5.

(20) 梁章鉅『帰田瑣記』巻七「品茶」。筆者は『清代史料筆記叢刊　帰田瑣記』中華書局、一九八一年所収のものを参照した。また訳出に当たり、高畑常信「朱子学と武夷山の岩茶」『東京学芸大学紀要　第二部門　人文科学』第五〇集、一九九九年を一部参照した。「静参謂茶名有四等、茶品亦有四等、今城中州府官廨及豪富人家競尚武夷茶、最著者曰花香、其由花香等而上者曰小種而已。山中則以小種為常品、其等而上者曰名種、此山以下所不可多得、即泉州、廈門人所講工夫茶、号称名種者、実僅得小種也。又等而上之曰奇種、如雪梅、木瓜之類、即山中亦不可多得。」

(21) これ以降、製法と精製過程については以下の諸書を参照した。「中国茶典」編委会編『中国茶典』（上下）、貴州人民出版社、一九九五年、徐海栄主編『中国茶事大典』華夏出版社、二〇〇〇年、潘根生『茶業大全』中国農業出版社、一九九五年度版、布目潮渢『緑芽十片』岩波書店、一九八九年。

(22) この部分はフォーチュンとボールの記述を参照した。出典は本文に示した。

(23) 高橋前掲「中国茶史におけるロバート・フォーチュンの旅行記の意義」。

(24) Ball, *Cultivation and Manufacture, op. cit.*, p. 43.

(25) *Ibid.*, p. 114.

(26) *Ibid.*, p. 119, "For Souchong I believe it is; that is, as soon as some few of leaves begin to show that disposition, it is time to prepare them for roasting."

(27) 建茶の歴史については、主に前掲布目の各著作、鞏志・姚月明「建茶史微」、高橋忠彦編『茶道学体系第七巻　東洋の茶』淡交社、二〇〇〇年所収、を参照した。

(28) 周亮工撰『閩小記』清乾隆刊、七葉。なお筆者は『中国方志叢書』（華南二四一）を参照した。「閩茶　武夷屴崱・紫帽・龍山皆産茶。僧拙於焙、既採則先蒸後焙、故色多紫赤、只堪供宮中洗濯耳。近有以松羅法制之者、即試之、色香亦具足、経旬月則紫赤如故。蓋制茶者、不過土著数僧耳。語三呉之法、転々相効、旧態華露。此須如昔人論琵琶法、使数年不近、尽忘其故調、而後以三呉之法行之、或有当也。」

(29) Ball, *Cultivation and Manufacture*, *op. cit.*, p. 161.

(30) 周亮工撰『閩小記』、七葉「崇安殷令招黄山僧、以松羅法制建茶、堪並駕。今年余分得数両、甚珍重之、時有武夷松羅之目。」

(31) 劉靖『片刻余閒集』、一七五三年以降。なお筆者は前掲『中国茶典』（上下）、貴州人民出版社、一九九五年、六二六・六二七頁を参照した。「茶香而冽、粗葉盤屈如状干蚕、色青翠似松羅。」

(32) 『武夷山志』、道光二七（一八四七）年、巻一九、「物産」一六葉。「各岩著名者白雲・天游・接筍・金谷洞・玉華・東華等処。採摘烘焙、須得其宜、然後香味両絶。苐岩茶反不甚細、有小種・花香・清香・工夫・松羅諸名、烹之有天然真味、其色不紅。」

(33) 袁枚『随園食単』、一八世紀八〇年代。筆者は前掲『中国茶典』六三〇—六三一頁を参照。「始覚龍井雖清而味薄矣、陽羨雖佳而韻遜矣、頗有玉与水晶品格不同之故。」

(34) 劉靖『片刻余閒集』、『中国茶典』所収。「凡岩茶皆各岩僧道採摘焙制、遠近賈客於九曲内各寺廟購覔、市中無售者。洲茶皆民間挑売、行鋪収買、山之第九曲尽処有星村鎮、為行家萃聚所。外有本省邵武、江西広信等処所産茶、黒色紅湯、土名江西烏、皆私售於星村各行。而行商則以之入於紫毫・芽茶内、售之取其価廉而質重也。本地茶戸見則奪取而訟之於官。芽茶多属真偽相参、其広京師暨各省者、大率皆此、惟粤東人能弁之。」

(35) 『乾隆広信府志』、乾隆四八（一七八三）年、物産、「前郡志拾遺曰、郡中多種荈木、清明前後吐芽、山人無男婦入山採芽焙炒。宋代先有周山茶・白水団茶・白龍鳳団茶、皆建安佐上供。桐木山出者葉細味甜、然終不加武夷夸。味清苦而雋永。今建安之茶多取道鉛之河口鎮、而鉛実無佳茗。弋陽茶品甚劣、其他邑所産值十許文、雖鴻漸復生亦不過而問。」

(36) 同上書雑記、「製法最劣、大要焦熟始用之、故品茶者不録。」

(37) 『福建新通志』民国一一（一九二二）年、「福建物産志」巻四、茶類、六葉、「又有就茗柯択嫩芽、以指頭入鍋遂葉巻之、火候不精、則色黝而味焦。」

(38) 劉源長『茶史』（雍正六（一七二八）年）巻二「焙茶」。この書の成立年代について、雍正六年に劉源長の原著を編集して世に出した張廷玉の序文によると、原書の成立は康熙乙酉（一六六九）年とされている。さらにその原書は皇帝に進上された書であることも見える。日本では東洋文庫に収蔵されている。訳出した引用文の原文は次のとおり。「茶採時、先択茶工之尤良者、倍其雇値、戒其搓摩勿令生硬勿生焦、細細炒燥扇冷方貯罌中。」

(39) 同上書、巻二、「蔵茶」、「火亦不過多、過多則茶焦不可食矣。」

(40) 潘根生前掲『茶業大全』。

(41) Ball, *Cultivation and Manufacture, op. cit.*, p. 44. "The leaves are thin and small, and of no substance; and, weather green* or black, or made with much care, yet no fragrance. *By green is meant the green leaves found in black tea, termed by the English dealers yellow leaf."

(42) *Ibid.*, p. 44. "There is reason to believe, however, that the tea from the latter place is constantly mixed with low Congou, and that may of the Cougous technically termed faint, whether the leaf be green or black, come from these place, as will be seen by following account received from another Chinese, where some of the above places are enumerated as producing tea forming a part of the tea imported as Congou."

(43) *Ibid.*, p. 139. "their several and various quantities may all mix and blend together, so as to form one uniform quality suited to a fixed and settled price."

(44) Martin, *China, op. cit.*, p. 167. "Teas that I drank at Foochoo, Ningpo, and Shanghai, were not highly dried, and had a very delicate flavour when drank in the Chinese way, without milk or sugar, but these teas could not be preserved more than a few months. The Chinese say, that the high-dried superior black teas improve in flavour, by being closely packed in air-tight leaden cases for one or two years."

(45) 劉源長『茶史』「蔵茶」、「茶始造則清翠、不得其法、一変至緑、再変至黄、三変至黒、黒則不可飲矣。」

(46)『福建新通志』に引用の『閩産録異』、「然新旧交則色紅味老而香減、蓮心・白毫陽干者、色最易変。」

(47) 陸廷燦『続茶経』(雍正一二(一七三四)年)、「凡茶見日則味奪、惟武夷茶喜日晒。」

(48) 劉源長『茶史』「茶之分産」、「建州北苑数処産者性味極佳、与他方不同。今亦独名為蠟茶作餅、日晒得火愈良。」補足になるが、同じく北苑の製茶について記した『北苑別録』(布目・中村前掲『中国の茶書』、所収)には、形を作った後に笪(竹で編んだむしろ)に広げておくという作業が記されている。日晒しと呼べる作業かどうかは測りがたいが、もしそうであれば宋代からの製法であるとも言える。

(49)『茶史』「焙茶」、「茶有宜以日曬者、青翠香潔、勝以火炒。火乾者以汽熱止、日乾者以柔止。茶日晒必有日気用青布蓋之可免。」

(50) Ball, *Cultivation and Manufacture, op. cit.*, p. 119.

(51) *Ibid.*, p. 140.

(52) 滝口明子『英国紅茶論争』一一七頁。

(53) Ball, *Cultivation and Manufacture, op. cit.*, p. 166. "It was formerly brought from the Bohea country in baskets, in an unmanipulated state, to be roasted and packed at Canton. On its arrival, some had a heated sour smell; some a musty, and others a saponaceous smell: so that all this tea had, I imagine, undergone a partial, if not complete, fermentation. Nevertheless it entirely lost this objectionable character in the subsequent process of roasting, though it still remained of very inferior quality."

(54) Robert Montgomery Martin, *The Past Present State of the Tea Trade of England, and of the Contains of Europe and America; and a Comparison Between the Consumption, Price of, and Revenue Derived from, Tea, Coffee, Sugar, Wine, Tobacco, Spirits, & c.*, Parbury, Allen, London, 1832, p. 105, "Bohea is in fact the refuse of all the black teas, which were not thought worthy of being packed in the tea country; and brought to Canton in baskets, there thrown into heap along with all the refuse black teas that have remained unsold for several years, and then packed at leisure. This tea was formerly imported by the Company under the name of common bohea."

第二部　鳴動する広州貿易

第六章　広州一港制限令に見る清朝の対外政策

はじめに

前章までの第一部では一七五五年前後の貿易の状態を、人・オフィシャルな制度・慣習的制度といった要素に注目しながら明らかにしてきた。そこでは広州貿易の制度や実態が、広州当局者や行商、さらに会社側の管貨人など、それぞれのアクターの働きかけやそれに対する抵抗によって揺らぎ、傾いでいる様を見て取ることができた。その三者は立場も目的とすることも異なっていた。すなわち広州当局者は貿易から自分たちにとって必要なものを最大限引き出すために、行商たちは生き残るために、管貨人たちは自分たちにとって最も有利な条件で取引をするために、それぞれが様々な手段で制度に干渉していたのである。

一七五〇年代後半には、この三つの主要なアクターに加え、清朝中央というより大きなアクターが関与してくるようになる。そのことによって五七年の広州一港制限令を皮切りに、六〇年の防範外夷規条、「公行」結成と、いわゆる「カントンシステム」と呼ばれてきた制度の核心となる出来事が次々に起こった。これを前提として第二部では、ここまで明らかにしてきた広州貿易の制度や取引の実態を踏まえたうえで、その分析の対象を五〇年代後半まで広げつつ上述の様々な制度の形成や意義を再検討してゆくこととする。

まず注目するのは広州一港制限令である。一七五七（乾隆二二）年に清朝中央は、中国で貿易する「番船」[1]に対し、以後永遠に広州での貿易と停泊のみを許し、他所への来航を禁止するという上諭を下した。この禁令は一八四二年の南京条約によって上海を始めとする五港が開港されるまで一貫して効力を持ち続けたため、清朝の対外関係に与えた影響は大きかったと考えられ、必然的に研究者の関心の的となった。そもそも、この布告は一七五五年から五七年にかけて会社が浙江省の寧波に会社商船を派遣し、そこで貿易を試みたことが契機となって発布された。そのあらましは次のとおりである。

会社は一七三六年に至るまでは時折寧波に貿易船を派遣していたが、三六年に貿易を許可されなかったということがあってからは一七五五年までほぼ二〇年間寧波に船を派遣することはなかった。ところが一七五五年に会社船アールオブホルダネス号（Earl of Holderness）が派遣され、清朝中央の裁可を経て貿易に成功し、さらに五六年に派遣された会社船グリフィン号（Griffin）、地方貿易船ハードウィック号（Hardwick）も貿易をしている。しかしイギリス人の帰帆後、彼らを広州に押し戻そうとする意図により、浙海関の税額を粤海関の二倍に設定することが清朝中央によって決定された。そして五七年には会社船オンスロウ号（Onslow）が寧波に来航して貿易をしているが、以後「番船」には広州での停泊・貿易のみを許し、他所に来航した場合はすぐに広州に帰らせる旨の上諭が下された。

こうした経緯からもわかるように、清朝中央は最初から広州以外での貿易を禁絶する意図を持っていたわけではなく、三度の来航を経て政策を変化させている。また来航を禁ずる意図を持つようになってから、そのために下した手段もその年によって変化している。これは、一七五七年の広州一港制限が制度化される過程の複雑性を意味している。

それでは、この事件について、先行研究はどのように論じているだろうか。布告発布までの経緯を詳細にたどりながら結論を導き出している研究として、アール・プリチャード、村尾進、曹雯の三者によるものがあるが、それらはかなり近い見解を打ち出している[2]。まず布告発布の経緯についてはいずれも、五四年から五七年まで両広総督を務め、五七年に閩浙総督の喀爾吉善の死去にともない閩浙総督へと転じ、この事態の解決に当たった楊應琚の上奏が、「乾隆帝」による禁令発布を決定的に後押ししたという立場をとる。さらにプリチャードは、「乾隆帝」は来航を厳禁する上諭を発してはおらず、それは楊應琚によって厳格な禁令として頒布された、と主張している。総じて言えば、禁令の発布は、その構想段階においても、さらには発布の段階においても楊應琚が主導権を握っており、「乾隆帝」は広東の官僚や商人の利益を代表する楊應琚に左右されたと主張しているように見える。しかし一方でプリチャードによれば、禁令の発布に当たっては清朝中央においても、対外貿易からの利益を最大限得ること、宣教師の沿海部における活動をマカオに閉じ込めるという形で極力制限すること、沿海部で西洋人が騒乱を起こさないようにさせること、といった意図があったと指摘している。宣教師の布教について言えば、特に村尾は雍正帝以来のキリスト教禁教という要因を強調している。また曹雯は、同時期に行われたジュンガル遠征のための軍費を調達する最も重要な地域である江南地方で、西洋人に騒動を起こさせたくなかったためにイギリス人の来航を禁じたという斬新な論を提出している。

だがこれらの研究は、まだ重要な問題を見落としているように見える。それは、五五年に清朝中央がイギリス船の取引を全面的に認めていたことをどのように理解するかということである。清朝中央がイギリス船を寧波から追い払うことを一貫した方針として堅持していなかったとすれば、のちに厳しい禁令を出すに至る清朝中央の思考や態度の変化がいかにして起こったのかという問題が改めて浮かび上がってくる。さらに清側が寧波に来させないように態度を転換した後もすぐに来航の禁令を出したわけではなく、まず税額を上げることで対処しようとしている。それでは、そうしたいわば柔軟な手段から禁令という強硬な手段に踏み切る時に、一体何が起こったのか。

この課題を分析するときに注目しなければならないのは、やはりイギリス側の動きであり、この点はこれまでの研究の盲点であった。そこで本章では寧波に至った管貨人たちが変化してゆく清側の態度にどのように対応していったか、そして同時に清側がその管貨人の判断や行動に対していかに反応していったかという相関関係を念頭に置きながら分析を進めていきたい。

用いる史料は、清側の内部での遣り取りについては上奏や上諭といった檔案類を用いて改めて分析したい[3]。管貨人側の動きや内部の協議、さらに清側との交渉の詳細については、これまでどおり広州商館記録（India Office Record, R/10 series）を典拠とする。

一　寧波来航船への貿易許可

すでに概略を述べたとおり、一七五五年に派遣された会社船は寧波で貿易を行い、無事に帰帆することができた。後に貿易が禁じられてしまうという結末を考慮するならば、なぜ五五年の時点で貿易ができたのかと問うことは意味があるだろう。

残された檔案から知られる限り、浙江提督武進陞が発した上奏[4]によって、会社船が舟山および寧波に現れたことが初めて清朝中央に伝わった。その上奏中に定海鎮標右営遊撃鄭謝天による報告書（稟）が引かれ、六月一日（旧暦四月二三日）[5]に「紅毛夷船」が粤海関監督の李永標の「護照」（「商照」「牌照」とも）を持って定海に現れたこと、鉄砲や大砲によって武装していること、乗組員は五八人おり、内訳は「紅毛人」（ここではイギリス人）が五人、「鬼子」（「黒鬼作石国跡奴」とも）五人、辮髪のある者八人、辮髪のないマカオ人が四〇人であること、フリント（James Flint）という中国語を話す「紅毛人」が乗船していること、さらに貨物の中身について報告されている。到着した管貨人たちが三、四人で船を雇って寧波に行き貿易品を買いたいと申し出たのに対し、鄭謝天と知県荘綸渭は彼らを押し留めようとしたがイギリス人は性急であったので、閩浙総督の許可を得なければならないのでしばらく時間が必要であることを了解させたうえで、管貨人ハリソン、フリント、「鬼子」二人、広東人阿魁・阿裹の六人を寧波に護送し、地保周良雲と牙行（「洋行」とも）李元祖に身柄を預け、行内に投宿させたとある。そして、この措置は遠来の「番」人に対する憐憫（「體恤」）にほかならず、騒動が起きないように厳重に監督すると報告している。これに対する皇帝の硃批（上奏に対する指示）は、「わかった（知道了）」であった。

ついで貿易の許可を仰ぐ上奏が閩浙総督喀爾吉善・浙江巡撫周人驥によってなされた[6]。貿易を許可する正当性は、徳化を慕って遠方より来る（「慕化遠来」）イギリス人に憐憫の情を示し（「體恤」を加え）、遠来の者に対する皇帝の慈愛（「柔遠」）を示すべきである、という点に求められた。これに対し皇帝は「見た（「覧」）」とのみ記し、実質的許可を与えている。

また実際に貿易をさせるに当たっては、官兵等を派遣して検査・護衛させて船を定海の港に招きいれ、「入港の日には道台自ら赴かせて検査させ、商人・牙行らに諭して「公平」に貿易させ、規則どおりに税を徴収します[7]」と、その検査や管理には万全を期すことを強調している。これに見えるように、現地の官僚は貿易を妨げず、清朝中央も従来どおりの「番夷」に接する論理に則ってこれを処理していると言えるだろう。

ただ清朝中央の注意を引いたのは、辮髪のないマカオ人がイギリス人の船に乗っているという報告であった。これを規律の弛緩と見た清朝中央は両広総督であった楊應琚に命じて調査させており、その回答はおよそ次のとおりであった[8]。マカオは「民番雑処の区」であるが、内地人は店を開いたり労働を請け負ったりするのみで辮髪を剃っているということはなく、住み分けもされており、船にいる辮髪のない四〇人はみな「番人」である、と。

このように、楊の主張はマカオのような場所でも内地人は皆清朝の法に従っているので、それに抵触するようなことはない、という論理である。これに対し硃批は「わかった（知道了）」とし、それ以上問題を追及することはなかった。

ここからわかるように、乾隆帝は寧波への来航、当地での貿易を全く禁じないばかりでなく、内地人が清朝の法を犯しているのでなければ、西洋人の行動や外貌にとやかく口出しをしてもいなかったのである。

二　「不禁自除」への方針転換

翌一七五六年、七月一二日（乾隆二一年六月一五日）のグリフィン号来航に先立ち、楊應琚から粤海関税収の減収に関する報告がなされた⑨。それによれば、一七五五（乾隆二〇）年の粤海関税収は前の二年に比べて二万九〇〇〇両余りも減っており、その原因は来航船が減少したからであるという。事実、広州へ来た来航船は乾隆一七年に二五隻、一八年は二六隻⑩、また一九年には過去最多の二七隻であった。一方二〇年には二二隻に減少しており、それが税額の減少につながったと考えられる。

この報告に対する硃批は、「戸部に詳しく議論させ報告せよ」（該部核議具奏）とあり、さらにこの問題について継続的に議論しろと、かなり重視していることがわかる。これにより、清朝中央は西洋人の寧波来航に対し一定程度の懸念を示すようになる。

一七五六年については、来航した西洋船についての扱いは昨年と変わらなかったが、会社船グリフィン号の来航を報告し貿易の許可を求めた乾隆二一年六月二一日（西暦七月一七日）の上奏を受けて発せられた七月初九日（西暦八月四日）付の上諭では、初めて寧波にイギリス人が頻繁に来ることに対する危機感が語られ、内地人が彼らの手引きをすることを禁じた。その文面は次のとおりである。

国家において遠方を統治し通商をさせることについて、寧波はマカオと異なるところはない。しかしここにまたひとつ通商の地が出来上がれば、日が経つうちに〔西洋人で〕内地に居留するものはますます増えるであろう。沿海部の要衝については特に治安の紊乱が軽微であるうちに対処して動揺の拡大を防がなければ、いかに検査し巡察をしても近い将来弊害を生じる結果になってしまうので、あらかじめよく注意しておかなければならない。〔中略〕固より「小人」〔秘かに手引きする牙行らや、不当な搾取をする役人ら〕は利益に目がないものであるが、〔内地人の手引きを〕禁止しなければより大きな問題が生ずることになるであろうから、即刻調査しなければならない。当該の督撫に伝えて留意させるようにせよ。(11)

このように内地人の行動には監視の目を光らせることを指示しているが、グリフィン号が寧波で貿易することに対しては、検査を徹底し前年のやり方に照らして行われれば許すと言っているように、貿易を禁止するといった動きは見られない。同様に、来航を禁じるための禁令を発しているわけでもなかった。

イギリス人と結託する内地人を摘発せよという命令を受けた喀爾吉善は、広東省人の買辦(12)を槍玉に挙げた。彼の上奏には次のような状況が記されている。

フリントが先の船〔グリフィン号〕で連れてきていた広東省人の梁国富・梁汝千・凌偉成に話を聞くと、梁国富の子の梁汝鈞は去年同行していた買辦で、フリントと〔今年も〕寧波に来るようひそかに約していたが、広州の洋行に訴えられ原籍に返されて裁判を受けていて来られないので、父と兄の梁汝千、親類の凌偉成が頼まれて陸路で来て買辦を引き受けていると言います。思いますに、フリントは夷人の耳目で、梁国富らはフリントの耳目となり、必ず何か問題が起こるでしょうから、梁汝千と凌偉成は広東省に帰し、梁国富についてはもし一度にみな放逐すると夷人が怪しむので、彼一人に買辦をさせ、逗留している家屋は夷人が去ったあと取り壊し、もうひとつのマカオを作ろうとする要望が蔓延することを許さないようにいたします。(13)

この報告を受けた清朝中央は、イギリス人の来航に対する態度をさらに硬化させ、ついに浙江海関の税額を粤海関より重くすることを命じたのである。その上諭における清朝中央のロジックは次のようなものであった。(14)

まず、楊応琚から広州への来航船の減少を知らされたことと、喀爾吉善から寧波にイギリス人が来たと知らされたことを問題とし、すでに内地の牙行らが手引きすることを禁じ、調査するよう命じたが、粤海関には外国貿易管理の専門の役人がいることと寧波の税が広州と比べて軽いことを内地の「小人」が知れば、寧波に来る船が多くなり、必ずトラブルが発生するだろうとの認識を示している。そのため、浙江海関の税額を粤海関よりも重くしてイギリス人をマカオ近辺に帰らせるようにすれば、内地の「小人」もトラブルを起こしようがないだろう、という論理であった。つまりこの時点では、清朝中央によって取締りの対象とされていたのはイギリス人の来航それ自体ではなく、内地人の手引きであったことに留意する必要がある。

この指示に対し、一一月初八日（西暦一二月二八日）付の上奏[15]で楊應琚は、粤海関監督の李永標と税額を検討する旨を伝えるとともに、外国人とのトラブルを防ぐという意味での広東省の優位性について細かく書き記している。第一に、マカオの老万山は西洋人が航行する際の目印とされている山であり、さらに珠江河口の虎門は天然の要害で、ここに大砲を備え付けてあるので防御に容易なこと、第二に、珠江の内河は水路が複雑に入り組んでおり、案内なしには出入りが難しいこと、第三に、茶葉や生糸の産地である江南から貨物が運ばれてくることで内地の税関や運送業者が潤うことなど、広州で貿易することの利点が挙げられている。

次いで一二月二〇日（西暦一七五七年二月八日）付の喀爾吉善の上奏[16]で浙江海関の税額が定められ、結果として粤海関の二倍に設定されたことがその付件からわかる。

この報告を受けて清朝中央は、税額を上げることについて次のように説明している。

> 浙江の税額を広州より重くすればイギリス人〔番商〕は利益を得ることができなくなり、必ず広州に戻って交易するだろう。これこそ禁ぜずして自ら去らせる方法〔「不禁自除之道」〕である。[17]

以上が一七五六年の会社船来航をめぐって浙江と北京との間で取り交わされた遣り取りである。その特徴を以下にまとめてみたい。

グリフィン号が定海に至った時には、清朝中央はすでにイギリス人の来航が常態化すること、さらに沿海部の治安に紊乱が生じることを懸念していた。そのため彼らは現地の督撫らに命じてイギリス人を手引きする内地人を監視、処罰することで、その憂いを絶とうとした。前年には「柔遠」の論理を用いて貿易を全面的に許していた態度からすると、大きな変化であると言わざるをえない。この変化をもたらした要因は、残された檔案の因果関係から見る限り、広州への来航船が極端に減少し、税の減収が明らかになったことを清朝中央が知ったからであると考えられる。

ただし寧波への来航船を増やしたくないと考えていたとはいえ、その手段はそれほど強硬なものではなかった。清朝中央が自ら「不禁自除」であると述べているように、イギリス人の行動を規制するような禁令は全く発せられておらず、内地人を厳しく統制することはしても、イギリス人には直接的な干渉はしないという立場をとっていたのである。

三　禁令の発布

一七五六年に会社船が帰帆するに当たって、清朝中央は喀爾吉善に命令し、来年は税額を増やす予定であるから広東で貿易するほうがよいと伝えさせていた。その時にはまだ税額が粤海関の二倍になることは決まっていなかったので、フリントが事前に示されていたのは増税されるという曖昧な表現だけであった。そういった事情もあり、五七年にも会社船オンスロウ号が来航した[18]。この船の来航を報告した浙江巡撫楊廷璋の上奏[19]では、彼らに新税則を見せれば利益を得られないことがわかり諦めて広州に帰るであろうが、もしそれでも貿易をしたいと言えば税則通りに税金を徴収して貿易を許すようにしたい、と清朝中央に報告している。

さらにこれに次ぐ七月一三日（西暦八月二七日）付上奏[20]において、新税則に従うか否かの問いに対してイギリス人は、

「ただ交易を許可していただきたく、新税則に照らして納税させてもらいたい」と回答したと報告し、これを拒む道理もないので今年に限っては貿易を許可したいと皇帝にうかがいを立てている。そして最後に、増税もイギリス人には効果がないようなので、新たに関税額を上げることによって「禁絶の策」を練らなければならないと付け加えている。

この上奏に対する乾隆帝の硃批は「汝では対処しうるところではない。別に指示を出す」という厳しいものであった。清朝中央は次の手として、病気のため職を辞した喀爾吉善の代理として新柱を派遣し、実情について調査させている。そして新柱も七月二二日（西暦九月五日）付の上奏で、楊廷璋と同様に、イギリス人が新税則で納税したいと言っている旨を上奏している[21]。この報告で実態の裏付けがとれたと考えたのか、清朝中央は八月初八日（西暦九月二〇日）付で上諭を下し、今年は無理に帰帆させる必要はないと述べて貿易を許可した[22]。それでも次年以降来航させないためにさらに税額を増やすべきであるとし、内務府の人員を派遣し寧紹台道台に任じて浙江海関を管理させることと、イギリス人が寧波で得られる利益を広州でのそれと等しくさせるために、粤海関の事例を知悉している両広総督楊應琚を閩浙総督として福建・浙江に派遣し、すべて取り仕切らせるよう命令を下したのである。

こうして閩浙総督となった楊應琚は一一月二五日（旧暦一〇月一〇日）に寧波に到着して状況を調査し、その結果を一二月五日（旧暦一〇月二〇日）付の二本の上奏で皇帝に報告している[23]。第一の上奏では、広州での取引は牙行を通じた適切なものであり、イギリス人が言っているように少数の商人が取引を独占しているといった実態はないこと、会社船が寧波に派遣されるようになると広東省の人々の生活に重大な損害を与えるであろうこと、イギリス人を広州に引き戻すために浙江海関の税額を増やし、船税（樑頭鈔銀）を広州の例に従って増額するべきことが論じられている。この上奏への硃批は、「見るところ甚だ良い。〔ただし朕の〕本意は浙江に来させないことであり、税金を余分に徴収することではない」とあり、楊應琚の見方を肯定しながら、「不禁自除」の方針を徹底させている。

一方、第二の上奏[24]ではさらに具体的な形で対策が論じられている。昨年の増税でイギリス人が立ち去らなかった原因について楊應琚は、すでに関税は増額されているが、茶や絹の産地に近いことに起因する広州との価格差については考慮されていないため、イギリス人は税金を支払ってもまだ利益を得ることが可能であることと、広州と違い寧波・定海は航路も多く、検査が行き届かないことの二点を挙げている。そしてこの二つの利点を他国の商人が知れば競って寧波に来航するようになり、「もうひとつのマカオ」になりかねないので、船規と貨物税を増額すべきであると、繰り返し論じている。

この二本の上奏で楊が論じた内容を整理すると、次のようになる。まず、広州の貿易管理は適切であるとの弁明があり、イギリス人を去らせる方策として船税と貨物税を引き上げるべきことが提案された。広州に引き戻すべき理由については、広州への航路は限定されており管理が容易なことと、広東省の人々や、内地関税の利益が損なわれることが挙げられている。ただし広州貿易に限定すべき理由は前年の一一月初八日の楊の上奏で言及されてから繰り返し論じられてきたことであり、新しく提案されたのは、船税と貨物税のさらなる引き上げのみであったことになる。

このようにここまで清朝中央が指示してきた「不禁自除」の方針に基づいて推移してきた状況はこの後、急転換する。以上の楊應琚の上奏を受けた清朝中央は、新たに二本の上諭を発する。第一の上諭は広東巡撫李侍尭宛のもので、広州一港制限を確定させた禁令としてよく知られているものであり、以下はその主要部分である。

> 浙江海関で貿易をしようとするイギリス船を広州に帰らせるべきであるという楊應琚の一摺は、見るところ甚だ良い。上諭を発するので楊應琚に命じて、将来広東での停泊と交易のみを許し、再び寧波に来航することを許さない旨を「番商」に通達させよ。もし来航した場合には広州に帰らせて浙江沿海に停泊することを許さない。このように処置し、「番舡」が浙江に来ることを永遠に禁絶する。この措置は浙江沿海部の防備を整えるだけでなく、広東省民の生活や内地の税関にとっても益するところがある。[25]

これについては多くの解説は必要ないと思われる。そしてこの上諭だけを見ると、楊應琚の提案を採用して発せられたものであるように読める。しかし、ここまでつぶさに見てきたように、清朝中央が褒めた楊應琚の上奏には税額を増やして広州に帰らせるという、いわゆる「不禁自除」が確認されていただけで、禁令を発するべきといったことは一言も提案されていなかったはずである。それが、なぜ突然、禁令が発せられることになったのか。その原因を知るに当たって、同日付のもう一本の上諭が参考になるので、続いて詳しく紹介したい。

楊應琚宛のこの上諭では、書き出しにおいてやはり楊應琚の二本の上奏を取り上げ「甚だ良い」と述べ、これまで「不禁自除」という形でイギリス人を寧波から退かせようとしたことを確認した後、次のように続けている。

> 関税と樑頭鈔銀〔船税〕を増額したとしても、官のやることは大まかな額を知ることができるのみで、逆に商人はわずかな額まで計算するために、乗ずべき隙を与えることになり、ついに彼らに浙江を諦めさせ広州に行かせることができなくなる。[26]

それだから上述の禁令を発し、来年以降イギリス人が来航しても絶対に追い返すようにさせる、というわけである。この上諭を見る限り、清朝中央はいかに増税しようともイギリス人を広州に押し戻す効果は得られない、と考えているように読める。これまで現場の官僚からの報告では、さらに税額を上げれば必ずイギリス人は広州に帰るだろうと繰り返し主張されてきた。しかし清朝中央はその判断を信用しなかったか、あるいは何か別の情報を摑み、これまで避け続けてきたイギリスに対する直接の禁令を発する決断を下したということになる。このように清朝中央が独自の判断を下すに当たり、実際に何に影響を受けたのか、いかなる思考あるいは協議を経てなされたのかという点については、上諭で述べられた理由以外は、史料の欠如により、現状では解明することができない。

このほかにこの上諭の後半において、清朝中央は寧波に設置された洋行（ここでは建物としての）の存在や、天主堂を建築する計画があるかどうかについて憂慮を示している。清朝中央の考えでは、これらの建築物はイギリス人が寧波に逗留することを可能にする役割を果たしうるので、彼らを再び寧波に近づけないために厳しく取り締まっておく必要があると楊應琚に命令している。以上が一一月一〇日付の上諭で新たに論じられている内容である。

一方、この乾隆帝の方針転換の前後に楊應琚がいかに行動していたかについては、上諭を受けて書かれた彼の上奏から知られる。(27) 楊應琚が右の上諭を受け取ったのは一七五八年一月一七日（旧暦一二月初八日）のことであった。上奏によれば、彼が寧波で調査したのが一一月二七・二八日（旧暦一〇月一六・一七日）、税額を上げるべきであると上奏したのが一二月一日（旧暦一〇月二〇日）、そして翌日の一二月二日（旧暦一〇月二一日）には、船規を増額して会社の船を寧波に来させないように仕向け、もし来航した場合、「命令を発して広州にいかせる」（「祈即暁諭赴廣」）、と道台を通じてイギリス人に通達させている。通達の最後にある、命令して去らせるという部分について楊応琚は、

> このように私が処置を決定し上奏してご報告した後、件のイギリス人商人に徹底して命令を下しており、その大まかな内容は現在奉じている聖諭にある御主旨と相通じております。(28)

と述べ、この判断は独断であったが、結果として清朝中央の意思に沿うものであったことを告白している。果たしてこの報告を文面どおりに受け取ってよいものかどうか、会社の管貨人の記録と照らし合わせて、さらに検討してみたい。

楊應琚が道台に命じて管貨人に伝えさせた命令の内容と、その時に道台と管貨人との間でいかなる遣り取りがあったかは、会社側の記録の一二月二日（旧暦一〇月二一日）の項に残っている。それによると、楊應琚は命令文書のなかで、なぜ広州を避けて寧波にやってくるのか、いつ出港するのかといったことを念入りに管貨人に問うている。そして、船税を三五〇〇両に引き上げること、来年来航した場合には、それがいかなる理由からであろうとも受け入れないことを通達している。(29) 広州での船税は、船の大きさによって決定されるが、大体一四〇〇両弱であり、これに皇帝

へのお礼という名目の船規（規礼）一九五〇両を加えた三三〇〇両前後が徴収されていた。寧波での今回の増額は文面どおりに受け取ると、それまで船税を一四〇〇両程度徴収していたものを船税だけで三五〇〇両とし、船規は別途に徴収するという意味である可能性が考えられる。[30] ともあれ、ＩＯＲの記録から楊應琚の上奏の内容の正確さが裏付けられた。

以上の点から考えると、楊應琚は増税という手段によって「不禁自除」の策を達成しようという皇帝の方針に則ってはいるが、彼に与えられた裁量を活かし、清朝中央に先立って実質的追放令を発していたことになる。そして清朝中央が禁令を発する前には、この追放令が皇帝に知らされた証拠が残っていないことを考えると、楊応琚は皇帝の権力とは別のレベルの権限においてイギリス人の来航を完全に途絶させようとしたのである。ただし、この行動は越権行為というよりも、清朝中央の意思がイギリス人を来航させないことにあったことは明白であるなかで、その意思に沿うことを第一に考えた楊應琚の判断であったように見える。さらにこうした強硬手段をとった楊應琚の思考の背後には、いくら税額を上げても会社船の来航を防ぐ百パーセントの保障にはなりえないという認識が見え隠れしており、この点は清朝中央と認識を同じくしていたと考えられるだろう。

四　管貨人の対応の実際

しかし、本当にイギリス人はどれほど増税されても意に介さなかったのであろうか。会社の利益を無視して、管貨人はそこまで寧波での貿易にこだわり続けることができたのだろうか。ここからは「不禁自除」の策の効力を考察するためにも、イギリス人の側から一七五七年の出来事を描きなおしてみたい。

会社船オンスロウ号は七月二二日（旧暦六月七日）に舟山に到着し、翌日には知県クラスの役人から増税の詳しい内容を知らされている。そして管貨人は役人から、この税額に従って納税するかどうかを速やかに返答するよう求められた。管貨人は結果として、税額が二倍にまで増えることは予想していなかったので対応を協議したいと返答するが、その話し合いのなかで役人が「道台の強い命令により、我々〔管貨人〕が現在の税則に従って納税することを受け入れるか拒否するかを決めるまで、彼ら〔役人〕は我々を去らせてはならない(31)」と、奇妙なことを言ったと記録されている。増税の目的は会社船を広州に帰らせることであり、彼らが貿易をせずに去るならば、それは税の支払いを拒否するという意思表示であると考えられ、所与の目的は達せられるのではないかと思えるが、ここでは引き止めろと指示しているように読める。

これ以降、役人は何度も返事を聞きにくる。管貨人はその度に総督と交渉したいと伝えるがそれは実現せず、協議の末、このような事態にどう対処すべきかについて本国役員会からの指示がないことも踏まえ、「現在の状況を考慮し、〔我々に本当のことを教えてくれる海関の〕役人に会う試みも、ほかの助力を得ることも徒労であることから、慎重な協議の後、我々は税金を払うことを拒否し広州に帰ることを決めた。その理由は次のとおりである(32)」という結論を下している。寧波での貿易を諦める理由は、現在の総督（喀爾吉善）の下では増税の決定は覆らず、会社の利益を損ねることになるだろう、というものであった。

この決定は、翌日八月五日（旧暦六月二一日）に知府に面会した管貨人から直接伝えられており、さらに管貨人は七日には舟山を出て、沖に停泊しているオンスロウ号に乗船していることから、寧波を離れるという決定を実行しようとしたものと考えられる。ところが九日になって突然、道台が寧波から舟山に向かっているので、そこで合いたいという知らせがあった。一一日には道台に先立って知県と面会し、総督の喀爾吉善が病気のため職を退いたこと、道台は彼の権限の及ぶ範囲で管貨人の望むように処置するつもりでいることを告げられる。そして結果として一二日の道台の部下との話し合いで税額が二〇％引き下げられることが決まり、九月に寧波に入って翌年の一月までの間に貿易を行ったのである[33]。

この流れを確認したうえで、清側の檔案の記録と対照してみたい。管貨人の帰帆の決定が巡撫楊廷璋に伝わった後に書かれたと思われるのが、七月一三日（西暦八月二七日）付の上奏である。すでに前節で引用したように、楊廷璋はこの上奏で、管貨人は新税則に従って納税することを希望している、と報告している。のちに派遣された新柱も同様であった。これは管貨人側の記録とは正反対である。さらに税額を二〇％割り引いたことなども全くふれられていない[34]。ただし上述の楊廷璋・新柱の報告の主要な部分は道台の稟に基づいて書かれていることから、督撫クラスの地方官が意図的に皇帝を欺いたのではなく、貿易をさせていた道台たちが督撫たちを欺いていた可能性もあるだろう。

それでは、なぜ道台・知県などの下級官僚（あるいは巡撫も含めた高級地方官）が清朝中央の命令に背いてまでイギリス人に取引させたがったのか。その答えとして、当然彼らが獲得できた利得について考えなければならない。具体的に官僚らがどれほどの利得を得たのかを明らかにするのは極めて困難な作業であるが、イギリス人が書き残した史料からその一部をうかがい知ることができる。一七五六年の寧波での貿易について管貨人が記した記録によると、郭益隆[35]（Sequan）に彼らを受け入れる行商となってくれるよう依頼し、次のような名目の費用を支払ったという。「取引をするなかで生じるであろうトラブルに備えて六〇〇両、官僚の食事と荷の積み下ろしの際の費用一〇〇両、官僚へのあらゆるプレゼントのための費用一二〇〇両[36]」。このように、明らかに取引のためではなく官僚に贈られたと考えられる項目があり、彼らはこうした賄賂の恩恵に浴していたと考えられる。このことはまさに上諭のなかで清朝中央が繰り返し憂慮していた事態、すなわち賄賂に目がくらんだ「小人」たる官僚がイギリス人を手引きする事態が、現実のものになっていたことを示しているのである。

以上の流れを整理すると、次のように言える。イギリス人はその重税に耐えかねて帰帆しようとしたが、道台らがこれを引き止め、楊廷璋と新柱の上奏は結果的に清朝中央に虚偽の報告をすることになった。つまり、「不禁自除」

の策はイギリス人にとっては清朝中央が意図したとおりの効果を持ちえたということになり、むしろそれを妨げたのは道台や知県・知府といった人々だったのである。

小結

一七五七年に広州一港制限が禁令として発布された経緯を、原則として時系列で追ってきたが、ここで今一度整理しておきたい。

一七五五年の時点では清朝中央は貿易を制限しようという意思を示さなかったが、粤海関の税額減少を知ったことから、一七五六年にはイギリス人を手引きする内地人を処罰するという手段でイギリス人を寧波に来させないようにしようとした。またその目的を確実に達成するために寧波でのイギリス人に対する税額を粤海関の二倍に増額させ、彼らを自主的に広州に戻そうとする「不禁自除」の策を指示した。それでも一七五七年に会社船が寧波に来航して貿易し、去らなかったことを受け、広州一港制限の禁令を発したのである。

先行研究ではこの禁令は閩浙総督（前両広総督）の楊應琚が乾隆帝に働きかけて発布されたとされてきたが、彼らが清朝中央の意図を超えて新しい政策を提案していることを示す檔案は見出せなかった。この点から、広州一港制限令の発布は清朝中央が政策を主導したものであった可能性が高い。ただしそれを前提としても、第三節で明らかにしたように、清朝中央が広州一港制限令を発するのと時を同じくして、楊應琚が自らの権限を行使して寧波への来航の禁止をイギリス人に伝えたことも重要視されるべきである。

興味深いのは、この時楊が清朝中央にイギリス人を広州に押し戻すためにさらに税額を上げるべきであると上奏した直後、イギリス人に対しては来航すれば追い払うと伝えている点である。この時点で、清朝中央はイギリス人を寧波に来させないことを方針として打ち出しており、それを達成するために税額を引き上げるという手段を講じていた。このことから、楊は方針においても手段においても清朝中央の意向に従う、という体裁を取り繕いつつ、実際にはイギリス人に対しては全く別の手段を講じたということになる。しかもイギリス人に通達した時点で、楊は清朝中央にそのことを報告してもいなかった。しかしひとたび清朝中央が来航船の追い払いを手段として採用するや否や、自身の施策が清朝中央の政策に合致するものであったと上奏しているのである。こうした楊の行動は、表向き彼が清朝中央の政策の遵守を第一としつつも、実際には清朝中央の方針を達成するためには手段を選ばなかった、そしてそれだけの権限が与えられていると認識していた、と理解できよう。

こうした権力・権限行使の二重構造は、それまでの広州における貿易管理においてもしばしば見受けられる。例えば、一七五四年の保商の制度化や五五年の「独占」布告の発布とその撤回などは、それらの権限の行使が広州の西洋人との間の長期にわたる紛争の原因となったにもかかわらず、清朝中央に報告された形跡が一切残っていない。こうした広州当局者の権限行使の問題についても、長期的な変遷を踏まえながら、整理し論じる必要があるように思われる㊲。

最後に、清朝中央によって採られた、寧波からのイギリス人追放政策の実効性について評価しておきたい。檔案から見る限り、まず清朝中央が禁止と処罰の対象にしたのは、内地の商人や官僚がイギリス人を手引きすることであった。これと同時に、税率を高めることでイギリス人が自主的に寧波を去るように仕向けた。後者の「不禁自除」については、一七五七年のイギリス人がとった行動から明らかなように、イギリス人を立ち去らせる効果を発揮した。しかしそれを妨げたのは、道台以下の官僚たちであり、彼らは自らが内地の違反者を取り締まるべき立場にありながら、逆に清朝中央の命令を無視し、自らの利益を確保しようとした。すなわち、清朝中央の採った政策のうち効力を発揮しなかったのは内地人の取り締まりのほうであったと評価できる。清朝中央が現場でのこうした実態をどれほど知りえたかは不明であるが、彼らの出した広州一港制限の禁令は、結果としてまずイギリス人ではなく、皮肉にも内地の官僚の不法行為を制限する効果をもったのである。一般的に対外関係というと国家間関係であるとか、グローバルな経済関係であるとかといった概念と接続させて理解しがちであるが、実際には清朝中央はそのような視点を持っておらず、極めて内向きな動機と危機感によってこの問題に対処していたと言えよう。

この後、会社は寧波における貿易を諦めるが、一七五九年にはフリントが天津に至り陳情書を皇帝に届け、粤海関監督李永標の汚職が明るみに出るなかで、清朝中央は広州貿易に対して管理を強めていくことになる。それにともない、広州の貿易管理にかかわる広州当局者の施策に清朝中央が裁可を加えるようになってゆく。このように西洋人との貿易が清朝中央の懸案となって以降、広州での貿易制度がいかなる変化を見せるかについては、第八章で論じたい。

（1）「番船」の番は蛮に通じ、広く西洋人のことを指す言葉であり、「紅毛船」といった語が用いられることもある。「紅毛」もまた場合によってはオランダ人やアメリカ人を指すこともあり、寧波に来航したイギリス人に限定して用いられている言葉ではないと理解されている。

（2）Earl H. Pritchard, *The Crucial Years of Early Anglo-Chinese Relations, 1750–1800*, Research Studies of the State College of Washington, Washington, vol. 4, nos. 3-4, 1936, pp. 128–129, 村尾進「乾隆己卯——都市広州と澳門がつくる辺疆」『東洋史研究』第六五巻第四号、二〇〇七年、曹雯「清代広東体制再研究」『清史研究』二〇〇六年第二期、二〇〇六年。

（3）この問題の検討に当たっては、以下の史料が有用である。第一に『清宮粤港澳商貿檔案全集』（中国第一歴史檔案館編、中国書店、二〇〇二年、以下『粤港澳商貿檔案全集』と略記）は、広州・香港・マカオでの西洋人との貿易に関し現状において最も網羅的な史料集で、宮中檔のほか軍機処録副などが影印で収められている。ただしこれには見られない史料が『宮中檔乾隆朝奏摺』（国立故宮博物院編、国立故宮博物院、一九八二—八四年）や『史料旬刊』（故宮博物院文献館編、国風出版社、一九六三年）にも散見されるので併せて参照する必要がある。このほか『乾隆朝上諭檔』（中国第一歴史檔案館編、檔案出版社、一九九一年）、『明清澳門問題皇宮珍檔』（中国第一歴史檔案館、華寶齋出版社、一九九九年）、『明清時代澳門問題檔案文献匯編』（中国第一歴史檔案館・澳門基金会・曁南大学古籍研究所合編、人民出版社、一九九九年）にも本件に関する史料があるが、先の三種とすべて重複している。また東インド会社側の史料は次のとおり。India Office Record R10/4（イギリス東インド会社中国派遣船および広州商館の記録）。

（4）『史料旬刊』、浙江提督武進陞「奏明紅毛夷船一隻到港情形摺」、乾隆二〇年五月一一日、天三五四、一九〇頁。

（5）日付については原則として西暦で表記し、必要に応じて旧暦を付す。ただし上奏や上諭を特定するために「〇月〇日付の上諭」という表現を用いるが、その場合は旧暦で示し、括弧内に西暦を付す。イギリス側の史料の場合は西暦で示すこととする。

（6）『史料旬刊』、閩浙総督喀爾吉善・浙江巡撫周人驥「奏報允許来寧紅毛夷船開艙交易摺」、乾隆二〇年五月一六日、天三五四―三五五、一九〇頁。

（7）『史料旬刊』閩浙総督喀爾吉善・浙江巡撫周人驥「奏報紅毛夷船通事梁汝鈞請願収入内港交易摺」、乾隆二〇年六月二二日、天三五七、一九一頁、「飭令寧紹台道、俟該船進港日親赴驗明照例安頓、並嚴諭商牙人等公平交易、按照則例徵収税課。」。

（8）『粤港澳商貿檔案全集』第三巻、両広総督楊應琚「奏報査復紅毛番船内無發辮人情形摺」、乾隆二〇年七月初七日、一二三〇頁、『史料旬刊』、天三五八、一九一―一九二頁。

（9）『粤港澳商貿檔案全集』第三巻、両広総督楊應琚「奏明粤海関関税盈余短少縁由摺」、乾隆二一年五月二八日、一二七七頁。

（10）『宮中檔乾隆朝奏摺』第七輯、署理両広総督兼管粤海関班第・粤海関監督李永標「奏明十八年分通関徵収税銀総数摺」、乾隆一九年正月一八日、四〇六頁。

（11）『粤港澳商貿檔案全集』第三巻、寄諭閩浙総督喀爾吉善・浙江巡撫楊廷璋「洋船赴浙日久生弊著留心稽査禁止牙行人等私走貿易」、乾隆二一年七月初九日、一二八〇―八一頁、「在国家綏遠通商寧波原與澳門無異、但於此復多一市場、恐積久留居内地者益衆、海濱要地殊非防微杜漸之道、其如何稽査巡察俾不致日久弊生、不可不預為留意。〔中略〕固不過小人逐利之常、然不加禁止誠恐別滋事端、尤當時加體察。可傳諭該督撫等令其留心。」。

（12）買辦とはアヘン戦争前には主に、来航した船の乗組員に食糧その他日用雑貨を売り、彼らの滞在の便宜を図った人々で、官の許可を得てそれらの業務に当たっていた。

（13）『宮中檔乾隆朝奏摺』第一五輯、閩浙総督喀爾吉善「奏覆処理紅毛船等来寧貿易情形摺」、乾隆二一年八月初七日、一五一頁、「但洪任前船帯有廣東民人梁国富・梁汝千・凌偉成三名飭訊来由云、梁国富之子梁汝鈞即上年随来之買辦、洪任私約来寧、因汝鈞被廣東洋行控告、押回原籍収審不敢復来、遂令其父梁国富・伊兄梁汝千・表親凌偉成由陸路前来、仍充買辦。臣等竊思、洪任乃夷人耳目、梁国富等又係洪任耳目、漢人朋比作奸不無滋事。随將梁汝千・凌偉成飭縣遞押回粤查収安挿、梁国富一名若一併驅逐、恐啓夷人疑慮、是以暫留梁国富一人代買食物、其所盖樓屋俟事竣船回即飭拆毀、不許蔓延擴充冀作畧門之續。」。

(14)『粤港澳商貿檔案全集』第三巻、寄諭両広総督楊應琚・閩浙総督喀爾吉善「洋船赴浙日衆著照広省海関則例加税商船自帰粤海関貿易」、乾隆二一年閏九月一〇日、一二八六頁。

(15)『粤港澳商貿檔案全集』第三巻、両広総督楊應琚「奏爲商辦洋船到浙増税事摺」、乾隆二一年一一月初八日、一二八八頁。

(16)『粤港澳商貿檔案全集』第三巻、閩浙総督喀爾吉「奏爲更定浙海関洋船税例事摺」、乾隆二一年一二月二〇日、一二九五頁、『宮中檔乾隆朝奏摺』第一六巻、三九三頁。

(17)『粤港澳商貿檔案全集』第三巻、寄諭閩浙総督喀爾吉善「著察訪勾串洋船舎粤赴浙之奸民厳拿治罪」、乾隆二二年正月初八日、一五九二頁、「但使浙省税額重於廣東令番商無利可圖、自必仍歸廣東貿易、此不禁自除之道。」。

(18)前年グリフィン号に搭乗して寧波を去ったフリントは、途中バタビアで下船し、オンスロウ号の到着を待って再び寧波に赴いている。そのためオンスロウ号の管貨人はグリフィン号の管貨人からの手紙をフリントから受け取り、前年の情報を入手することが可能であった。

(19)『粤港澳商貿檔案全集』第三巻、浙江巡撫楊廷璋「奏報洋船到浙貿易暁以新定税則聽其自定行止摺」、乾隆二二年六月二二日、一六〇二頁。

(20)『粤港澳商貿檔案全集』第三巻、浙江巡撫楊廷璋「奏報洋船到浙貿易願照新定則例輸税摺」、乾隆二二年七月一三日、一六〇八頁、「只求准我交易、願照新例納税。」「〔硃批〕此非汝所能辦、已有旨了。」。

(21)『粤港澳商貿檔案全集』第三巻、暫署閩浙総督新柱「奏報英船不願赴広東澳門駛至浙江定海貿易情形摺」、乾隆二二年七月二二日、一六二二頁。

(22)『粤港澳商貿檔案全集』第三巻、寄諭閩浙総楊應琚「著赴浙海関勘察増税事宜并酌定則例」、乾隆二二年八月初八日、一六二七頁。

(23)『粤港澳商貿檔案全集』第三巻、閩浙総督楊応琚「奏議増収浙海関税銀以使番商回粤省貿易摺」、乾隆二二年一〇月二〇日、一六三五頁、「所見甚是。本意原在令其不来浙省而已、非爲加錢糧起見也。且来浙者多則廣東洋商失利而百姓生計亦属有礙也」。

(24)『粤港澳商貿檔案全集』第三巻、閩浙総督楊應琚「奏報赴浙貿易洋船系図価廉税軽酌定補税條款摺」、乾隆二二年一〇月二〇日、一六三六—一六四四頁。

(25)『粤港澳商貿檔案全集』第三巻、寄諭署両広総督李侍尭「著暁諭番商口岸定于広東不得赴浙江貿易」、乾隆二二年一一月初一〇日、一六五四—五五頁、「楊應琚奏浙海関貿易番舡應仍令収泊粤東一摺、所見甚是。已有旨傳諭楊應琚令以已意暁諭番商、将来只許在廣東収泊交易、不得再赴寧波、或再来必押令原舡返棹至廣、不准入浙江海口。如此辦理、則来浙番舡永遠禁絶。不特浙省海防得以粛清且与《ママ》粤民生計並贛韶等関均有裨益」。

(26)『粤港澳商貿檔案全集』第三巻、寄諭閩浙総督楊應琚「著口岸定于広東不得赴浙江貿易」、乾隆二二年一一月初一〇日、一六五七頁、「即使補徴関税樑頭而官辦祇能得大概、商人計析秋毫、但予以可乗、終不能強其舎浙而就廣也」。

(27)『粤港澳商貿檔案全集』第三巻、閩浙総督楊應琚「奏報辦理洋船在寧波収泊貿易摺」、乾隆二二年一二月一二日、一六六四—一六七五頁。

(28)同上、一六七一—一六七二頁、「臣于定議覆奏之後、業經詳悉暁諭而大概與現奉聖諭内意指相彷」。

(29)IOR R/10/4, Blount's Committee, December 2nd 1757, "upon which account if we intend to come here next year we shall not be received."

(30)数値を比較するために粤海関の事例を示す。当時粤海関では西洋船の入港に際し、船規（規礼）と船税の二種類を徴収した。船規は上諭により一九五〇両と定められていたもので、船税は船を測量して等級を決め、その等級に応じて税額を決定したものである。乾隆時期には船税は一等船で一四〇〇両、二等船で一一〇〇両などと定められていた（黄国盛『鴉片戦争前的東南四省海関』福建人民出版社、二〇〇〇年、二二六—二二七頁）。徴収額の実例を示すと、一七五五年来航のイギリス東インド会社船プリンス・ジョージ号は、船規を一九五〇両、船税を一三六〇・六四三両、合計で三三一〇・六四三両を支払っている（IOR R/10/4, Palmer's Committee, September 4th 1755）。ちなみに五七年に寧波で取引したオンスロウ号の船税は一三〇九・三五三両と決定されていた（IOR R/10/4, Blount's Committee, September 26th 1757）。確かに楊應琚は翌年以降に来航した場合に船税を引き上げると上奏しているので、税額は従来のままという措置で問題なかったものと考えられる。

(31)IOR R/10/4, 1757 Blount's Committee, July 23rd 1757, "who's positive orders, they informed us they have not let us quit this place till we have given or refused our consent to pay the custom, according to the present regulation."

（32）　IOR R/10/4, 1757 Blount's Committee, August 4th 1757, "We therefore took into consideration our present situation, and finding it in vain to expect to see the Secretaries or to think of having any other favor show us, after a mature deliberation, we resolved to refuse to pay the Duties, and to go to Canton, our reason for so doing were as follows." ここで登場する "Secretaries" については詳細は尚明らかでないものの、別の日付の記事に次のような一文がある。"We not yet having seen the Secretaries of the Customs who are the only people, who can let us into the truth of the present state of our affairs..." (*Ibid.*, July 27th, Hosea Ballou Morse, *The Chronicles of the East India Company Trading to China, 1635–1834,* 5 vols., Oxford University Press, Oxford, 1926, 1929, vol. V, pp. 54–55) ここから察するに、Secretaries とは管貨人たちに本当のことを告げてくれる海関の役人ということになる。

（33）　この間の記述については煩雑を避けるため各個にＩＯＲの註をつけることはしないが、記事は日誌（IOR R/10/4, Blount's Committee, 1757）のそれぞれの日付に対応している。簡略ではあるが、モースの『編年記』でも経緯を確認することができる（Morse, *The Chronicles, op. cit.*, pp. 57–58）。

（34）　この税額の割引は、正確には取引貨物量の二〇％を控除するという手法であった。この方法であれば、清朝中央への報告の際、取引量を実際よりも少なく報告すれば、税額も辻褄を合わせることができたと推察される。

（35）　提督武進陞の上奏によれば、イギリス人が逗留したのは郭益隆という洋行であったという。イギリス人は Sequan に「我々の牙行」（our Hongist）になってもらったと記録しているので、郭益隆は Sequan であると考えられる。典拠は次のとおり。『宮中檔乾隆朝奏摺』第一四輯、浙江提督武進陞「奏報英吉利国紅毛船一隻来寧貿易情形摺」、乾隆二一年六月二一日、六九〇頁。

（36）　IOR R/10/4, 1757 Blount's Committee, June 7th 1757, "to have 600 Tales for this Trouble in doing the Business, 100 Tales for the Expense of the Mandarines Eating & ca when the Ship is unloading and Loading, and 1200 Tales to Answer for all presents to the Mandarines at going away."

（37）　拙稿「一八世紀中葉の広州における行外商人の貿易参入に関する布告の分析」『東洋学報』第九一巻第三号、二〇〇九年。

第七章　寧波貿易の成果

はじめに

前章では一七五七年の広州一港制限令が発せられた原因や経緯を明らかにした。これ以降、南京条約で五港が開港されるまで、西洋人は広州以外の場所で公式の貿易を営むことはできなくなった。それではこうした措置は西洋人、特に船を派遣したイギリス人にとってどの程度の損失であったと言えるだろうか。この疑問に答えるためには、イギリス人が寧波で行った取引が、彼らにとって有利だったのか、あるいは不利だったのかを解明する必要がある。

この問題に対しては、史料を用いた分析よりも先に、ゆるぎないと思われる結論があったと言うべきだろう。それは、イギリス人の希望に反して清朝中央は強権的な禁令を発し、イギリス人が広州よりも良好な貿易を営む可能性を潰した、という先入観であった。しかし、貿易が良好であったと評価する根拠は何であろうか。従来の研究では禁令の発布までの政治的な過程に関心が集中し、この点について貿易実態の分析を通じて結論を導いた研究は現れてこなかった(1)。

そこで本章では、IORを基に寧波で行われた貿易を詳細に分析し、イギリス人が寧波でいかなる取引を行いえたかを明らかにする。その際、広州での貿易の状態との比較を意識的に行うこととする。この作業は、五八年以降広州で行われた貿易取引の構造や、イギリス人の行動を理解するために必要不可欠な手続きである。

ただ、寧波での貿易実態を示す史料は、それほど多くない。五五年に関しては、寧波から広州の管貨人に宛てて送られた手紙が数点残るだけであり、五六年についても五七年に来航したオンスロウ号への引継ぎと貿易の総括のために書かれた手紙の写しが残っているのみである。しかし五七年に関しては寧波到着から帰帆までの詳細な記録が残っているので、基本的には五七年の貿易実態の分析をメインとし、それ以外の年については、利用可能な情報のなかから必要に応じて提示することとする。

以上をふまえたうえで、分析に進みたい。

一　一七五七年の寧波における税額

清朝中央は五七年には寧波でイギリス人に貿易をさせない方針を固め、すでに関税額を粤海関の二倍にする措置を採っており、それを知ったイギリス人は帰帆しようとするが、寧紹台道台・知府・知県に引き止められて貿易を行うことができた。この経緯の詳細は前章で論じたとおりである。

その後、八月一二日の道台の部下との交渉により、五七年に限って関税額を二〇％引き下げることが決められ、二五日の船の測量、九月一日の管貨人の寧波入りと、貿易のための手続きが滞りなく進められた。測量によって定められた税額は、船規が一九五〇両、船税が一三〇九・三五二両であり、これは広州と同等の水準であった（九月二六日）。ただし船は定海に留め置かれたため、寧波に入ったのは管貨人のみであり、そこで彼らを受け入れたのは郭益隆（Sequan）と呼ばれた牙行であった[2]。

そもそも五五年にイギリス人を受け入れたのは牙行の陳太占（Suquan）である。この商人はイギリス人のために大

表1　寧波と広州の関税額の比較

	56年寧波徴収額（両）	広州徴収額（両）	57年寧波徴収額（両）	対56年超過率（%）
輸入				
鉛	0.366.51（担当たり）	0.456（担当たり）	0.912（担当たり）	149
クロース	5.194.26（尺当たり）	6.189（尺当たり）	12.378.00（尺当たり）	138
ロングエル	1.570（同上）	1.875（同上）	3.750（同上）	139
輸出				
生糸	11.383（担当たり）	12.677（担当たり）	25.354（担当たり）	123
松羅茶	0.614（担当たり）	0.754（担当たり）	1.508（担当たり）	146
武夷茶	0.569.60（担当たり）	0.814（担当たり）	1.626（担当たり）	185

典拠：IOR R/10/4, Blount's Committee, April 4th 1757 のデータから筆者作成.

きな行を建て、彼らを受け入れたという[3]。しかしその年来航した管貨人と取引で揉め、また五六年に来た管貨人に対しては輸入品に三%、輸出品に一%の手数料を要求したため、彼を牙行とすることを止めて、郭益隆を五六年・五七年の受け入れ牙行としたのである。郭益隆はイギリス人を受け入れることになったが、それによって彼がイギリス人との取引をすべて取り仕切ったわけではなく、内地商人は他の牙行を通じて、あるいは直接にイギリス人と取引することが可能であった。

次に、当局との間で懸案となった税額のことについてまとめておきたい。前年の五六年に寧波での貿易に同行したフリントは、帰帆する際に当局から税金が増額されることが決定したことは告げられていたが、実際にどの程度増額されるのかは五七年に来航するまで知ることができなかった。そのため管貨人らは来航後に税額を告げられ、残るか去るかを決断しなければならなかった。その際に、実際に払う税額について詳細な検討を行っている。それをまとめたものが表1である。

この表から明らかなことは、寧波では五六年までは広州よりも輸出入品にかかる関税は十数パーセントから三〇パーセントの割合で安かったということであろう。しかし五七年には広州との比較において正確に二倍、五六年の寧波との比較ではおよそ二・五倍になってしまっていることがわかる。管貨人が、この増額によって支払う関税額が一五〇〇両から二〇〇〇両も増えてしまうと、貿易による利益が損なわれると判断したのも是非のないことであったと言える（八月二四日）。

しかし実際には、八月中の寧波当局者との交渉により、税額の二〇％が差し引かれることが約束されていたため、上述の税額よりも有利に取引できたことは間違いない。税額を差し引くに当たり、寧波当局者もあからさまに税額を引き下げたのでは清朝中央に報告することができないため、彼らがとった手段は、実際の取引数量から二〇％を控除するというやり方であった。この方法であれば、控除した後の取引数量を清朝中央に報告することで、規定どおりの関税を徴収したというカムフラージュをすることができたと考えられる。

いずれにせよ、これを総括して言えば、五七年には関税額において不利な条件になっていたのである。

二　毛織物の取引

ここからは実際の取引を見ていく。管貨人が寧波入りして本格的に貿易が始まるのが九月初旬（後述の汪聖儀とは来航当初から契約を交わしている）、定海を出航するのが一月二〇日であり、常駐する委員会もなかったことから考えると、一七五七年のオンスロウ号の取引は一シーズン委員会のシーズン内取引の形態を採っていたと判断できる。そうした場合、取引の手順は大体広州のシーズン内取引と同様のものとなる。まず、輸入品の引受先の決定と価格交渉、そして双方が同意できる条件で貨物の引渡しが行われる。これと並行して磁器の取引、絹・茶の短期契約（二、三か月を納期とする契約）が進められる。これらの輸出品を受け取り、税金も含めた支払いを済ませれば、ようやく帰国の途に就く。こうした流れを前提として、まずは輸入品の取引を分析し、それを広州での取引と比較してみたい。

オンスロウ号が持ち込んだ輸入品は、鉛・クロース（広幅織と同等か）・ロングエルであった。これらはイギリスから直接持ち込まれる輸入品の代表的品目である。これらの商品の引受先を探すなかで、ヨンクアン（Yongquan 漢字名不詳）は、次のような価格を提示している（八月二四日）。

クロース（一級）――一両（一尺当たり）
同（二級）――〇・七五両（同上）
同（三級）――〇・五両（同上）
ロングエル――九・五両（一ピース当たり）

この金額について管貨人は、広州の二倍の税額を支払っても二五％の利益が出る（八月二四日）と言い、本国役員会へは、毛織物で二六％、ロングエルで二八％もの利益を生むと報告している（一一月一日）。

広州との比較については、クロースは品質により細かく分かれ、品質により価格も大きく異なるので、ロングエルについてのみ比較したい。五五年のピゴウ委員会のデータに基づけば、ロングエルは一ピース当たり七両で取引されている（七月九日）。

これらのデータを総合すれば、価格、利益ともに二五％から三〇％の上昇であると評価できる。会社にとって、これは大変大きいメリットであったと言えよう。

三　輸出茶の取引

次いで、茶の取引についてまとめたい。表2は寧波で取引された茶の品種別数量と価格である。買われている茶の分量を比較してみると、熙春や小種といった高級茶も取引に含まれているが、それらの取引における割合は決して高くはない。この点は広州での貿易とほぼ同様である。寧波は輸出用グリーンティーの産地である安徽省やブラックティーの産地である福建省にほど近く、中級以上の茶の入手が容易なように思われるが、実際の貿

表2　寧波でのオンスロウの品種別茶葉取引の比較

品目	品　質	価格（両）	取引量（担）	割合（総量に対する％）
熙春	上級グリーンティー	42	384.20	10
屯渓松羅	下級グリーンティー	21.5	1,629.30	43
小種	上級ブラックティー	36	49	1.3
ボヒー	下級ブラックティー	13	1,705	45

典拠：IOR R/1C/4, Blount's Committee, 1757 のデータから筆者作成.

表3　茶葉価格の 1755 年の広州での取引との比較

品目	1755 年（広州）両	1757 年（寧波）両
熙春	40（第二級），48	42
松羅	21.5，22，25，27	21.5
工夫	25	24
ボヒー	9-10，14.7-16.5	13

典拠：1755 年：IOR R/10/3, Misenor'Committee, 1755, 1757 年：IOR R/10/4, Blount's Committee, 1757 の各データから筆者作成.

易からはそういった傾向は読み取れない。また、イギリス人が記録している上述の茶の産地以外にも、江蘇・浙江なども名の知れた銘茶の産地であり、そこで産する茶も輸出に供された可能性も考えられるが、史料には現れてこない。

次に、茶の価格の比較は表3のとおりである。

この表を見れば明らかなように、第四章で分析した五五年の広州での貿易と比較して、多少安価な水準にあると言えなくはないが、圧倒的に有利であったという評価は下せない。ただ複雑なのはボヒーの価格である。これについてももう少し詳しく述べる必要があるだろう。

表中、広州のボヒー価格はシーズン内取引とシーズン外取引の二種類を取り上げてある。詳しくは第四章を参照いただきたいが、五五年の広州の場合は、シーズン内取引のなかでも、広州のマーケットに到着していたボヒーを購入する方法であった。マーケットの茶はその時々の需給バランスによって価格が大きく変動し、そうしたリスクから茶の価格が最も高い水準にあることはすでに論じたとおりである。一方五七年の寧波では、ボヒーも短期契約で買われている。具体的には、ボヒーの売買契約をする際に、納品までに五〇日から六〇日程度の期間を設け、その間に産地での購入、寧波への輸送をさせる方法である。このやり方であれば、中国人商人にとってみればイギリス人が必ず買うという保証があり、マーケットの茶を取り扱うよりも格段にリスクが減るため、価格も低めに設定することができた。広州においてシーズン内取引の短期契約は主に熙春や小種といった高級茶を手に入れるための手段として定着していたが、最下級のボヒーの購入方法としては極めて稀であった。そのため寧波と広州とを同じ条件で比較するのは難しいが、似通っている形として五九年の春の短期契約を挙げることができる。例えば一七五九年七月四日の記録では源泉行の陳と一〇・五両で下級ボヒーの契約を行っている。これは品質も寧波での取引と異なり、比較しにくいが、単純に価格についての比較であれば、やはり広州のほうに分があると言えよう。

以上のように、寧波での取引は広州との比較において、取引品目や価格において目立って優位な点はなかったと評価できる。

四　生糸の取引

次に、茶と並んで重要な輸出品であった生糸の取引について見ていきたい。寧波に派遣された船に最も期待されたのは、生糸の有利な取引であったと考えられる。なぜなら広州においては一七五〇年代を通じて生糸価格が高騰しており、本国役員会が望むだけの購入量を確保することが難しかったからである。一方で寧波は絹の産地である江蘇省に近く、ライバルとなる西洋各国の船がないことから、価格も安いものと考えられたのである。しかし、取引は管貨人の期待どおりにはならなかった。

管貨人は中国人商人に生糸の取引を持ちかけるのだが、どの商人も生糸の仕入れを渋った。管貨人が聞くのは、生糸の価格が高騰したままで状況がより悪くなっているという情報ばかりであった。ようやく交渉に応じてくれる商人を見つけても、一担当たり二五〇両以下では取引できないと言う。例えば、ヨンクアンは昨年生糸取引に多大な労力を費やしたが、結局三〇〇〇両の損害を蒙ったことから、二五〇両でも取引には応じないと告げた（一〇月一一日）。

また一八日にCongquan（漢字名不詳）にも取引を持ちかけているが、管貨人が「すべての商人のなかで最も話がわかる（most reasonable）」と評するCongquanでさえ二四五両以下にはならず、ほかの商人も二五五両から二六〇両以下では取引しないだろうとさえ言っている（一〇月一八日）。

すでに明らかにしたように、五五年の広州では、価格の高騰を理由にパルマー委員会が生糸の購入を諦め、ピゴウ委員会は中国人商人が二〇〇両と提示した生糸を一九〇両まで値下げさせてかろうじて購入できるといった状況であった。これと比べると寧波で提示された二五〇両という価格がいかに高いものであるかが了解されよう。

しかし、このような悪条件のなかでも、寧波の管貨人は生糸の購入のために手段を尽くしている。彼らは再度Congquanを訪れ、二二五両を提示して交渉を始め、二三〇両、二三五両と価格を吊り上げてみるが合意には至らず、結局価格の下落に期待して二四〇両で五〇担を買う契約を進めた（一〇月二一日）。翌二二日にはLock = shay = shan、Chew = tyen = yangという商人にCongquanと契約したことを知らせ、同じ条件で取引したいと迫った。彼らは二四五両を提案するも、結局Congquanと同じ条件で渋々契約を行った。さらに同日に例外的に、一〇担という少量ではあるが、Shin = Tau = Quan（詳細不明）という商人と二二五両で契約しているが、なぜその価格で取引できたかについての記録はない。

ここでいくつかの疑問が生じる。まず、Congquanはなぜ損をすると考えられる価格での取引に応じたのか、またほかの商人たちはなぜCongquanが取引に応じたことを知ってからそれと同じ条件で取引することを決めたのかという疑問である。この問題については史料に明確な言及がないため、条件を絞って推測する以外に答える方法がない。そこでまず、二四〇両という価格では中国人商人は損をしてしまうという前提で考えてみたい。Congquanが取引に応じた理由については、生糸の価格が下降傾向にあるという情報を持っていたからであると考えることができる。この点については一〇月一八日に管貨人も滞在中に価格が下がる希望があると判断しており、そういった情報があった可能性を示唆している。そのほかの考え方として、生糸で損をしてもそのほかの貿易品取引で補填できるというものもありえたであろう。

それでは損をすると知りつつ、Congquanに同調したほかの商人たちの認識はどうであったか。この問いに答えるのは極めて難しい。というのも、現在知りうる情報では、商人たちはみな損を承知で取引に応じたと考えるほかなく、そうした行動は新古典学派経済学が拠って立つ、商人個々人は利益を極大化するために動くという前提と矛盾するからである。それでも何らかの回答を用意するとすれば、ありうる考え方として、「利益均沾」「禁止把持」といった商習慣が関係しているのではないだろうか。これらは簡略に言えば、商人たちの間で利益を分配し、独占を禁じるという論理であり、その考え方の根底にあるのは、長期間にわたって市場の秩序を維持していくという思想である。(4) そういった原則に則るならば、損失もまた秩序の維持のために共同で負担するといった考え方も成り立ちうるのではないだろうか。こうした視座に立てば、長期的な利益のために一時的な損害に耐えるという理解も可能であろう。

一方で、もうひとつの条件として、二四〇両で取引したとしても中国人商人は十分に利益を出すことができた可能性もある。つまり、寧波の商人たちは共謀して価格を吊り上げているため値下げに応じることができた、という見方である。また意図的な価格操作をせず、退蔵されている古い生糸を仕入れることで要求された金額で利益を上げられた可能性もある。実際管貨人たちは生糸生産地の価格を正確に把握していたわけではなく、中国人商人たちが嘘をついていたとしても確認する手段がなかった。もっと正確に言えば、中国人商人たちの提供する情報を信じるための客観的な材料がなく、逆に虚偽であることを証明するための材料もなかった。そうした状況のなかで管貨人たちは、より正確な情報を獲得するためのシビアな戦いを繰り広げなければならなかったのである。

さらに管貨人の状況判断を困難にした要因として、管貨人が現地で取引してもよい生糸価格の上限について本国役員会から何の指示も与えられていなかったことが挙げられる。五〇年代を通じて生糸価格が高騰していることは本国でも織り込み済みのことであるはずだが、役員会は生糸の取引が会社の利益となるか損害となるかの判断を管貨人に委ねていたことになる。

こうした状況から、詳細は後段で述べるが、管貨人たちは広州の管貨人たちとの情報交換ルートを開拓せざるをえなかった。そして生糸の契約を終えた直後の一〇月二三日には、広州の管貨人委員会からの手紙を受け取り、広州では生糸を潘啓と二五〇両で契約したこと、オランダ人は蔡義豊と二三〇両で契約したこと、スペイン船が来航し、潘啓を通じて生糸と絹織物の買付けのため江蘇省（Nankeen）に大量の銀を投下したこと、さらにスペインの別の船が大量の銀を携えて絹の買付けのために来航するであろうことなどを知った。これらの情報を加味するならば、向後スペインが生産地での生糸購入に参入して価格がさらに高騰することが予測されるため、結果的に寧波の管貨人たちは二四〇両程度の価格で生糸を購入したことについてその判断が間違っていなかったと考えたであろうし、一〇両とはいえ広州よりも安く買えたことに安堵したと考えられる。

このような経緯で取引された生糸は一二月から一月の出航直前までの間に受け取り、代金と税金を支払っている。以上のような寧波での絹取引を総括するとすれば、寧波の管貨人は取引を拒否する商人に対して二四〇両までまけさせているが、生糸価格が高騰した状況下での取引を回避できなかったという点において、広州と大差ない状況にあったと評価できる。

五　商業情報獲得のための暗闘

このように史料を紐解いてみると、会社が企図した寧波での貿易は、毛織物の取引を除いて、茶も生糸も広州と変わらない条件で取引しなければならなかったことがわかる。つまり広州でのほかの西洋諸国との貿易競争を回避し、広州当局や行商との摩擦を逃れて寧波まで北上すれば巨額の利益を生み出すことができるというイギリス人の期待は、実現されなかったと言えよう。しかし、マイナスの評価のみに終始すれば、実態を見誤る恐れがある。ここからはイギリス人が寧波で獲得し、後に広州貿易にも多大な影響を及ぼすことになる要素を解き明かしてみたい。

それは一言で言えば、情報収集手段の獲得である。例えば、生糸取引に関する前節で、寧波と広州の管貨人らが手紙の遣り取りをしていたことに言及した。そこでは通信手段の詳細に言及していなかったので、本節で経過を追いながら彼らがどのように連絡を取り合ったかを確認していきたい。

まず、寧波の管貨人は寧波で取引できることが確実になった八月一五日にそれまでの経緯を書いた手紙を広州の管貨人に送っている。この時の記録によれば、「我々は配達人（a dispatch）を使い、広州に次の手紙を送った。なぜなら寧波での生糸の価格は常軌を逸した高騰となっており、広州ではどのくらいの条件で取引したのかを知る必要があると思われたためである」[5]とのコメントが付せられており、次いで手紙の内容が記録されている。その内容をまとめると、広州の商人や官僚の関与によって関税が引き上げられていること、輸入品で二〇％の利益を得られること、生糸は異常な高値であること、茶や磁器はよい値段で買えること、広州ではこの成功を秘密にしておいて欲しいといったものであった。そして最終的に広州の管貨人に宛てて、広州での生糸取引の状況を教えてもらい、寧波での取引の参考にしたいと要請している。この手紙を運んだ人物については、残念ながら配達人とある以外の一切の詳細は不明である。

この後、広州との通信に関する記録が現れるのは一〇月七日である。この日、寧波で茶などの取引のあったヨンクアンは、広州にいる彼の兄弟からの手紙の内容を管貨人に告げた[6]。彼が伝えた内容は、広州の管貨人は七月二二日の時点ですでに寧波のオンスロウ号宛に手紙を出したというものであった。しかし寧波ではその手紙を受け取っておらず、自分たちの書いた手紙も広州に届いていないのではないかと不安になっている。

こうした不安は、一〇月一八日の記事では苛立ちとなって現れる。広州からの返信が届かないことで広州の市況がわからず、生糸取引のために滞在を引き伸ばすべきかどうか苦慮していたのである。そして、「今年は広州からの情報を得る望みをすべて諦め」生糸の契約を急がなければならないと決断したのである。

しかしついに同月二三日になって広州の管貨人からの返信が届けられた。配達人の証言によれば、広州で七日間も足止めされたので寧波への到着が遅れたとのことであった。ともあれ広州からの情報を手に入れた管貨人は、自らが行った生糸取引に対して肯定的な評価をすることができたものと考えられ、これは前節ですでに述べたとおりである。

六　汪聖儀の登場

前節で取り上げた商業情報の獲得に加え、管貨人が内地の社会に間接的にアクセスしてゆくもうひとつの事例として、英語表記で Shing Y Quan、漢字表記で汪聖儀と呼ばれる人物について論及したい。汪聖儀は安徽省婺源人で生員の資格を持っていた。息子の汪蘭秀（Young Shing Y Quan）とともに緑茶（安徽はグリーンティーの産地）を商い、七月二七日の記録によれば一七五五年と五六年に寧波でイギリス人に茶を売った縁で取引が続いていた。中国の記録では一七四七年に広州に赴きイギリス人に茶葉を売っているという。(7)

五六年の彼との貿易について管貨人は、「松羅と熙春は汪聖儀と Teuern quan という二人の内地商人から購入し、フリント氏は彼らが我々との契約においてとても誠実であったことをよく知っていた(8)」との評価を与えており、汪聖儀に対して好意的であったことが知られる。そうした前提もあり、五七年には舟山に来航した直後の、貿易ができるかどうかもまだ定まらない七月二七日に汪蘭秀との取引を開始している。その際に取引されたのは熙春・未精製熙春・屯渓松羅の三種類のグリーンティーであり、彼が運んできた見本を見て管貨人は非常に良い茶であるとの判断を下したうえでの合意であった。具体的な契約は、一五〇担の熙春を一担当たり四二両、二五〇担の未精製熙春を二〇両、一一二五担の屯渓松羅を二一・五両とし、管貨人は汪蘭秀により安くできるよう努力して欲しいと要請した。

次いで八月二九日に生産地にいる汪聖儀からの手紙を受け取った。そこには、二〇〇担の熙春と一五〇担の未精製熙春の購入を確約してくれるならば、これらを確保すると書かれていた。管貨人は汪聖儀に上記の数量を確保するよう要請し、価格については、値下げすることができなければ、七月の取引に準じると返事を送っている。

そして九月一七日には汪蘭秀が産地から寧波に戻り、注文されたグリーンティーはすべて確保したこと、契約した以上には安くならなかったことを伝えた。管貨人は価格に関して一切異論を挟まず、汪蘭秀の求めに応じて取引額の約二〇%を前貸ししている。具体的に数字で示すと、これまでの取引の総額が四万六八八七・五両で、九月一七日に汪蘭秀に手渡した前貸しが八七三四・二五一両なので実際には一九%弱の前貸しであったということになる。その後の納品や支払いなどの流れは次のようになる。

一二月四日　屯渓松羅八五〇箱四九五担を受け取り
一二月九日　二八八七・四両を前貸し
一二月一一日　屯渓松羅七五一箱四一七・四二担を受け取り
一二月一二日　屯渓松羅七〇〇箱三九七・五七担を受け取り
同日　一四四三・七両を前貸し
同日　熙春六九二箱三八四・二担を受け取り
一二月一八日　二万〇二一一・九両を前貸し
一二月一九日　五七七四両を前貸し
一二月二一日　未精製熙春四〇六箱二一五・三担を受け取り

一二月二二日　五七七四・八両を前貸し
一二月二九日　未精製熙春二〇〇箱一〇四・二九担を受け取り
一二月三〇日　差額四一二三・七両を支払い
　同日　汪聖儀は、熙春や松羅を売った商人が税を支払う時のために、八七二・九九三両を管貨人に預ける

以上、かなり煩雑であるが、こうした納品のやり方からいくつかの取引の特徴を見て取ることができる。まず、納品と前貸しが交互に繰り返されていることに着目すると、汪聖儀は商品をすべて自分で買い取って寧波に運んでいるわけではない可能性が考えられる。契約の時に管貨人から受け取った八〇〇〇両を持って産地である故郷に戻り、そこで身内や知己の茶商人たちに寧波での貿易の話を持ちかけ、八〇〇〇両を使って彼らに頭金を支払ったのではなかろうか。そのためそれらの商人が彼に随行して寧波に来ているものと推察される。そして、管貨人から前貸しを受け取る度にそれを商人らに渡し、茶を引き渡してもらっているのである。また汪聖儀が自分で輸出税を支払うのではなく、商人たち自身に支払わせるよう手配しているのも、商人たちが寧波に来てイギリス人に直接売るという形態をとっているからであると推測できる。つまり、汪聖儀は安徽省の茶商人たちとのネットワークを用い、茶商人とイギリス人とを仲介する役割を果たしたのではないだろうか⑼。

こうして五七年シーズンを終えた後、一七五八年一月六日には汪聖儀と管貨人は次シーズンのための契約を行っている。銘柄は屯渓松羅の新茶、数量は二〇〇担、価格は一九両、これを翌年寧波か広州に運ぶという条件であった。管貨人はその買付けのために三〇〇〇両を前貸ししている。一担当たり一九両の松羅を二〇〇担買うということは、総額が三八〇〇両となり、そのうち三〇〇〇両を前貸ししていることも、汪聖儀への信頼の表れであろう。

以上が五七年の寧波における汪聖儀との取引の詳細である。この事例を基に、汪聖儀という存在の特徴をまとめて

おきたい。

第一に、管貨人にとって重要だったのは汪聖儀が安徽省の茶商人の間にネットワークを持ち、高級なグリーンティーを供給できる商人だったことである。管貨人は中国での貿易で、ボヒーなどの安価な茶を大量に買うのと同時に、他国に負けないような高品質の茶を確保する必要があった。しかし、高品質の茶は当然のごとく希少でもあり、その供給は安定しなかった。例えば五〇年代で言えば、五一年八月二日の記事によれば、松羅については購入の見通しが立たず、南京の商人が煕春を広州に運んでいるという情報はあるが、商人たちは協定を結んで五〇両以下では売らないと意気込んでいる状況であったという。[10] また五三年のシーズン内取引のように一二月二日、三日になってようやく少量の煕春を購入しているという年もある。[11] このように、高級グリーンティーの取引量や価格は行商を始めとする中国人商人との摩擦の原因でもありえた。こうした背景を踏まえて汪聖儀の果たした機能を評価すれば、彼のような信頼できる人物が恒常的にグリーンティーの供給を担い続けてくれることはイギリス人にとって極めて大きなアドバンテージになりえたのである。

第二に、汪聖儀との取引では、取引をする前に生産地で購入可能な分量や価格などの情報を入手できたことが重要であった。沿海部のマーケットの需給バランスによって価格が大きく変動することはこれまで見てきたとおりであるが、もしその年毎に需給バランスを正確に見極めることができれば、売り手も買い手も比較的安定した利益を手にすることができるだろう。それを可能にできる存在が汪聖儀だったと言える。汪聖儀がもたらす情報のうち最も価値があったのは、生産地でどの程度の茶葉が売りに出されているかであった。供給されうる量が正確に把握できれば、管貨人は購入の計画を立てやすくなり、商人が提示する価格にも納得したうえで取引できるようになる。これは無用の摩擦を避けるために最も重要なことである。

第三に、汪聖儀に対して、管貨人は強引な値引き交渉をしていないという点が挙げられる。これは細かいことに思えるが、極めて重要なポイントである。これまで見てきたように、管貨人は行商であろうが、内地商人であろうが、広州であろうが寧波であろうが、取引の際には常に値下げを要求してきた。五八年、五九年になるとこの値下げによって損害を蒙る商人らが出てくるようになるが、唯一の例外がこの汪聖儀であった。五七年の寧波での取引においても、契約の際にはなるべく価格を下げて欲しいと伝えてはいるが、汪蘭秀が値下げすることはできなかったと報告すると管貨人はあっさりと引き下がっている。この事実が意味していることは、管貨人が汪聖儀に対しては相当の信頼を寄せていたということにほかならないだろう。例えば一両や五分でも値下げできない分は会社にとって負担になるが、信頼できる中国内地人とコンタクトがとれ、いつでも情報を提供してもらえ、しかも商品まで買い付けてもらえる利点に比べればそうした負担は安いものだったと言えるだろう。しかし、なぜここまで汪聖儀が信頼されていたのかについて、過去の取引で誠実であったという以上の理由は史料には明示されていない。また客観的に考えて、汪聖儀が伝えていた情報が本当に正しかったのかどうかは、当時においてもイギリス人が直接現地に赴かなければ証明できなかったはずである。それでも、正しい情報を告げてくれる人物を求める心理、そしてそれをついに探し当てたという管貨人の安堵感こそが、生き馬の目を抜く開港場の情報戦に晒されていた管貨人たちが中国で求めて止まないものだったのではないだろうか。

小結

本章の最後に、ここまで明らかにしてきた会社の寧波貿易の結果についてまとめたい。取引上のメリットとしては、毛織物を始めとする輸入品の取引条件が広州よりも良かったことが挙げられよう。一七五五年の広州において、ピゴウ委員会の毛織物取引が、会社にとっても行商にとっても損害となったことと比べれば、毛織物取引で利益が得られることは、大きなメリットに感じられただろう。ただし、寧波の商人にとって損失にならなかったかどうかは、不明である。

一方で、茶や絹の取引は広州と比べれば若干安いものの、市況としては広州と変わりなかったと評価できる。実際、生糸価格の高騰は、寧波に行っても回避することはできなかった。このことから管貨人が学んだことがあるとすれば、価格の高低は取引する場所に依存するのではなく、徹底して生産地の状況に左右されるということであろうか。考えれば、広州で買おうが、寧波で買おうが、同じ生産地から供給される同じ銘柄の茶や絹を買っている以上、輸送費などのコストの差を除けば、価格が大差ないのは当然のことであるとも言える。

寧波貿易で生じるデメリットとしては、清朝中央や地方官僚との摩擦が非常に大きいことが指摘できる。税額の二倍体制だけでなく、来航禁止の禁令まで発布され（この時点では管貨人たちは閩浙総督楊応琚の措置であると認識していた）、これ以上寧波での活動を継続すれば、広州での貿易にどのような悪影響があるかわからないという状況にまで至っていた。取引で莫大な利益を生じさせることができるわけでもなかったことから、寧波貿易を諦めるという選択肢は、管貨人たちのなかでも合理的な判断であると評価されてゆく。この点は、次章で詳述する。

こうした状況のなかで、寧波貿易の最大の成果は、汪聖儀とのパートナーシップを構築できたことであろう。貿易構造における彼の重要性はすでに述べたので重ねて論じることはしないが、彼の存在は広州の開港場の商人たちが作り上げてきた貿易体制を打破する可能性を持つものであった。そして管貨人の期待どおり、イギリス人が寧波での貿易を諦めた五八年以降、汪聖儀親子は広州にやってきて会社との取引を継続し、貿易構造に大きな影響を与えることになってゆくのである。

（1）例えば Hosea Ballou Morse, *The Chronicles of the East India Company Trading to China, 1635–1834*, 5 vols., Oxford

University Press, Oxford, 1926, 1929, vol. V, pp. 59–60 には五七年の関税支払額や貿易品の価格などについて簡単なデータが載せられているが、取引の経過や相手もわからず、広州での状況と比べて良好であると言えるかという問題についても何もふれられていない。

（2）一七五六・五七年に管貨人を受け入れたのは IOR R/10/4, Blount's Committee, September 2nd 1757 の記録によれば Sequan であった。中国側の檔案には五七年にイギリス人を受け入れた牙行として郭益隆という名前が見えるため、Sequan は郭益隆であると考えられる（国立故宮博物院図書文献処文献股編輯『宮中檔乾隆朝奏摺』国立故宮博物院、一九八二—一九八四年、第一四輯、浙江提督武進陞「奏報英吉利国紅毛船一隻来寧貿易情形摺」、乾隆二一年六月二一日、六九〇頁）。

（3）Suquan がイギリス人のために倉庫（Hall）を立てたと管貨人は記している（ＩＯＲ、一二月四日の記事）。檔案には、「寧波には大きな行が無かったので貨物を保管しておくことができなかった。牙行の陳太占は家屋の脇に一六部屋もある高層の建物を建て、イギリス人の貨物保管や居住の用に供した」（『宮中檔乾隆朝奏摺』第一五輯、閩浙総督喀爾吉善「奏覆処理紅毛船等来寧貿易情形摺」、乾隆二一年八月初七日、一五一頁、「寧郡並無大行不能貯貨、有牙行陳太占即於屋邉搭盖樓房一十六間、以爲夷商堆貨居住。」）と記録されているのがこの商人であろう。

（4）孫麗娟『清代商業社会的規則与秩序』中国社会科学出版社、二〇〇五年、一二一頁（「利益均沾」）、二〇三—二〇七頁（「禁止把持」）。

（5）IOR R/10/4, Blount's Committee, August 15th 1757, "Sent the following letter to Canton by a dispatch, which were thought necessary on account of the Extraordinary price of Raw Silk here, that we might get intelligence upon what Terms that article had been done there."

（6）張栄洋によれば、この兄弟は顔瑞舎の行の管理を任された司事である Yngshaw であるという（Weng Eang Cheong, *The Hong Merchants of Canton, Chinese Merchants in Sino-Western Trade*, Curzon Press, Richmond, Surrey, 1997. p. 100）。これが事実であれば広州と寧波との商業ネットワークを考えるうえで興味深い事例であるが、筆者自身の調査ではこの説を裏付けることができなかったため、張の説は留保して註に記すに留める。

（7）『清宮粤港澳商貿檔案全集』第四巻、両広総督李侍尭「奏為審擬安徽商人汪聖儀父子案」、乾隆二四年一二月二二日、二〇三二頁。

（8）IOR R/10/4, Blount's Committee, June 7th 1757, "Our Singlo and Hyson we bought of Shing = Y = Quan and Teuern = quan two country merchants, Mr. Flint acquainted with who behaved very well in their contracts to us."

（9）徽州商人研究は日本では一大分野を形成しており、臼井佐知子『徽州商人の研究』（汲古書院、二〇〇五年）、中島楽章『明代郷村の紛争と秩序』（汲古書院、二〇〇二年）、同『徽州商人と明清中国』（山川出版社、二〇〇九年）などが大きな成果を上げている。臼井の研究では徽州商人の有力な一族である汪氏に関する分析があるが、そこでは汪聖儀に相当する人物は現れてこなかった。ただ明清時代の徽州商人の経歴を見ていると、商業活動の分野としては塩、典当業がメインのように感じられ、茶などを取り扱う商人は、まだこの時期にはそれほど大多数ではなかったのではないかという感触を持った。一方、中国の研究者では広州に茶を運んだ徽州商人の研究として王振忠の一連の業績がある（王振忠著、彭浩・相川佳之訳、臼井佐知子監訳「内陸の山岳地帯から港湾都市まで――明清以来広州貿易における徽州商人の研究」『年報都市史研究18　都市の比較史』山川出版社、二〇一一年）。

（10）IOR G/12/55, Harrison's Committee, August 2nd 1751.

（11）IOR R/10/3, Misenor's Committee, December 2nd, 3rd 1753.

第八章　東インド会社による貿易改編と清側の対応

はじめに

寧波における貿易は広州の管貨人たちが抱えていた問題をすべて解決するものとはなりえなかったが、それでも貿易を広州一港に制限するという命令が皇帝の名によって出されたことは、アヘン戦争に至るまでの対西洋貿易の形を規定した。そしてその後広州では清朝中央の関与の下で、防範外夷規条の発布と「公行」の設立が行われたことが知られている。これまでの研究では防範外夷規条の条文に、西洋人は冬の間はマカオに退去しなければならない、行商の管理下に入り独自に中国人を使役してはならないといった内容が含まれることから、それは西洋人の行動を束縛するものとして理解された。また「公行」も行商たちの強力な組織とされ、西洋人から取引の自由を奪ったと言われてきた。そしてこれらの規制はアヘン戦争まで強い影響力を持ったと考えられたことから、先に分析した広州一港制限と併せて西洋人を苦しめた「カントンシステム」と呼ばれてきたのである。

これらの制度の成立過程や意義を問う先行研究として、以下のものを挙げることができる。まず「公行」成立については、モースの論の影響力が非常に大きかった。彼は「独占」商人たる行商が連合を組んだことでさらにその立場が強化され、アヘン戦争まで続く「独占」貿易の基礎となったと論じた(1)。オランダ東インド会社の中国貿易を研究した劉勇はオランダの立場からこの「公行」を批判した。一七六〇年にオランダ人が広州に到着するのは「公行」成立の議論がすでに煮詰まった後であり、オランダ人はこれに抗議をするものの、何の成果も得られなかったことを踏まえたうえで、公行は当地での貿易を破壊するだろう、というオランダ人の言を引用し、自身の意見を代弁させている。②

一方、通説を批判し、「公行」の成立に他の意味を見出そうとしたものとして、岡本隆司の海関研究を挙げることができる。岡本は、徴税を請け負う行商たちが関税を滞納するようになったので、保商となるべき商人と貿易取引の担い手とを一元化し、税収を確保しようとしたものだったと主張した。③ またファンダイクは行商研究の立場から、一七五〇年代に起こった様々な制度変化を、行商同士の勢力争いの帰結と結論づけた。④

防範外夷規条の分析としては、ジョン・E・ウィルス・ジュニアに代表される研究が前述のような通説を形作ってきたと言える。⑤ 近年になってそうした通説を見直し、雍正時期から乾隆時期への連続性のなかで広州貿易を捉えようとしているのが村尾進である。村尾は、雍正以来のキリスト教禁教の流れと、西洋人をより北京から遠ざけるという方針の帰結が防範外夷規条の第一条・第二条であったとする。⑥

このように近年の研究は、それぞれが得意とするテーマから公行や防範外夷規条の再解釈を試みている。具体的には、海関を研究した岡本は徴税という行為のなかでの意義を問い、ファンダイクは行商研究という文脈のなかで、行商たち相互のアクションの結果として一七六〇年に至る貿易秩序が形作られていったと考えている。そこで筆者は、これまでの章で明らかにしてきた貿易実態という側面から、二つの制度の成立過程および意味を問いたい。

本章でも主に用いる史料はＩＯＲである。ＩＯＲでは、一七五六年の記録の後五七年の記録は欠落し、五八年はシーズンの初めと終わりの記録が断片的に残っているのみである。すでに第四章で取り上げたように、五六年の越冬委員会が広州に到着しなかったため、ピゴウは同じ委員会内のロックウッドを残し、五八年まで滞在させるよう手配した。そして五八年の記録は、その年に広州に来航したパルマーが主席となった委員会のものが残されている。ロックウッドはこの間ずっと広州に滞在し（シーズン外の一時期にはマカオに居留）、貿易を取り仕切っていたが、パルマーは本国役員会から広州でひとつの常駐管貨人委員会を組織するよう命令を受けており、パルマーは命令どおりロックウッドなど在広州の委員会を統合して委員会を作ったので、ロックウッドではなく、パルマーが主席となったのである。この常駐委員会の意義については後段でふれるつもりであるが、パルマーは広州来航（五八年七月二七日）後、ロックウッドら前年の越冬委員会宛に手紙を出し、前年の貿易の状況とその価格を報告するよう要請した（七月二九日）。これに応えた管貨人の手紙によって、五七年の広州での貿易について、ある程度の内容を知ることができる。

また五九年と六〇年に関してはシーズンを通じて検討できる記録が残されているので、これまでの章と同様に、利用できる限りの史料を用いて貿易実態を分析する。一方、中国の檔案については、乾隆二四（一七五九）年のものは十分に残されているが、乾隆二五（一七六〇）年の残存件数が極めて少なく、六〇年の出来事について中国側の視点から再構成することが難しいことをあらかじめ断っておきたい。

一　一七五八年・五九年の貿易動向

(一)　茶貿易の動向

貿易実態を知る手始めとして、茶の貿易動向から論じていく。茶の取引のなかで特に注目しなければならないのはシーズン外取引である。一七五五年の事例で言えば、シーズン内取引において一担当たり一六両前後で取引されたボヒーは、一月のヨーロッパ船の帰帆と同時に売れ残り茶として一〇両程度で取引されていた。これはピゴウを始めとする管貨人たちが茶を安く入手するために採っていた戦略的な手段であった。このシーズン外取引によって利益を得るべき中国人商人らが苦境に陥ってしまったことはすでに述べた。

表1　シーズン外ボヒーの価格動向（1754-59年）

年度	ボヒー価格（両，担当たり）	備　考
1754年	10-10.5	シーズン内ボヒー高騰の年，19.5両／担まで値上がり
1755年	9.2-11	
1756年	データなし	
1757年	7-7.5	
1758年	7-8.2	7年戦争の影響で来航船減少，輸出入とも英の有利に
1759年	取引なし	小種を24両で買っているもののみ見える

典拠：IOR R/10/3-4の各年度のデータを基に筆者作成．1755年の記録ではボヒーのほか，工夫茶も「ボヒー」という商標で梱包してあるため，本表では工夫茶の価格を除き，ボヒーのみの価格のみを示している．

それでは五八年・五九年の段階でこうした傾向はどのように変化したのだろうか。まずはシーズン外ボヒーの価格に関する次のデータを参照していただきたい。

一七五四年から五九年までに取引されたシーズン外ボヒーの価格を整理すると、表1のようになる。これによれば、五四年や五五年の価格もシーズン内取引と比べると相当に安いものであるが、その傾向は五七年五八年にはより強まり、最低価格で七両まで下落していることがわかる。この下落の原因は、ＩＯＲから知られる限り、一七五六年から始まった七年戦争の影響であるという。西洋各国は中国に船を派遣するだけの体力を失い、同時にインドでイギリスとフランスが交戦状態に入ったことにより商船の航行に対する安全が確保されなくなった。ＩＯＲでもフランス船の動向や出現情報に相当の紙面が費やされるようになる。こうして各国の広州への派遣船の数が減少すると、広州のマーケットにおける需要が減り、西洋人に有利な需給バランスになってゆく。それは、シーズン外茶だけでなく長期契約の茶の価格も割安になり、さらに毛織物など輸入品の価格もイギリスにとって有利になったことを意味する。

反対に、茶取引は中国人商人側にとってかなり悪い状況になっていたことが、いくつかの事例から推察される。まず、一七五八年七月三一日の潘啓の報告によれば、契約したボヒーを調達できなかったという。管貨人との取引価格が安すぎて茶の所有者と価格が折り合わず、入手できていないというのである。また一七五八年八月五日には「誰も松羅を取引しようとしない」という管貨人による記事が見られる。同様の内容は一七五九年一月二七日にも現れ、保商たちは茶を取引したがらないという。さらに一七五九年八月一二日、管貨人たちは五九年シーズン当初の茶取引の動向について協議しており、そこでも「どんな値段でも、我々とグリーンティーの取引をしようとする商人がいない」と記録されている。この記事は五九年の茶貿易の市況をよく整理しているので、以下にその内容を簡単に紹介しておきたい。

まず五九年はそれまでの傾向とは逆に、来航船が増えたという条件が加わる。スウェーデンは船が増えることを予測してボヒーを担当たり一六両（前貸し一〇両）で契約したという。フランスも同様に一六両で契約したが、オランダは様子を見ている。イギリスもボヒーを確保しなければならないという焦りがある一方で、一六両から一七両の間で取引したいという強い希望を持っていた。その時点から管貨人は積極的にボヒーの契約を行い、八月一四日には蔡義豊からボヒーを担当たり一六・三両で二〇〇〇担購入することを決めた。この時、管貨人は最初四〇〇〇担を一六両で買うことを提案したが、蔡義豊は拒否した。それでも会社との取引をしたかったらしく、一六・五両ではどうかと提案してきた。管貨人は長い交渉の末、一六・三両まで下げることに成功し、上記の契約が成立したのである。このほかに、一五日には葉義官と五〇〇担のボヒーを担当たり一六両で、一六日には顔瑞舎と二〇〇〇担を同じく一六・二両で契約している。蔡義豊との契約は五〇日以内に梱包を始めるという条件だったので、短期契約であったことがわかる。そのため価格の面から見れば、ボヒーが担当たりおよそ一六両という数値は五五年に近い水準に戻っていると評価できる。

ここで行商側、管貨人側それぞれの思惑を考えてみよう。管貨人側は、五七年、五八年の水準と比べると価格が上昇しているが、来航船の数が多く、すべての船に輸出品が行き渡らないだろうと予想しているので価格については止むを得ないと考えていると思われる。一方行商側は、イギリス人がそれなりの対価を払ってくれるのであればむしろ大量の取引をしたいと考えているような態度に見え、決してイギリス人を拒絶しているわけではないことがわかる。

実際のところ行商たちが嫌悪したのは、管貨人の強引な値引き交渉であったと考えられる。管貨人は自分たちに有

表2　広州における生糸価格の動向（1754–59年）

年度	価格（両，担当たり）	備　考
1754年	188	
1755年	190	
1756年	データなし	
1757年	250	寧波での価格は240両
1758年	データなし	絹織物の取引は確認できる
1759年	198	

典拠：IOR R/10/3-4の各年度のデータを基に筆者作成.

利な需給バランスの時には、行商に対して相当過酷な要求をしているように見える。

一七五九年一月二五日には、蔡瑞官がオールドボヒーを担当たり七・五両、新ボヒーを同九両と提示したところ、管貨人はそれぞれ七両と八両と提示した。翌日蔡は折れて、管貨人の提示どおり契約した。二月七日に蔡義豊が担当たり一一両でボヒーを買うよう提案したが、委員会側は八両でなければ買わないと強気の態度に出ている。他方一月一四日に陳捷官は六〇〇籠の売れ残りボヒーのサンプルを管貨人に見せたところ、その売れ残りは七両で買い、新たに来シーズンのボヒーの契約を一〇・五両で行いたいと提示された。陳捷官はその場では断っているが、二〇日ほど経った二月五日に、管貨人の提示する値段で売ることを伝えている。

最後の陳捷官の事例などは、同じシーズン外茶を二〇日も売りさばけなかったということでもあり、行商あるいは内地商人側の立場がその時点においては非常に弱く、売っても利益が制限される状況に甘んじなければならなかったことがわかる。

(二)　生糸取引の動向

次に生糸の取引を見て行こう。一七五〇年代を通じて生糸の価格が高騰し、広州でも、寧波でも取引に支障を来たしていた。管貨人は本国役員会から指示された量の生糸を確保するために手を尽くし、損をするから取り扱いたくないと言っている商人たちを脅したりなだめたりしながら購入していた。生糸の五九年に至るまでの取引価格の動向は表2のとおりである。

データからは一七五〇年代を通じて高騰していたことが読み取れ、特に、五七年には広州・寧波共に非常な高値となっている。五九年には下落していることがわかるが、それでも管貨人たちにとっては高すぎるという認識だった。こうした状況にあった生糸の取引をめぐって行商は管貨人に対して、「毎年生糸を取り扱って損を出しているので、取引したくない。東インド会社が一、二年生糸を取引しないと決断するまで価格は下がらないだろう」（一七五八年八月二日）ともらしている。

(三) 毛織物輸入の状況

最後に輸入品（毛織物取引）について見ていこう。毛織物の輸入は会社にとっても行商にとっても負担となる貿易であり、その構造は一七五九年頃になっても変わらなかった。さらに五九年シーズン開始時の管貨人の協議記録に、「商人たちは毛織物の購入に非常に消極的であった(7)」とあるように、取引をすること自体が困難な状況になっていたと考えられる。

毛織物の売却価格が高くなったことは管貨人にとっては歓迎すべきことであった。しかし行商にとっては、毛織物、特に広幅織の取引で発生する損害を補塡する手段の確保がより重要な課題となった。すでに第四章で明らかにしたように、ピゴウら管貨人は行商の毛織物取引が負債になってしまうことを防ぐため、毛織物を引き受けた商人と優先的に茶葉取引を行っていた。この方法は五九年になっても依然として用いられており、そのことがより顕著にわかるのが、次の取引事例である。

一七五九年八月二三日、管貨人は蔡義豊と毛織物取引契約を行った。次いで同月二五日、同じ行商とボヒーの取引をした際、一六・三両で契約が成立している。ところが毛織物を積んだ会社船が来航できないことが広州に伝えられると、蔡義豊はボヒーの価格を一六両に下げたのである。この事例が意味するのは、毛織物取引で生じる行商の損失を補塡するための費用が、茶の価格のなかに含まれているということである。茶の価格の高低について評価を下すときには、こうした要素を考慮する必要がある。しかしすでに本章で述べたように、茶価格はかなりの低落を見せており、行商たちは茶貿易から利益を生み出すのが難しい状態にあったと考えられる。これらの点を併せて考えると、茶価格暴落の一事が広州貿易全体の安定に対し重大な影響を与えたことが理解されよう。

以上の貿易状態を評すると、五八、五九年シーズンには多くの面においてイギリス人に有利な条件であったと言える。茶も、毛織物も価格という点において五五年との比較で見ればイギリス人にとって望ましい状況であった。

こうした状況が生じた直接的な原因は、広州に来航する西洋船が減少したことにあると管貨人は認識していた。例えば一七五九年二月一五日には、他の管貨人に宛てた手紙のなかで、非常に良い条件で取引できており、もし来航船がもっと多かったならば非常に困難な状況にあっただろうと述べている。

二　東インド会社による貿易制度改編の試み

(一)　広州常駐委員会の設置

広州常駐委員会について最初に記録が現れるのは一七五五年のピゴウの日誌においてである。この時点で本国役員会において承認された常駐委員会の設置が実現するのが五八年に派遣された委員会からであった。この常駐委員会の性質を考えるうえで重要なのが、パルマーが来航した際にロックウッドら越冬委員会の管貨人に宛てて書いた手紙である。以下にその主要部分を引用したい。

会社は広東における貿易を新しい制度の下で行うことがよいと考え、彼ら〔管貨人ら〕にパルマー氏らを中心とした委員会に管理させ、どの管貨人の監督下にもなく本国役員会も〔管貨人を〕任命していないすべての船の監督に当たるよう命じたことをあなたがた〔ロックウッドら〕に知らせるものである。我々は定例ではないやり方によって行うことで発生するであろうトラブル〔心配事〕について憂慮している。我々に与えられた権限の根拠は指示書の五二項と一二一項に明記されており、詳細についてはその指示書の写しを参照してもらいたい。(8)

これによれば、従来中国派遣船二、三隻毎に置かれ、担当する船の貿易実務を取り仕切っていた管貨人委員会は設置されず、広州に設けられた新たな委員会にすべての船の取引が一本化されることになったと解釈できる。しかも管貨人らの貿易を指揮する主席管貨人がおり、その管貨人はほかの管貨人に対して「協力」（命令よりは弱いと考えられる）を要請できることになった。このことは、管貨人委員会毎に与えられていた貿易の裁量権が失われ、主席管貨人（この年はパルマー）を中心とする会社の支店（あるいは出先機関）が出来上がったことを意味する。

常駐委員会を設置することのメリットは、情報伝達の効率化、在広州管貨人の独自裁量の強化、シーズン外取引の定例化であろう。それまでは広州の市況や起こった出来事、広州当局との遣り取りに関する情報は、主に本国役員会やインドに伝達され、そこで様々な判断を下されて、事件への対処方針や輸出品の購入量などが決定されていた。あるいは現地では越冬委員会所属の管貨人を通じて新たに来航した管貨人に情報が伝達される場合もあった。しかしこの方法には重大な欠陥があった。第一に、会社船の往復には長期にわたる航海が必要であったため、本国への伝達、ひいては事件や市況への対応に致命的な遅れが生じたことが挙げられる。シーズン開始の七月に間に合うようイギリスから船を派遣するとなれば、その年の一月には出航させなければならない。仮にその船が一シーズンの貿易をするとしても、広州出港はその年の一二月か翌年の一月であり、帰路にも半年を費やすためイギリスへの帰還は七月前後となり、イギリスを出航してから合わせて一年半もかかっている。本国役員会がこの船によってもたらされた広州の情報から次の派遣船の購入量を指示し、その他の出来事への対処方針を決定して次の派遣船に託した場合、その船の広州到着は、早くて翌年の七月であり、広州から本国に情報が送られてから一年半が経過している。ここまで見てきたように、広州において刻々と変化する貿易制度や市況を考慮した場合、本国との往復にかかる一年半という時間はあまりにも長く、一年半前の情報に基づいて決定された方針がその時々の状況に適しないことが往々にして起こったのはこのためである。一七五七年の寧波での貿易はその最たる事例であろう。税額を広州の二倍に設定され、生糸の価格が高騰したままの状態で、実際の取引を担当する現地の管貨人ができる限り本国の意向に沿おうと苦心したことは、すでに紹介したとおりである。また広州でも産地の不作やマーケットへの供給量の減少が原因となって、五五年のパルマー委員会が生糸を購入することができなかった等、本国の指示どおりの貿易を行えないこともあった。そうした状況下で本国の指示に従えないことをやむなしとする場合はまだましで、ことによっては五九年の茶、生糸貿易のように、これらの商品を取り扱いたくないと言っている行商を無理やり取引に巻き込むといった事態になってゆくのである。本国の指示と中国の現実との乖離は、管貨人たちのみならず、中国側の当局や商人にとっても大きな悩みであったに違いない。この問題を解決するためには、情報を集積し判断を下すことのできる会社の機関を広州に設けることが最も効果的であろう。それを実現しようとしたのが常駐委員会であったと考えられる。

さらに一シーズン委員会と越冬委員会によって組織された貿易では、シーズン外の取引を安定して行う制度設計になっていないということも挙げられる。五六年に越冬委員会であったピゴウ委員会が広州を出航する時、次シーズンまで残るべき越冬委員会を乗せた船が到着しておらず、ピゴウ委員会内の管貨人であるロックウッドを広州で越冬させるという手立てを講じて、ようやくシーズン外取引を継続させたのである。これについても、もし広州に常駐する委員会が作られたなら、非常に安価なシーズン外茶葉を安定して本国に供給できるようになると管貨人たちが考えたのも無理からぬところである。

このように、常駐委員会の設置は会社の中国貿易経営にとって革新的な意味を有していた。それでは実際の取引の場においては、どのような変化がもたらされたであろうか。この問題を分析するに当たり、試みに次のような模式図を作成してみた。

まず図1-Aは、常駐委員会設置前の貿易形態である。船AからEは、広州に派遣された会社船を示す。この船二隻程度毎に管貨人委員会が割り当てられ、その船の積荷となる輸出入品のすべてを担当の委員会が売買した。その形態は、イギリス人側から見れば同じ東インド会社という単一の企業体による貿易であると言えるが、これを中国人側から見れば、個々の委員会がそれぞれひとつの企業体であり、その委員会が個別に取引相手を選び、価格を協議し、売買に及んでいると見えたはずである。そして行商の側にも、どの委員会と、何を、いくらで取引すべきかを選択できる自由があったのである。

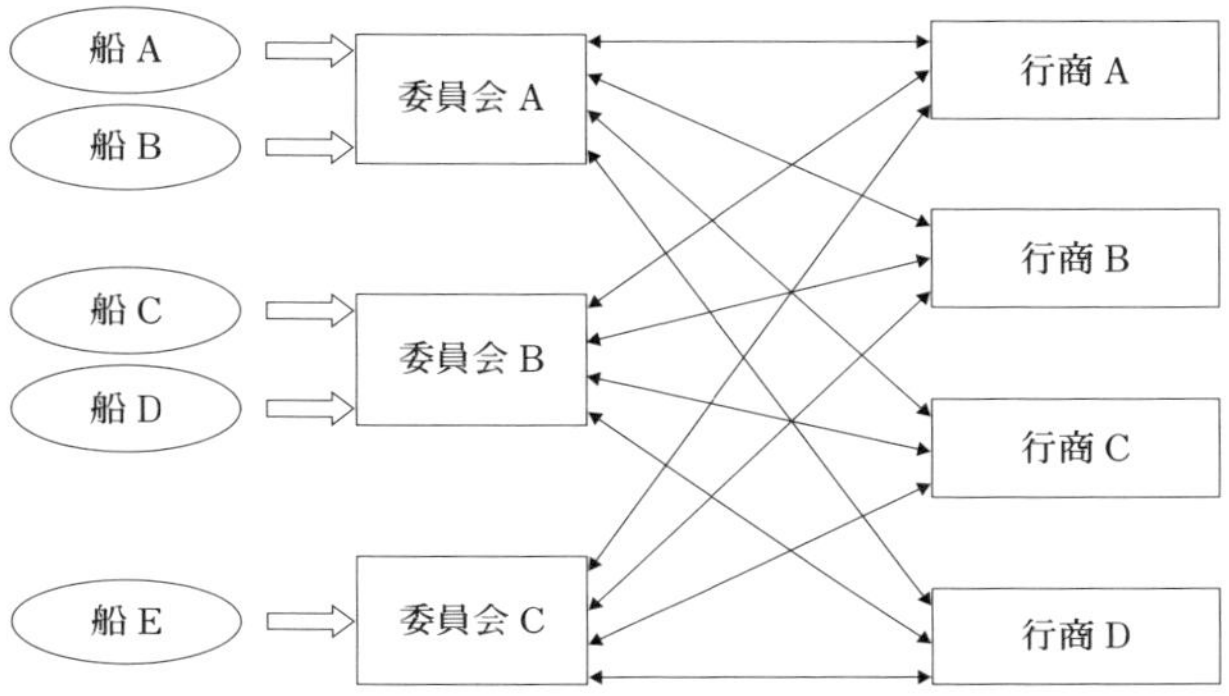

図1-A　イギリス東インド会社による広州常駐委員会設置の意味（設置前）

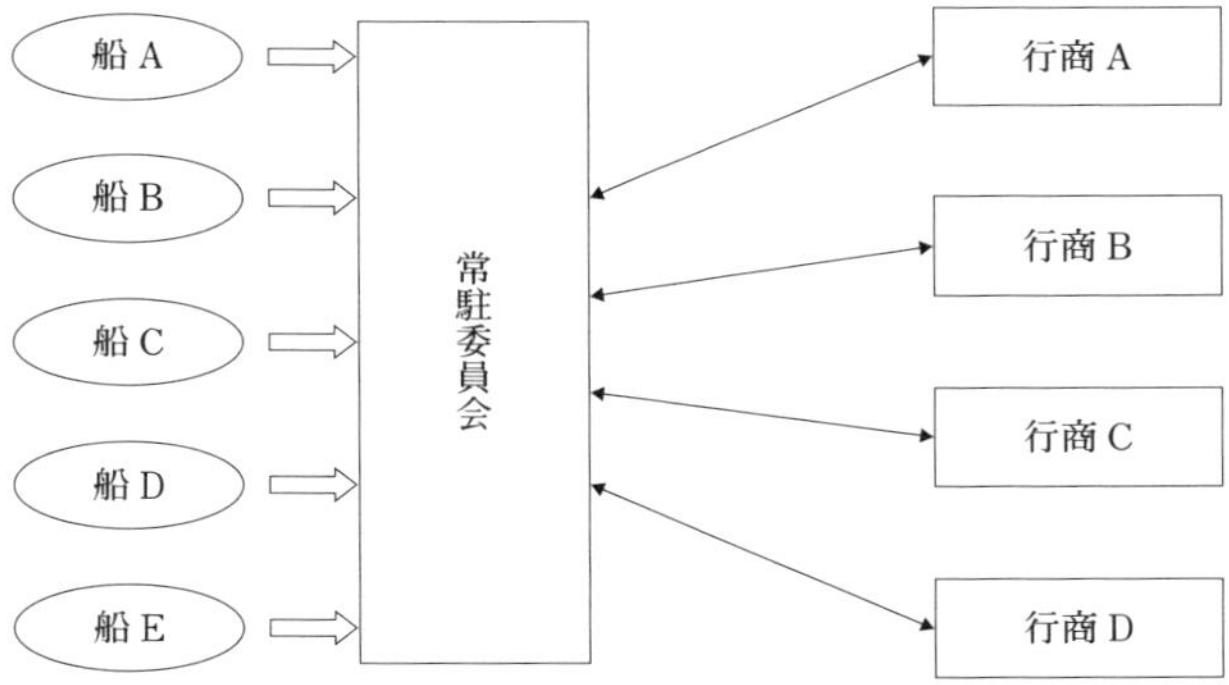

図1-B　イギリス東インド会社による広州常駐委員会設置の意味（設置後）

ところが次に図1-Bを見ると、複数あった委員会がひとつに統合されたことによって、行商たちはついに、本当の意味において、東インド会社という巨大企業体と取引しなければならなくなったのである。これまで各委員会に分散され売却されていた輸入品、同様に分散して購入されていた輸出品は、統合された委員会の下で一括して取り扱われるようになった。輸出品であれば、各行商が自分たちの可能な範囲で貿易品を調達すればよかったが（それでも生糸取引は苦しい状況にあった）、行商側にとって特に不利に働いたのは輸入品取引であった。輸入品については保商制度による制限が働き、原則として、保商となった行商は担当する船（委員会）の輸入品を引き受けなければならなかった。しかし一人や二人の行商で来航する会社船のすべての毛織物を引き受けるのは無理があった。ただでさえ、広幅織などは行商に損失をもたらしていた商品である。

さらに行商の立場を危うくしたのが、価格の問題である。従来は各委員会にそれぞれ価格交渉を持ちかけて売買し、その価格も委員会の間で統一されていなかった。それは五五年の取引事例からも明らかであろう。しかし常駐委員会では行商たちには従来のような個別の価格交渉の余地はなくなった。こうしたイギリス人側の立場の強化を反映してか、五九年の委員会主席のロックウッドは相当強気な値引きを行商に対して要求し、一歩も譲らなかったこともこれまで見てきたとおりである。このように、価格の面においても行商側は選択の自由を奪われていったのである。

(二)　保商の解体の要求

ただし、管貨人の側でも保商となった行商が相当な負担を背負っているという認識を持っていた。その負担の原因については、利益にならない毛織物を引き受けることや、貢品という名目で広州当局から搾取を受けているからであると認識していた。

そうした認識に立って、管貨人なりに、広州の貿易秩序を維持してゆくためには保商制度はどうしても撤廃しなければならないという確固たる信念もあった。それを反映するかのように、五九年には管貨人は保商の設置をめぐって広州当局とさらなる摩擦を生じさせている。管貨人が採った戦略は、簡単に言うと次のようなものであった。第一に保商を指名しない、第二に貢品となる貴重品を広州に持ち込まない、広州当局の役人に見せない、売らないという方針である。そして第三に保商が納めることを義務づけられている税を、管貨人が直接納税できるよう広州当局に働きかけることであった。

彼らの論理は極めて単純である。保商にさせられるから行商はイギリス人と取引したがらず、保商となったものは大変な損害を受ける、だから保商という制度自体を否定する。保商は一面、広州の官僚たちが貴重品を安く買い集めるために設置されたものなので、イギリス人の側で貴重品の私貿易を禁止し広州への供給を止めれば、官僚たちも貴重品の獲得を諦めて保商制度を撤廃するだろう。これが会社側の見通しであったと考えられる。

実際、五九年の常駐委員会は、会社船の船長に対し、広州当局の役人に貴重品を見せないよう協力してもらいたいと指示を出している（一七五九年二月一五日）。さらに変則的に四月に来航したピット号（Pitt）の船長に対しては、貴重品を見せないよう、持ち込まないよう指示を出し、そのことについては会社から船長への指示書（Captain's Instruction）の七七条に禁令があるから遵守してもらいたいと述べている（四月七日）。船長への指示書の現物が残っているかどうかについては現在まだ調査中であるが（少なくとも商館記録には添付されていない）、以上の言によれば、貴重品を見せないというのは広州の管貨人の独断ではなく、本国役員会がそうした方針を採り実施を徹底しようとしている、ということになる。

貢品をめぐる広州当局者の苦悩については、第三章で言及した。そこでも史料を引用したが、五八年には皇帝から船来の時計を入手するようにとの上諭が下っていた。しかしイギリス側が貴重品の取引そのものを拒絶したことにより、広州当局者はさらに厳しい状況に置かれたものと考えられる。

そもそも入港した船に積まれている貴重品を商人たちに見せる前に当局者に見せるという約束は、「独占」布告の撤回を条件に五五年に管貨人と広州当局との間で合意したものであった。それを踏まえると、会社の指示はその約束の履行を一方的に放棄したということになる。

管貨人は広州の官僚たちが貴重品を買い集めることは彼らの強欲によるものと考えており、そうした側面を否定することはできないが、広州当局者にとっては皇帝の要望に応えなければならない、いわば義務であり、それを遂行できない場合いかなる不利益を蒙るかわからないというネガティブな要素であったことを、管貨人は重視していなかったのである。しかし、広州当局としてはこの事態に甘んじることはできなかった。そのため彼らは管貨人に保商を指名させ、従来どおりのやり方で貿易を運営しようと躍起になっていた。

さらに管貨人が保商を通さず自分たちで直接納税したいと要求したことについて、管貨人と広州当局の間で何度も遣り取りが行われた。しかし管貨人が総督と会談したなかで、総督は旧来の法を破るわけにはいかないと言って要求を拒んだ。

この一連の会社側による制度改編の目的は、保商制度の解体という一点に向けられていたことがわかるだろう。管貨人たちは保商が納税と貢品の収集のために設けられていると認識していた。そのため自分たちが貴重品を売却しないこと、そして税金を直接納めることによって保商の存在意義を消そうとしたと考えられる。

(三) 「買辦」の創出

続いて、管貨人が中国内地人と特別な関係を結んで貿易システムに影響を与えた事例を見ていきたい。まずは第七章で登場した汪聖儀のその後の取引活動を整理する。

その後の彼に関する記録がＩＯＲに現れるのは一七五九年八月二一日である。(9) そこで汪聖儀は管貨人に産地の茶の生産量を報告している。詳細は次のとおり。

屯渓六四〇〇箱、松羅七〇〇〇箱、熙春三七〇〇箱、熙春毛茶二三〇〇箱。この分量の茶を確保することができるので、銀二箱分の前貸しが欲しいと述べている。これを受けて委員会では同日に協議を開き、フランス・デンマーク・オランダは前貸しして グリーンティーを購入しようとしており、これに対抗するために汪聖儀の申し出を受け入れることを決定した。翌日（八月二一日）に行われた契約は、以下のとおりである。

熙春　一三〇〇箱　四四両／担
熙春毛茶　一三〇〇箱　二四両／担
屯渓　一四〇〇箱　二四両／担
前貸し　五九三八・八三六両（銀二箱分）

契約された価格を見ると、それほど高くもなく、安くもないと評価できよう。だが、汪聖儀の存在価値は、産地情報の提供と、グリーンティーの確実な供給にあった。この取引も例外ではない。茶の取引の箇所で言及したが、一七五九年八月の管貨人の協議記録には、行商たちがグリーンティーの取引をしたがらないという報告が頻繁に見られ、取引は不安定な状況に陥っていた。そうしたなかにあって、汪聖儀によって確実に供給される高級グリーンティーは、管貨人にとって大きな利点だったのである。

同じく、内地の市場の情報を入手するという文脈で同様の意義を持つのが、絹産地に極秘に派遣されたCainquaの存在であった。管貨人は一七五九年一月、Cainquaという中国人（詳細不明）を蘇州に派遣した。その目的は、価格・ストックを調査・報告させることにあった。その産地から四月に情報が送られてきている。四月二六日の記事には、彼からの報告として、生糸の現地価格が一担当たり一七〇両であること、Cetquaという商人がマニラのスペイン人向けに買い付けたので価格が三両上昇したこと、輸送費などを含めると、広州では一担当たり二〇六両くらいの価格になるだろうとのことであった。

この報告を受けた管貨人は、二日後の二八日に顔瑞舎のもとを訪れ、生糸取引を持ちかけている。結果、二五〇担を一担当たり一九八両で購入し、前貸しはまず一担当たり一四〇両、次シーズンの船が到着したらさらに四五両を追加し、納入期限は二〇〇日と定められた。このように産地の情報を受け取りつつも、顔瑞舎との取引の際には報告よりも安い値段で取引しているのがひとつの特徴である。ただ管貨人の配慮として、購入価格とほぼ同等の前貸しを行い、行商のリスクを減らそうとしたことも指摘できる。

次いで七月一五日にはCainquaから新たな情報がもたらされた。そこには価格が二、三両下がり始めていること、顔瑞舎が古い生糸の買付けのためにYongshawという人物を産地に派遣してきたことなどが記されていた。

これらの記録から、管貨人が調査員（清側の認識で言えばスパイ）を派遣して情報を収集し、その情報を基に自分たちにとって有利であると考えられる条件で行商と取引するという形態が、ついに実現したことを知ることができる。これら汪聖儀とCainquaの登場は、行商制度とは全く異なり、むしろそれを骨抜きにする力を持つ取引システムの萌芽であったと評価できる。すなわち、汪聖儀などは取引過程のうち、市場を調査し、産地で商品を買い集め、広州まで輸送し、管貨人に引き渡すことができたのである。逆に彼にできなかったのは官に納税することだけであった。つまり彼さえいれば茶を買い付ける業務をすべて行える、いわゆる納税のできない行商だったのである。このように考えると、前段で管貨人が自身での納税を要求したのは、汪のような行外商人を私設行商として利用するための制度作りであったという側面も見えてくる。

軽率な比較は誤解を招くが、彼らの存在はその機能から見れば、上海開港後に出現した買辦を想起させられる。買辦は西洋人の資本を用い、身分としては西洋人の会社の雇用人でありながら自らの商号を立ち上げ、西洋人の中国における輸出品の買付けなどを行った人々である。こうした形態が出現したのはアヘン戦争直前（あるいは道光年間）に至り行商たちが借金によって力を失ってからであり、合法化されるのは南京条約で官がライセンスを発行する行商という存在を解体してからのことであると、これまで説明されてきた。しかしすでに一八世紀の半ばに、その買辦的機能を持つ中国人を、イギリス側が意図的に創出していたことは、それまでの貿易秩序を揺るがす大きな事件であったと位置づけるべきであろう。

㈣　皇帝への直訴

ここまで様々な事例を通じて、イギリス側の広州貿易制度改変の試みを検証してきた。そうしたイギリス側の行動の最たるものが、フリント事件であった。フリントは会社の管貨人であり、中国語の読み書きができ、官語（北京官話）と広東方言の両方を操ることのできる、会社によって育てられた通訳としての立場を有していた。彼の活動については寧波への会社船派遣について書いた第六章でふれたので、そちらも併せて参照していただきたい。

まずフリント事件の概要について整理したい[10]。フリントはサクセス号（Success）に乗船し、寧波での貿易再開を企図して北上した。それが一七五九年六月一三日（旧暦五月一九日）であったという。六月二四日（旧暦五月三〇日）、浙江省定海に到着するも、翌日には総兵羅英笏により停泊を許されず追い返される。総兵はフリントを広州へ護送するために中営守備陳兆龍を同行させた。六月二七日（旧暦六月初三日）、フリントは陳兆龍に中国語の訴状を手渡し、引き返して上官に伝達してもらいたいと依頼。フリントも定海まで引き返し、その後広州に戻らず北上を続けた。そして七月一八日（旧暦六月二四日）には天津付近の大沽口に到着、そこでも訴状を役人に手渡している。七月二二日（旧暦六月二八日）、フリントの文書を添付して塩政官が皇帝に上奏、翌七月二三日（旧暦六月二九日）、直隷総督方観承が天津道と天津知府の稟（報告書）を受け、やはり訴状を添付して上奏している。

その訴状の内容は次のようなものであった[11]。

①　年々ゆすりが酷くなっている。

②　役人がゆすりをしていても〔広州当局は〕定例どおりイギリス人からの訴状を受け取ることや引見することを許さないので、その状況も伝わらない。

③　死去した行商の黎光華（即ち黎開観）は五万両の借金を残しており、その子の兆魁は財産を囲い込んで返済を渋っている。広州当局は彼に代わって返済しないだけでなく、そのことを再び訴え出ることすら許さない。
④　日用の酒・食糧・器物に対しても重税を課されている。
⑤　広州とマカオとの間の移動の際にも賄賂を強要されている。
⑥　納税の際にも「解京補平」（北京までの輸送費と銀の改鋳料）として一〇〇両につき三両を支払わされている。
⑦　保商制度により商人が疲弊している。保商は税金の納入に責任をもたされ、一旦税金が支払えなくなると西洋人から借金をして納税に充てるため負債を抱えやすい。また広州当局は保商に命じて物品を購入させる際、その価格よりも少ない金額しか支払わないため、その残りはすべて保商の負債となっている。

清朝中央は一連の出来事の報告を受け、広州で事実の調査をするために新柱を欽差大臣として派遣し、また証人としてフリントも陸路広州に送り返された。広州での審理の結果については後段でまとめることにして、ここではイギリス側の意図や考え方について分析を加えておきたい。

このフリントの行動は、貿易再開を訴えて寧波に行くなかでとられたものである。この寧波行きについては意外なように思われるが、広州の常駐委員会は本国から派遣されてくる寧波行きの船に対し、マカオに留まり寧波まで行かないで欲しいと要請している。彼らの論理は、次のようなものであった。

五九年二月一五日　寧波に向かう管貨人諸氏宛
もし会社が寧波に行くべきだというなら、我々は最大限の情報を渡しましょう。しかし、寧波の行は破壊され、行商や会社と取引した人々はみなそこを追い払われました。そして地方の長官に対して、舟山への来航船は追い払うよう厳格な命令が下されています。この厳格な命令は地方の総督〔閩浙総督楊應琚〕によって発せられたものです（その背後には広州の商人がいることに疑いありません）。彼は最近北京に上ったのですが、浙江の総督になろうとは誰も予想していませんでした。彼が浙江の総督でなければ、再び貿易を開けるようになるかもしれません。我々はあなたがたにぜひともマカオに留まっておくことを勧めます。そこで（もしあなたがたに成功する可能性があるというなら）フリント氏が同行する準備があり、あなたがたが知っておくべきあらゆる情報を受け取ることができるでしょう。プリンスヘンリー号は、広東に帰されることが確実視されたので寧波には行っていません。もし行っていれば、その行為は新たな総督が任命されるという最も望ましい状況下において行おうとしている貿易再開のための試みを打ち砕いていたと考えられます。⑿

この書簡の興味深い点は、管貨人は広州一港制限令を閩浙総督楊應琚によって発せられたものだと考えている点である。禁令が発せられるまでの経過はすでに第六章で詳細に検討してきたので、我々はその禁令が最終的に清朝中央から発せられたことを知っている。しかし禁令が寧波に赴いたフリントらに伝えられた時のことを想起してみると、閩浙総督として赴任した楊應琚が清朝中央に裁可を仰ぐことなく、清朝中央に先んじて来航禁止の通達を行っていた。そしてそれがフリントらに通達されたのである。その後、清朝中央は少なくとも檔案の遣り取りのうえでは、独自の判断として禁令を発したが、そのことがはっきりした形で広州の管貨人に伝えられたかどうかは定かではない。ただ言えることは、広州の管貨人たちも五九年の段階になっても広州一港制限令を総督の命令であると考えていたことである。ロックウッドと同じ場にフリントもいたはずなので、当然彼もそのように考えていたと推察される。

このように見ていくと、広州の管貨人は貿易制度の弊害がすべて楊應琚に端を発していると考えていたようにも見える。そしてこの状況は五月に楊應琚が両江総督に異動してから大きく変化する。以下の書簡は、やはりバタビアにいる寧波派遣船の管貨人に宛てられたものである。

以前あなた方に宛てて書いた我々の望みであるところの、浙江の総督〔閩浙総督〕の異動がついに実現しました。彼は南京の総督〔両江総督〕となり、我々は寧波の問題に変化を起こすことができると期待を寄せています。我々は貿易再開のために持っている情報を使おうとしており、そのためにもう一度あなたがたにマカオに停泊してもらうよう要請します。そこで我々が提供できるすべての情報を入手することができるでしょう。我々は〔あなたがたに〕船でマカオに来るよう提案します、我々は〔次シーズンの〕イギリス船が来航するまでそこに留まっています。⑬

ここでもやはり閩浙総督が広州一港制限の禁令を発したという誤認に基づいて論が展開されている。そしてここに記されているような状況認識によって、それまで寧波に会社船を派遣することを渋っていた広州の管貨人たちも、一縷の希望を見出したものと考えられる。ただし、彼らが積極的に寧波行きを支援したかはわからない。フリントを乗せたサクセス号が寧波に向けてマカオを出発するのは、委員会が広州を退去してマカオにいる期間であったため、日誌が残っていないのである。

ともかく、すでに述べたように寧波では全く取り合ってもらえず、フリントは北京に向かうのだが、これは彼の独断であると判断できる。その論拠としては彼が広州の委員会にすら手紙で相談するという手続きを経ていないことが挙げられる。そうであるとすれば、彼はどのような見解から天津に向かったのであろうか。ヒントとなるのは、第二章で描いた、五五年の時点における管貨人ピゴウの考え方であろう。ピゴウは広州で当局との間にトラブルが起こった場合、それについて当事者同士で根本的な解決に至るのは難しく、北京に訴えることで広州当局に圧力をかけてもらい、解決するのが最も良いと考えていた。そしてこの考え方自体、一七三六年に発せられた乾隆帝の上諭が、それまでの広州の役人たちによる収賄を禁止し、旧来の貿易体制に戻す役割を果たしたという経験から来ているだろう。そういった意味で、フリントの考え方はピゴウのそれに似通っている。またフリントが清側に届けた請願書の内容も、ピゴウが本国役員会に北京へ使節を送ることを提案した時の請願書案と重なる部分が多い。広州当局の収賄、広州―マカオ間の手数料、日用品・酒に対する課税などがそれに相当する。このように考えていくと、フリントは皇帝に広州当局の官僚を裁いてもらうことで、広州で起こっている様々なトラブルを一気に解決しようとしたのであると考えられる。

これまでの研究では一七五〇年代後半のイギリスの動きは寧波への会社船派遣とフリント事件のみが取り上げられることが多かった。しかし以上見てきたように、彼らは貿易制度を根幹から変えてしまうような施策を計画し、次々に実行に移していった。彼らは広州に常に人を配置しておくことで、取引において他国よりも優位な地歩を占めること、何か問題が起こったり逆に取引のチャンスが生じたりした時に即座に対応するために、広州に常駐委員会を設けた。その目的のなかには、滞在する行を固定化して資金や貨物の安定した保管場所を作ること、シーズン外取引を常態化させて毎年安い茶を本国に送ること、情報を蓄積しそれに基づいて広州の管貨人がすばやく的確に市況などを判断できることなども含まれていたと考えられる。また貿易監督を担う委員会をひとつに統合することで、行商たちとの個別の交渉を有利に進められるという利点もありえた。そして特に一貫して同じ行に常駐する形を作るために、行商に資金を貸す時にはその行を抵当に入れさせ、後に行商がその借金を返済しても継続してその行を利用できるよう働きかけていたことは注目に値する。これは、ピゴウの北京への要求のなかに見られる、「どこにでも倉庫と家を建てる」自由という主張と、見事に符合していると言えよう。また内地の情報収集とその伝達についてもイギリス人が重要視し、それらを実現させる体制を作り上げようとしたことも忘れてはならない。

三　行商の苦境

ここまで一七五八年以降の状況について貿易の状態と会社側の行動を中心に見てきた。そこで次に行商の側に視点を移して分析を進めたい。管貨人たちの記録から行商について見えてきたのは、五八年以降、毛織物の購入や生糸は言うに及ばず、茶に対してすら取引に消極的になっている姿であった。生糸の価格高騰、茶の価格下落、そして常駐委員会の設置により保商がより大量の毛織物を引き受けなければならなくなったことなど、確かに行商側に不利な状況であったことは確認できた。それでは、彼らの実際の財政状況はどのように評価できるだろうか。この問いに関しては、行商側の取引記録が残っていないためそのことを直接証明することはできないが、ＩＯＲの記事から間接的に行商の状態について分析しておきたい。

第一の事例として、行商が茶税の納入のために管貨人から借金をしたことを挙げる。一七五九年五月六日、すなわち五八年シーズン外の最後の取引が終わり管貨人たちがマカオに引き上げる直前（この年のシーズン外取引終了は五月二八日）になって、蔡瑞官が茶税を支払えないため一四四〇両を貸して欲しいと管貨人に要請してきた。これを皮切りに行商たちが次々に借金を申し込んできた。その詳細は以下のとおりである。

五月八日　　Fatqua　一四四両

五月一五日　張族官　二〇〇両

五月二二日　陳瞪官　一八〇〇両

行商たちがこのような事態に陥った原因は、会社船ピット号（Pitt）のイレギュラーな来航であった。セント・ジョージ要塞（現在のインドのチェンナイ）から出発したピットは南シナ海でモンスーンに阻まれ、シーズン開始の時期に広州にたどり着くことができなかった。そこで船長はバタビアから東進して一旦太平洋に出て、フィリピン諸島の東側を北上し、台湾との間を通過して東から広州に至るルートを選択し、五月六日にようやく来航できたのである。この時点からピットの輸出入品の取引が開始されたが、ピットの船長は遅れを何とか取り戻そうとして五月末の出航を望んだため、取引をした行商たちは例年ではありえない時期に海関に輸出税を支払う義務が生じたのである。[14]ところが管貨人の言によれば「行商たちはすべての資金を来シーズン用の茶の購入のために茶産地に送っており、この時期に西洋船の出港があるとは予期していなかった[15]」ため、管貨人に支援を要請したという状況であった。

この事例は、当時の行商の資金繰りの実態を端的に示していると言える。元来行商たちは潤沢な資本を持っていなかったという見解は、先行研究においてもつとに指摘されてきたことである。それにもかかわらず行商たちは持てる資金をすべて投げ打って翌シーズンの取引に期待をかけていたことになる。まさに命がけの商売である。行商たちの多くがこういう状態にあったとすれば、貿易品価格の高騰や暴落は言うに及ばず、突発的に発生する不慮の出来事によってその死活が分かれてしまうという、極めて不安定なバランスのうえで取引が成立していたと言えよう。

この資金難を乗り越えようと行商たちが打った手は、資本を持つ行外商人たちをパートナーとして対西洋取引に引きこむことであった。例えば陳瞪官はボヒー取引（八月一三日）や毛織物の取引交渉の時（八月二二日）に、王三爺（Won sam ye、漢字名は発音から推定）という人物を帯同して管貨人に引き会わせている。管貨人は彼のことを「大変な金持ちである」と書きとめているが（八月二二日）、ファンダイクは内地茶商人であると解説している[16]。ファンダイクが根拠を示していないので確定することが困難であるが、いずれにせよ陳瞪官が資金のある人物をパートナーとして取引に引きこんだということである。また一七六〇年六月三〇日には、管貨人は会社が借りたYee=ho=hong（怡和行か）の一年間の賃料として六〇〇両を陳瞪官と王三爺に支払っている。こうした事例から、王三爺は陳瞪官のパートナーとしてではあるが、実質的には新たな行商として対西洋貿易の舞台に現れたと解釈できよう。また同様に蔡永接もYong=ti=ye（漢字名不詳）という人物をパートナーとして貿易に引きこんでいる。こうして、行商の立場から言えば、彼らの資金面での負担を減らすという効果が期待されたものと考えられる。

このほか、資金面から見て行商らがイギリス人に負債を抱えていた実態がこの時期次々に明らかになった。一七五八年に死亡した黎開観が税金の未払い一万両、イギリス人に五万両、フランス人に八万両、オランダ人に一万四〇〇〇—一万五〇〇〇両などの借金を残したことはその一例である[17]。彼の死後、広州当局により家産は没収の上売却され、それで得た金は税金の未払い分に充てられた。イギリス人はその借金の抵当に入っていた資元行を手に入れた。しかし後に陳源泉は黎開観の借金を代わりに返済し、資元行を受け出している。

行商が自分の行を借金の抵当に入れることは、それほど特殊な事例ではなかったようである。一七五九年一一月三日の記事には、蔡永接が義豊行を抵当に会社から三〇〇〇両を借金していたことが記されている。蔡永接が返済金を持ってきた時、管貨人は現在行を改修しているため中国の新年まで住むことと、翌年も六〇〇両で借りたいと申し出て蔡永接もこれを承諾したという。すでに述べたように、行商は行を所有してこそ行商としての機能を果たしえたはずが、それを抵当に入れてしかも借金のかたに取られているということは、行商にとっては受け入れがたいことであっただろう。イギリス側から考えると、常駐委員会の設置と併せて、毎年行を移動することなく貨物や金品の保管ができることは歓迎すべきことであったと考えられる。

四　清側の対応策

(一)　防範外夷規条の制定

広州当局および行商はこれらの会社側からの挑戦に、即座に対応しなければならなかった。最も重要度が高かったのはフリント事件への対応とその再発防止のための対策であった。

フリントは広州に送り返された後、供述を取られ、審理と清朝中央の裁可を経てマカオで投獄された。彼が訴えた各条項は、調査のために派遣された新柱らによってそれぞれ処置が定められた。まず、李永標始め海関の役人が賄賂を取っていることについて新柱はこれを事実と断じ、李永標らを罪に問うている。黎光華（開観）の負債については、その息子に資産となるものが受け継がれているので必ずイギリス人に返済させる、と処置している。貢品となる貴重品の代金を行商に負担させている、という訴えについては事実無根であると一蹴し、保商の設置が行商や西洋人を苦しめているという主張に対しては、遠来の西洋人は中国の法・言語・習慣に通じていないため保商は必要であるという結論に至っている[18]。

以上の新柱の結論には、次のような方針が貫徹している。第一に、官僚の収賄は処罰すること、第二に、西洋人への負債は必ず返済すること、第三に、広州貿易の制度については現状を優先して一切の手を加えないこと。つまり、結果から見ればフリントの要求によって監督が挿げ替えられ貸した金を返してもらえることになったが、貿易制度には何の変更ももたらされなかったということになろう。

しかし、広州当局としてはこうした措置に止まるわけにはいかなかった。フリントのような不心得者が二度と現れないような対策を講じる必要があった。そうした文脈から発令されたのが防範外夷規条であったという見方が従来の研究では一般的である。防範外夷規条とは、一七五九年に清朝中央と広州当局との間で議論され、一七六〇年に皇帝の勅諭として西洋人に通達された、在広州西洋人の行動制限に関する法令である。その内容は、㈠冬の間広州にいることの禁止、㈡広州に到着したら行に居を定め行商の管理下に入ること、㈢西洋人に資本を借りて取引すること、西洋人が中国人を雇って使役することの禁止、㈣西洋人が人を雇って音信を通じることの禁止、㈤西洋船の停泊地に兵営を置き出入りを管理する、というものであった。

ただし、防範外夷規条のベースとなるような制度改変の試みは、一七五八年のシーズン中から起こっていた。五八年シーズン中の記録が欠けているのでその発端についてはうかがい知ることができないが、明くる五九年一月四日の記事に、「一二月二八日に手渡した我々の抗議書に対する総督の返事」の中身が掲載されている。そこで議論されているのは、①シーズンが終わったら本国に帰るかマカオに退去しなければならないが、業務が残っている場合は数人が残ることができる、②保商を指名せず納税は自分たちで行うと言う管貨人に対して、それは認められないとしている、③中国人商人に不正があった場合は海関に訴え出ること、その際必ず証拠が必要である、④輸出入品のチェックは海関の役人の責務である、密輸があってはならない、⑤海関に談判に来る時は、通事にやらせること、というものであった。

内容から察するに、五八年中に総督が、冬の間は広州に居てはならないとか、保商を指名しなければならないとか、貨物のチェックを受けなければならないといった布告を発したものと考えられる。それに対して管貨人が抗議書を提出し、それに対する返事が本件ということになろう。これを防範外夷規条と比較すると、第一条のマカオへの退去と、第二条の保商の監督下に入るという条項が重なっていることがわかる。つまり、この二条はフリント事件以前から広州当局が発布しようという意志を持っていた規則ということになる。そしてそのことは、この条文に含意されるところを考えるうえで、まずはフリント事件を考慮に入れる必要がないということでもある。

それではシーズン外に広州を離れなくてはならない、という条文はどのような含意を持つのだろうか。広州から退去させたいのであれば、わざわざ「シーズン外」という条件を付ける必要はないはずである。とすれば、シーズン外に西洋人が広州に居ることで広州当局や中国人商人たちが蒙る損害について考えればよいだろう。そう考えると、想起されるのはシーズン外取引である。シーズン外に広州から退去させれば、イギリス人のようにシーズン中の茶取引を手控え、わざわざ時期をずらしてシーズン外にボヒーを大量に購入するということができなくなる。茶は広州の商人たちにとって、特に生糸が高騰した五〇年代には安定して利益を得られる数少ない商品であったため、シーズン外の茶取引は彼らに悪影響を与えたと考えられる。そして行商たちが経営を維持できなくなると広州貿易の秩序の維持すら覚束なくなるという認識から広州当局はこの条文を設けたと推察される。

次に、保商の指名を強制することについては、いくつかの動機がありえる。まず徴税、広州の秩序維持、そして貢品の問題である。すでに述べたように、会社側は広州に貴重品を持ち込まない広州当局者に見せない、という方針を管貨人や船長等に徹底した。したがって貢品収集の制度に関しては、一七五五年以前の段階に戻ってしまったと言える。そのため保商制度を徹底するという広州当局の思惑のなかに、貢品収集があった可能性は大きいだろう。それは

第四条の、輸出入貨物を検査するという条文とも関連しているように思われる。

こうした制限を課そうとする広州当局に対し、管貨人たちもいく度かこれに抗議し、遣り取りを重ねている。特に七月に入って新しい来航船を迎える時期が迫ると、管貨人は監督や総督に対し、いく度も保商は必要ないと主張している。そうしたなか、七月六日に総督と監督は連名で命令を発し、保商は徴税に責任を持つこと、西洋人に自分で納税させてはならないこと、保商はあらゆる輸入品を行外商人に売らせないよう責任を持つことなどを要求した。管貨人はこれに対し、七月一六日に監督と面会してもし保商を設ける必要があるのならば、イギリス船は珠江を遡上しない（貿易をボイコットする）と脅している。また海関の収賄についても指摘し、さらにいかなる状況下においても、誰とでも取引できる権利を保証してもらいたいと監督に要求して、監督もこれを承認するなどしている。そして結局七月一九日には監督が自ら保商を任命し、管貨人もここに至って来航船の船長に黄埔に船を進めるよう命令を発したのである。

以上の出来事を前提として改めて防範外夷規条を読むと、その広州貿易に対する意味が明らかになる。防範外夷規条を制定する際清朝中央から与えられた厳命は、フリント事件の再発防止であった。そうした意味で、第二条では保商たちに西洋人の行動を監視させ、その違法な行為について責任を取らせるというニュアンスが強まっていると考えられる。第三条は、第一に黎光華のように西洋人に借金をする商人を出さないということであり、第二に汪聖儀のように西洋人の手先となる商人を取り締まるという意味を持っている。汪聖儀が五九年にも広州で会社のためにグリーンティーを買い付けようとしていたことはすでに紹介したが、彼はその後捕らえられて裁判にかけられ有罪（杖六〇、徒一年）になっている。罪状は、西洋人から資本を借り取引して利益を得たこと、西洋人に借金したこと、であった。汪聖儀父子はフリントと親密であったため広州での調査の早い段階から新柱にマークされており、寧波でイギリス人と取引したこと、その後広州に出てきて親密な関係を続けていることなどかなり正確に把握されていた[19]。それを知った汪聖儀は逃走して身を隠したが結局捕らえられて裁判にかけられたのである[20]。汪聖儀は管貨人にとって、産地の情報提供者であり、会社の資本を携えてグリーンティーを買い付けてくる社員でもあった。清朝中央や広州当局はこうした汪の存在を危険とみなし、禁令の対象としたのである。第四条も情報伝達という点で汪聖儀とかかわりがある。また管貨人が蘇州に送り生糸価格の情報を調査させていたCainquaも取り締まりの対象にすることができる。それだけでなく、ここでは第七章で言及したような手紙を運ぶ役割を果たした人々を指していると考えられる。そして第五条は、船の管理を徹底し、勝手気ままにいろいろなところに行かせないようにという主旨である。

このように防範外夷規条は、フリント事件の再発を防止する意味を第一義としながら、広州の貿易秩序や行商らを保護する効果をもつ条文を織り交ぜていることに特徴がある。そしてそれが、従来の広州当局によって発せられる布告と違い、皇帝の名義で下される命令であったという点も重要である。なぜなら、皇帝からの命令ということであれば広州当局も行商たちも絶対遵守の意識を持っていたため、管貨人らも全く抗議や抵抗の余地がなかったからである。

(二)「公行」という行商連合

それでは最後に、「公行」設置の意味について分析を加えたい。「公行」の本質を理解するためには、一七五八年シーズンの開始時期まで話を戻す必要がある。この年はパルマーによって常駐委員会が始動した年である。常駐委員会設置による取引構造上の変化については、図を用いつつ説明を加え、そこで行商側の取引相手が常駐委員会に一元化されてしまったことを強調した。いわゆる、東インド会社版公行とでも呼べるような、従来とは大きく異なる取引形態が現れたことで、行商はそれに対応する手段を生み出す必要に迫られた。その手段のひとつが、行商の連合による毛織物の引き受けであった。

毛織物の売却に当たって管貨人は八月四日に行商らにサンプルを送り、価格を付けさせている。そして八月七日に黎光華と顔瑞舎が輸入品価格をオファーしたが、彼らはすべての量を取引したがらず、せいぜい二分の一か五分の二程度であれば引き受けると提案した。そこで管貨人は輸入品を五つに分け、五人の行商で分割して引き受けてはどうかと提案している。そこで名前が挙がったのが、黎光華（開観）、顔瑞舎、蔡義豊、陳寿官、潘啓の五人である。それぞれに打診したところ、陳寿官は毛織物と鉛は買わないと返答したため、残りの四人で分割することになったのである。この時には輸入品に関してのみであったが、毛織物の取引というひとつの事業を行商たちの連合によって遂行している点は、「公行」の本質を示す形態である。ただしこの形態は臨時のものであり、それがほかの取引に影響を及ぼすといったことはなかった。

それでは次に、「公行」が制度化されてゆく過程を追ってみよう。管貨人が行商の連合に関する情報を書き残しているのが、一七六〇年四月一二日の記事である。そこには、商人たちは自分たちのところに来たがらない、どうやら連合（association）の設立について話し合っているようだというコメントが付されている。

その後四月二〇日に総督が商人たちに対し、西洋人たちに五日以内にマカオに退去するよう伝えるよう命令した。二六日にはさらに通事がやってきて、皇帝の命令だから早くマカオにいくようにと伝えている。それに対して管貨人たちは、皇帝の命令に応じる用意はあるが、会社の金を安全に保管する手配と、商人たちとの個別の購入契約をするのが先であると答えた。この返答を受けて翌日二七日、この日まで商人たちは誰も契約に来なかったが、この日、潘啓と顔瑞舎と陳捷官がやってきて次の条件でオファーしている。

潘啓のオファー――ボヒー一二・八両／担、一級松羅二二両、二級松羅一九両、屯渓二三両

顔のオファー――ボヒー一三両、一級松羅二二・五両、二級松羅二〇両、屯渓二三・五両

陳捷官のオファー――顔と同じ

これを見ると、後の二者よりも潘啓のほうが良い条件を提示していることがわかる。その時管貨人は陳捷官に、

「もし行商のうち二人か三人が、現在行商たちが企図している有害な連合を葬り去ってくれるならば、我々は取引の大部分をその商人たちと交わそうではないか」と提案した。陳は「私は連合には賛成しておらず、その計画を反故にしたいと思っている」と返答した。さらに陳は顔瑞舎もそれに参加させようとすることを約束した(21)。

その後、五月二日に次の内容の記事が残されている。九人の行商たちが話し合いをして、これまで担当たり二両を徴収していた追徴金(22)（exceedings）を五分まで下げることを決定した。彼らは我々が茶に対して今後高い価格では買わないと考えていることがわかったようであり、この減額によってさらに高額な支払いを我々に課すことができるようになると思っているのだろう。思うにこれは連合成立の前段階である。そしてこの連合を計画しているのは蔡瑞官であろうと思われる、と。

次いで五月三日に潘啓がやってきて、先日オファーした値段では取引できないと言う。さらにもし彼と取引するならば、もっと前貸しが必要であると要求し、管貨人は明日返答すると答えている。翌五月四日、管貨人はほかの商人と会話するなかで、潘啓より良い条件での取引はできないと判断し、彼の要求を受け入れることを決めた。その内訳は、ボヒーが一担当たり一二・五両で前貸し一〇両、一級松羅が同二一両で前貸し一六両などであった。そのほか六日までの三日間で、陳瞪官と王三爺、陳捷官、顔瑞舎、蔡義豊、蔡永接とYong＝ti＝ye、葉義官、Footia（行外商人陳寿官が保証）、陳源泉らと契約したがその価格が全く同じであった。この時点ですでに連合が機能していたようである。

この後シーズンオフをはさんで八月四日になると、行商がやってきて、船を入港させないイギリス人に対して、なぜ取引を開始しないのかと問うている。管貨人は、もし連合として取引するなら拒否する、個別に取引するまで取引開始しない、と答えている。さらに、皇帝は、主に行商と取引するようにと命令したことは知っているが、連合を組織しろと命令してはいないはずだ。ただしそれが皇帝からの命令であれば、本国役員会がそれを知るまでは、行商と取引するつもりだと伝えている。これを受けて八月九日、行商たちは監督のところに行き、管貨人らの質問を彼に伝えた。監督は以前と同様に個別に取引するべきであろうと考えており、そのことを総督に伝えるということであった。そして「ついに希望が出てきた」とコメントしている。

ところがここで事態が全く逆の方向に進んだ。八月一〇日に管貨人は陳瞪官が総督に逮捕されたとの知らせを受けた。罪状は監督に連合結成反対の意見を述べたことであるという。南海県の役所で裁かれ、未払いの税金（二四〇〇両）の完済、行商ライセンスの剝奪、原籍の福建への送還が申し渡された。また行商たちは総督から、イギリス人とどのような取引をしたかを報告するよう命令を受けた。管貨人は、「それが必要だというなら、どんな情報も呈上しよう。連合については今までの見解を繰り返し、どの国も不利な条件下で取引せずに済むことを請け合って欲しい」と行商に答えている。

次いで八月一六日に監督から、今回の措置は皇帝の命令によるものなので、行商も通事もこの決定を覆すことはできないと伝えられ、その後オランダの管貨人らとともに総督に対して連合の取り消しを求めた請願書を送った。そして総督からの返事には、もし行商たちが自分たちのみに有利な価格を設定するようであれば広州当局が解決すること、取引する商人は行商たちのなかから好ましい者を選んでもよいこと（For the ships which are arrived you may do your business with any of the Emperor's merchants（meaning Hongists）you please）などの条件が記されていた。

ここに至ってイギリス人もオランダ人もこれ以上の抵抗は無意味と考え、個別に取引に入った。以上が従来「公行」と呼び習わされてきた行商連合の結成までの大まかな流れである。

五　行商連合による取引の形

それでは一七六〇年の連合成立直後に限って、連合がどのように機能したかを検証してみよう。六〇年には四月の契約以降、会社による茶葉取引は認められない。そのため他の国の取引に関する記述なども拾いながら論じたい。

まず東南アジア原産の輸入品として、胡椒・錫の価格を比較してみたい。八月二五日顔瑞舎がやってきて、コットン一〇両、胡椒一五両、錫一二・五両（これらの価格はすべて担当たり）をオファーしている。陳捷官と蔡義豊は見本を見るまで決められないという。九月二日にまた顔瑞舎が来て、八月二五日と同じ条件をオファーしている。陳捷官・蔡義豊も同様の価格を提示したが、白檀だけは顔瑞舎が八両の提示であったのに対し陳捷官・蔡義豊が八・五両と提示している。オランダの取引も胡椒一五両、錫一二・五両と、イギリスの価格と変わらない（九月二日）。管貨人は胡椒の価格で取引を躊躇しているが、デンマーク船がさらに二隻インドから来るという情報を受け、競合によりこれ以上価格が下がることを嫌ったため、上記の条件で取引することにしている。

この経緯から、いくつかの特徴がわかる。連合が成立したとはいえ、取引する商人の選択に関しては、従来どおり個別の商人との交渉で決定されたようである。また価格も市況によって変化することが前提で、そのなかで行商たちが価格決定に関しては足並みを揃えることが原則であった。ただし、白檀のように、異なる価格を提示することもありえたのである。結局この取引は九月五日に条件が決定されるが、そこでは白檀は九両で上述の三人の行商に売却されることになっているので、行商から提示される価格ですべてが決定されるわけではなく、従来どおり交渉の余地もあったとみなすことができる。

一七六〇年に設立された連合は、一七七一年まで続き解散されたことが知られている。その間にもその制度は少しずつ変化しているようであり、その制度と取引実態の解明は、別稿で試みたい。

小結

本章の分析から、一七五七年以降の広州貿易の実情と制度の変化については次のように総括できる。

まず貿易に変化をもたらしたのは五七年、五八年の来航船の減少である。これはヨーロッパでの七年戦争に端を発し、インドでも植民地獲得をめぐってヨーロッパ諸国同士の争いが起こったため、各国はそれまでどおりに広州に船を送ることができなくなったためであった。来航船の減少はすなわち買い手の減少を意味し、広州で売れ残った茶葉は例年よりもより安い値段で買われていった。それは特にシーズン外取引において顕著だった。生糸もかなりの値下がりをしたが、その値段は相変わらず高い水準にあり、さらに毛織物の輸入も清側の商人にとって負担であったことには変わりはなかったので、それらの損失を補塡してきた茶の価格が下落したことは行商たちにとっては状況の悪化を意味した。

それに追い打ちをかけるように会社側は、常駐委員会の設置、汪聖儀の利用、行を抵当に取った貸付けなどによって従来の取引のあり方を変化させていった。特に貴重品売却の拒否と直接納税の請願は保商制度を解体することを目指して行われたことであった。これらの改編を行う理由について管貨人たちは、広州当局が行商にかけている納税と貢品収集の負担を減らし行商を保護するためという言い方をしてはいたが、会社側が行った取引における様々な改革は、つまるところ広州に自分たちの地歩を築いてゆくことにほかならなかった。

こうしたなかで、行商たちの財政状況は悪化していたようである。死去した行商が多額の借金を抱えていたことが明るみに出、さらに行商のなかのいく人かは借金の際の抵当に自分の行を設定し、しかも自力では負債を返済できないほどに追い込まれていた。こうした会社側の動きに対して清側は、保商制度の継続・防範外夷規条の制定・行商連合の結成で対抗した。

そうした文脈を意識すると、行商連合の結成にも行商たち自身が自らを守ろうとする道理があったと考えることができる。なぜならこれまで「公行」と呼ばれてきた組織は、少なくとも六〇年の結成同時の事例に限れば、毛織物を少数の保商だけに請け負わせず行商たちが皆で負担することと、シーズン外取引の茶価格の協定を本質的な機能としていた。本書で一貫して「公行」の語を括弧扱いにしたのは、分析によって明らかになった形がこれまでの「公行」像からあまりにかけ離れているからである。この組織は、当時の西洋人が呼んだように、連合と称するのがふさわしいと筆者は考える。

さらに行商の保護という文脈で言えば、防範外夷規条のなかにシーズン外は広州から退去すべきことという規定があるのも、シーズン外取引の実態と重ねてみればその必要性が理解できるだろう。そのほかの規定についても、貴重品売却の拒否という管貨人の態度に対するもの、フリント事件を引き起こしたイギリス人に対するもの、内地の中国人を使役して利益を得ている行動に対するものなど、どれも従来の広州貿易の形を破壊しようとするイギリス人に対する対応策として説明が可能である。

このように広州貿易にまつわる複雑に絡まり合った事情をひとつずつ解きほぐしていくと、「カントンシステム」そのものが、清側の頑迷さによって成立したのではないことがわかるだろう。すべては、それぞれの当事者がとった行動への反応あるいは対応として推移していったのである。

（1）　Hosea Ballou Morse, *The Chronicles of the East India Company Trading to China, 1635–1834*, 5 vols., Oxford University Press, Oxford, 1926, 1929, vol. V, p. 93.

(2) Yong Liu, *The Dutch East India Company's Tea Trade with China 1757–1781,* Leiden, Boston, 2007, pp. 99–100.

(3) 岡本隆司『近代中国と海関』名古屋大学出版会、一九九九年、九九―一〇〇頁。

(4) P. A. Van Dyke, *Merchants of Canton and Macao, Politics and Strategies in Eighteenth-Century Chinese Trade,* Hong Kong University Press, Hong Kong, 2011, pp. 54–57.

(5) John E Wills, Jr., "Very Unhandsome Chops": The Canton System Closes In, 1740–1771, In *Tradition and Metamorphosis in Modern Chinese History, Essays in Honor of Professor Kwang-Ching Liu's Seventy-fifth Birthday,* Academia Sinica, Taipei, 1998.

(6) 村尾進「乾隆己卯――都市広州と澳門がつくる辺疆」『東洋史研究』第六五巻第四号、二〇〇七年。

(7) IOR R/10/4, Palmer's Committee, August 22nd 1759. "The Merchants being extremely backward to purchase the woolens."

(8) IOR R/10/4, Palmar's Committee, 29th July 1758. "We hereby inform you the Honorable Company have thought proper to put their affairs at Canton upon a new footing and ordered them to be managed by a president & council consisting of Messer's Palmer & c. who are to take charge of all the casuals that may arrive for the management of which no Supra Cargoes have been named, or appointed by the Court of Directors, and we do apprehend of all other concerns of which there may happen to be no regular appointment, our opinion being founded on the following paragraphs of our Instructions/52 & 121, Copy of which you have enclosed for your further information."

(9) 汪聖儀の五八年と五九年の取引について、檔案には五八年には管貨人から一万三八〇両を預かり一一月に安徽に買付けに戻ったとあり、五九年については七月（旧暦。新暦では八月に相当）に「茶葉四万三十二箱」を買い集めたとの記録がある（『清宮粤港澳商貿檔案全集』第四巻、両広総督李侍尭「奏為審擬汪聖儀一案」、乾隆二四年一二月二二日、二〇三四頁）。IORでは五八年のシーズン中盤の記録が欠けているため数値を比較することはできないが、五九年の数字は二つの史料の間に大きな差が見られる。

(10) フリント事件の整理に当たって、朱雍「洪仁輝事件与乾隆的限関政策」『故宮博物院院刊』一九八八年第四号、総第四二巻、一九八八年、を参照した。

(11) 『清宮粤港澳商貿檔案全集』第四巻、直隷総督方観承「英吉利国夷商控告粤関由」、乾隆二四年六月二九日、一七三七頁。

(12) IOR R/10/4, the General Committee of Lockwood, February 15th 1759. "Lest the Company should have dispatched a ship

for Limpo we think it proper to give you all the information in our power for your better government. To enter into a long detail of the prohibition laid for your going to that port would be only repeating what you must already know from the accounts carried home by Mr. Blount since that time we have had certain information of the Hong built there being destroyed. The Honginst and every other person employed by the company ordered to quit the place, and positive order given to the chief magistrates no to suffer by any means a ship to stay at Chusan, or give them the common necessaries they may want after so long a voyage, but oblige the, forth with to leave the port. This strict order had been given by the Tsontou of that province who went from hence/undoubtedly at the instigation of the merchants of Canton/He is very lately gone up to Court, and it is not yet known if he will return to the Viceroyalty of the province of the Che_kien. Should he not, there may be an opening to introduce the trade again. We would therefore recommend it to you by all means to stop at Macao where/if there is the least possibility of your succeeding/Mr. Flint will be ready to accompany you, and where you may be sure of having every intelligence from us, that may be necessary for you to know. The Prince Henry did not proceed to Limpo from a certainty of being obliged to return to Canton should it have been attempted and upon a supposition that her going might prevent our again attempting that trade, where the favourable circumstance of a new Tsontou being appointed there might bring it about."

(13) IOR R/10/4, the General Committee of Lockwood, May 5th 1759. "Since we wrote you our wishes for the removal of the Tsontou of the Tche kien province came to pass. He is appointed in that quality for the province of Nankin, which we hope will make an Alteration in the Lompo affairs. We shall be using our diligence to promote the renewal of the trade there and must repeat our request to you of stoping at Macao, where you shall hear from us, and have every intelligence that we can procure. We propose going to Macao with the ship where we shall stay till the arrival of an English ship."

(14) Morse, *The Chronicles, op. cit.* p. 74

(15) IOR R/10/4, Palmer's Committee, May 6th 1759. "they having sent all their money into the Country to make purchase for the approaching season, not expecting the dispatch of a ship at this time."

(16) Van Dyke, *Merchants of Canton and Macao, op. cit.* p. 56.

(17) *Ibid.*, pp. 144–146.

(18) 朱雍前掲「洪仁輝事件与乾隆的限関政策」、一二一一四頁。

(19) 『清宮粤港澳商貿檔案全集』第四巻、欽差大臣新柱「奏報査辦代寫呈詞之内地商人摺」、乾隆二四年八月三〇日、一九二九頁。

(20) 『清宮粤港澳商貿檔案全集』第四巻、江蘇巡撫署両広総督陳弘謀「奏報拿獲汪聖儀解広由」、乾隆二四年九月二九日、一九六二一一九六三頁。

(21) IOR R/10/4, Lockwood's General Committee, April 27th 1760. "We told Chetqua if any two or three of them would totally put an end to the pernicious association they have been attempting we would throw the greatest part of our business into their hands. He said he was far from encouraging it, and seemed well inclined to defeat the scheme, he promised to sound Sweetia upon it, and sad if he was as well disposed something might be done."

(22) ここで述べられている追徴金について、他所での言及がないため詳細は判じえないが、おそらく何か金銭的トラブルがあった時のために積み立てておく「行用銀」のようなものであったとも考えられる。

補論　行商ギルド論誕生の背景

はじめに

本補論では、序論の先行研究を補う形で、モースに代表される通説がいかなる経緯から生まれてきたのかを考察することを目的としている。周知のとおり、これまで多くの研究者が通説、特にモースの所論に対して批判的立場から研究を行ってきており、その詳細は序章で整理したとおりであるが、本書もまた例外ではない。それらの批判は首肯できるところであり、筆者も立場を共有するが、それでも筆者自身ひとつの疑問を未だに拭い去ることができない。

確かにモースらが打ち立てた通説は、その論自体が内包する矛盾や、現在の研究において利用できる史料の水準から見て、実態にそぐわないと感じられる部分が少なくない。しかし一方で、そうした「不合理」な論が成立したのも事実である。なぜそういったことが起こるのか。

この問題を考えるひとつのヒントとして、通説とされた研究も所与のものとしてではなく、そのほかの研究と同様に、その時々の時代状況や研究者の経験に大きく左右され、生み出されるものだと考える視点がありうる。その視点に立てば、広州貿易の通説はどのようにして誕生したのか、という問いを立てることが可能であろう。この問いに答えることは、広州貿易の通説が中国の理解にとってどのような意味を持ち、なぜこれほど長い間受け継がれてきたのかを理解するために、重要なことである。

岡本隆司はこの問題に対して、「一九世紀を通じて、西洋（イギリス）の目指した中国に対する「自由貿易」の理想がまず存在し、それが貫徹しない現実と直面することによって、観念的なイデオロギー・守るべき体制としての「自由貿易」とそれが克服すべき対比的な「体制」とが措定された」、と論じている[①]。首肯できる見解であるが、本補論では「自由貿易」というイデオロギーの作用だけでなく、モースの研究が生まれた二〇世紀初頭に問題とされていた社会的・経済的要因を幅広く取り入れて考察したい。

このほかモースに関する先行研究には、フェアバンクらによるモースの伝記[②]があるが、これは上述の問いには答えてはくれない。そこで、モースが本格的に著述活動を始めた二〇世紀初頭に遡って分析を行いたい。またモースだけでなく、当時、広州貿易に関する専論を表したイームスの業績もモースとかなり類似した主張を展開しているため、まずはイームスの著作[③]を分析することから始めたい。

一　イームスの広州貿易への関心

モースについては近代中国研究の大家としてすでに著名であるが、一方のイームスは残した著作が少ないこともあって、モースの影で看過されてきた人物である。しかし、広州貿易研究の発端と彼が行った作業、そして彼が論じた問題意識を考慮すると、モースと同様にイームスの著作も重要な示唆を与えてくれる。そこでここではまずイームスの研究を詳細に分析して議論の前提を用意し、続いてモースの一連の著作の意義を論じてみたい。

イームス（James Bromley Eames）はオックスフォード大学ウースター校で法学を学び、法学学士に相当するＢＣＬを取得、その後ミドルテンプル（ロンドンの法曹院）を経て、一八九八年から一九〇〇年にかけて中国の国立北洋大学で法学を教授した人物である。

イームスが研究のために行った作業は、一九〇九年当時の状況から見て、極めて水準の高いものであった。具体的には、当時イームスはＩＯＲを用い、イギリス人が中国で貿易を始めた当初から、南京条約の締結に至るまでの時期を対象として研究を行った。このほかに一八三二年から二〇年間にわたって中国で出版された *Chinese Repository* や、本国の議会文書を用いている。これは、同時代のモースの著作ではアウバー、デーヴィス、ハンターなどの二次文献や回顧録しか利用されていないことからすると、画期的な業績であったと評価できる。

イームスが取り上げた内容は、整理すると凡そ次のようになる。イギリスの初期の中国貿易、一七二〇年の公行設立、一七三六年の乾隆帝上諭、一七五五年の「独占」布告、一七五七年の広州一港制限令、一七六〇年の公行再設立、一七七〇年代の行商の破産、一七九三年のマカートニー使節、一八一六年のアマースト使節、一八二〇―三〇年代の行商の破産、一八三四年の東インド会社の独占廃止と貿易監督官ネーピア卿の派遣、アヘン貿易の包括的記述、欽差大臣林則徐の派遣とアヘン没収、アヘン戦争、南京条約である。説明するまでもなく、この流れは広州貿易史の定石とも言える内容で、選択されたトピックも現代の研究者が広州貿易を説明する時に用いるものと一致している(4)。

広州貿易時代に起こった出来事を時系列で並べていくと、ある程度同様の章立てになることは、史料の性質上止むをえないことと思われる。実際、一八三〇年代以前のトピックは会社のセクレタリーであったアウバーのものと類似しており、これは両者がともにＩＯＲを材料として用いたことと無関係ではないだろう。ただ、イームスにおいて特徴的なのは、二〇世紀初頭における中国の状況を念頭に置き、それと関連させる形で広州貿易時代の出来事を分析している点である。

これについてイームスは序文において次のように述べる。

この本を出版するに当たっての私の最初の目的は、今日の中国における我々の利権を紹介し、分析することであった。しかし過去に対する知識なしに現在の状況を理解することは全く不可能であることは、すぐに明らかになった。そこで当初の計画は放棄し、これらの利権の由来、拡大、発展を説明することにした。(5)

彼がはっきりと書いているように、彼の目的は二〇世紀初頭のイギリスと中国との経済関係・国際関係、特にイギリスが獲得していた利権について論じることであった。実際にはその構想は修正され、歴史を遡った記述が中心となったが、そこでテーマとされたのはやはりイギリスの中国利権の来歴であった。それではなぜこの時期にイームスは中国利権について分析し、回顧しなければならなかったのだろうか。この疑問を解くためにも、もう少しイームスの記述からヒントを得たい。

彼は巻末に一章を設け、一九〇九年時点で認識されていた問題点について検討を加えている。そこでイギリスの利権として最初に取り上げられたのがアヘン問題であった。近年の諸研究が明らかにしているように、インドから中国に大量のアヘンを輸出していたイギリスは、国内外からアヘン貿易に対する非難が強まるにつれ、二〇世紀初頭に至ってアヘン貿易を削減しようとする姿勢を見せた。イギリスのこうした動きに合わせる形で、清朝は一九〇六年に国外からの輸入と国内生産のアヘンとを一律禁止するという上諭を発する。翌一九〇七年には中英間でインド―中国間のアヘン取引を削減する協定が結ばれ、アヘンの対中国輸出は減少する趨勢となったのである。当然この貿易削減の動きは国際的アヘン貿易のハブ港としての地位にあった香港やマカオのアヘン政策に大きな変更を強いることになった。(6) こうした状況のなかでイームスが論じたのは一九〇六年の清朝の上諭とその取締りについてであり、当時の中国がアヘンに毒されているのは、アヘン戦争前のイギリスの政策によるところが大きいとする見方も可能であると認めている。そのうえで、アヘン取締りのためには中国側の努力だけでなく、イギリスによるサポートと輸出構造の転換が必要であると述べている。彼にしてみれば、一八三〇年代における林則徐のアヘン取締りと一九〇六年のアヘン厳禁上諭を重ねてみることも突飛なことではなかったのであろう。

また買辦についても当時の中国の弊害として取り上げている。買辦とは中国で貿易に従事するイギリス人の活動を総合的にサポートし、中国人商人との間を取り持つ仲介者であり、その商社で働く中国人の管理者でもあり、取引の保障も彼らによるところが大きい。しかし、ほとんどのイギリス人商人が中国語に熟達していないために、買辦に与えられた権限の大きさが仇となり、実質的に買辦に支配されているという認識を持っている。実際に買辦の経済活動が外国商社にとって益ともなり損ともなることはこれまでの研究で明らかになっており[7]、イームスの認識は当時のイギリス人にとっても共感できうるものであったと想像できる。こうした点からイームスは「買辦制度はより良い制度に取って代わられる時期が来ている」と述べ、アヘン戦争前の行商や公行の「独占」とアヘン戦争後の買辦制度を同じ文脈に当てはめて語っている。

このほかにイームスが問題としているのは、利益が上がらず激しい国際競争に晒されている綿貿易、条約による特権がいつまで続くかという懸念（中国が改革され、トルコのように不平等条約の撤廃が行われること）、清朝政府と直接交渉する権限を持つ貿易監督官を北京に常駐させるという悲願、いつまでも止まない教案（キリスト教の布教活動に対する抵抗運動、時に宣教師らの生命を奪うことになった）など、多岐にわたっている。そしてこれらはいずれもアヘン戦争前の貿易状態、あるいは南京条約によってイギリスが獲得した貿易特権と結びつけて論じられるものばかりであった。

このように広州貿易研究で必ず言及される、商人の「独占」問題、アヘン問題、中国人官僚との通信手段の問題、マカートニー使節に代表される儀礼問題など、一見バラバラに見える問題関心も、二〇世紀初頭のイギリス人の立場に立つことで統合的に理解できるのである。

そして彼は結論においてイギリスとかかわるようになってからの中国を、

> 我々が中国と関係を持つようになってからの歴史を振り返ってみると、ある疑問に突き当たる。それは我々と関係をもつことで中国は何かを得たのだろうか、という疑問である。正直に言えば、中国はほとんど何も得るものがなかったことを、我々は

認めざるをえない。財政を枯渇させ、アヘンの代金を現金で支払い、外国人が中国にいるのは中国がそう強いられたからであるにもかかわらず、列強が自国の利権のために行う軍事活動の費用を肩代わりし、あるいは外国人〔の安全〕やその財産への侵害に対して賠償するなど、中国が失っている資源は計り知れない。⑧

と論じ、またそのような中国の体質について次のように評した。

中国人は墓に執着し、その関心は過去について瞑想することに向けられている。彼らは未来を見ることはなく、その精神性は、首の捻じ曲がった人間の振る舞いと同じである。彼らの思考の全ては死者に向けられ、まだ生まれ出でぬ世代のことには無関心である。これは過去という名の伝染病であり、これに束縛されてしまっているために、中国の人々は苦しんでいるのである。⑨

当時の中国は、日清戦争、義和団事件を経て朝廷の主導により幾多の改革を断行していた時期である。そうした中国の改革への期待感も一方では持ちながら、イームスはイギリス人という模範がありながらも何も変わらない、未来を志向することすらない中国というイメージをアピールしているのである。

このようにイームスは広州貿易研究を、中国における近代的要素の受容やその内実の変容を論じる材料としてではなく、二〇世紀初頭の中国がアヘン戦争以前とほとんど変わっていないという点を論じることにのみ、奉仕させている。そして論点として、アヘン戦争前の貿易の状態がイギリス人を苦しめたこと、アヘン戦争を通じて利権を獲得したこと、その利権も実態においてはさしたる効力を持ちえず、二〇世紀初頭に至ってこれらの利権が切り崩されているという図式が提示されたのである。

二　モースによる広州貿易研究と行商ギルド論への変化

一方、モースの歴史研究は、彼の専門分野であった商習慣を中心に論じ、外交史的側面については簡単に紹介するところから始まった。もちろんカナダのノヴァ・スコシアに生まれ、後にアメリカ（ハーバード大学）で学んだ彼は、イームスのように「イギリス人の利権」に囚われる必要はなかっただろう。(10)

彼の著作はその性質から三つに分けることができる。第一は海関在職中に書かれた中国の商業・貿易システムに関する手引き、第二は主に退職後に書かれた中国の経済、歴史、外交などの内容を含んだ総論、そして第三はＩＯＲを用いた広州貿易研究である。(11)これらのうち、本書とかかわる広州貿易の歴史に関する記述は第二の著作のなかに見られる。それらについて以下に整理しておきたい。

モースによる中国の歴史をも含む包括的中国分析は一九〇八年に出版された *The Trade and Administration of China*(12) から始まる。ただしこの著書の第一章の通史部分は聖ジョン大学の学長であったポット（Francis L. H. Pott）の *A Sketch of Chinese History*(13) を基にしたものである。ポットは漢籍を用いながら古代から同時代に至るまでの中国の歴史概説書を執筆した。彼は広州貿易時代を描く際に、マカートニー使節などの外交的失敗とアヘン問題を特に取り上げ、アヘン戦争に至ったという道筋を描いた。モース自身による広州貿易の歴史に関する記述は、九章 *Foreign Trade* の部分で語られている。この箇所を執筆するに当たって参考にしたと考えられる史料として、まずハンターの回顧録が挙げられる。例えば外国人が従わなければならなかった規則として挙げられている条文は、ハンターが記録しているものと酷似している。(14)同様にアウバーの著作からの引用であると思しき箇所も見られ、まだＩＯＲは使われていないと判断できる。

この初期の著作において注目すべきは、その広州貿易に関する歴史観である。モースと言えば、公行による「独占」や不利益を蒙る西洋人といった構図を主張したことがよく知られているが、意外なことに彼はこの本を著した当時においては、一八三四年に至るまでの広州貿易は「誰にとってもその意にかなったものであった」と論じている。(15)彼が論ずるには、一八三四年という年は会社の中国貿易独占権が廃止された年であり、その年までは輸入品は「公行」の手を経るとはいえ、取引価格や数量をイギリス人が決めることができ、契約も口頭で行われたが違える者がなく、会社と「公行」の双方とも友好関係を築いていた極めて良好な時代であったという。ところが一八三四年になって広州当局側からの介入が強まり、徴税が「搾取」になった。イギリス人が接触できる人々は当局の統制下に置かれた者たちに限られるようになり、情報すら遮断され、「公行」は官僚の搾取に応えるために西洋人との取引からより多くの利益を得られるよう画策しはじめた。そしてネーピアが貿易監督官として派遣された後に次のような問題点が明らかになった。それは中国人官僚と対等な交渉ができないこと、アヘン貿易の禁止、「公行」の独占と違法な徴税、西洋人の生命・財産の安全の保障が困難だったことなどであった。そしてこれらは両次のアヘン戦争によって解決されていった。以上がモースの論旨である。

上で紹介した章以外にも、治外法権について書いた第七章で、「彼ら〔西洋人〕は一般的に手厚くもてなされたが、それは貿易が彼らにとって十分に利益を生み出すものであったのと同様に、中国人にとっても同等の利益を生むものだったからであり、さらに〔西洋人は〕法を遵守する限りにおいては危害を加えられるということはなかったのである」(16)と述べ、現在知られているモースの所論とは真逆のことを主張している。このように、一九〇八年までは、少なくともモースにとっては広州での貿易を良好なものであるとする言論の余地が存在した。それでは、モースのこの考えはどこに由来するものだろうか。

それはハンターに代表されるアメリカ人の広州貿易イメージから影響を受けていたからであると考えられる。ハンターは一八二五年から四四年まで広州に滞在し、アメリカ商社ラッセル商会〔旗昌洋行〕で働いた経験を持つ。その経験を活かして二冊の回顧録を執筆し、そのなかで、行商らは口頭の取引契約であっても決して違えなかったことや、行商は「独占」者であったと言いながらも、行商以外の商人とも相当量の取引があったことや、富裕な行商の邸宅を訪れ、その壮麗さに感銘を受けたことなどを書き記している(17)。これらはイギリス人が語る悪役的な行商イメージとは一線を画すものであり、行商を好意的に語るアメリカ流の行商イメージとでも呼べるものであった。そしてアメリカで教育を受けたモースにとって、先述のように行商に対して好意的なイメージを持っていたとしても不思議なことではないだろう。

しかしモースは翌年出版された *The Guilds of China* において、行商を好意的に見る視点は一部で残しつつも、これまでとは違う新たな広州貿易理解を展開している[18]。この著作の最も特徴的な点は、ギルドという概念を前面に押し出し、中国人商人がいかにギルド的状態にあるかを主張していることである。さらに彼は中世ロンドンにおける職工ギルドと中国のギルドとを比較することで中国におけるギルドの独自性を強調している。

その論を整理すると、次のように言えるだろう。中世ロンドンのギルドの特徴は、町の全商人を含み、会員が窮地に陥った時はこれを助けるというような相互扶助的な側面を持ちつつ、外来者に対しては取引に制限を課し、市民には免除される様々な料金の支払いを強要し、宿泊先や滞在日数も厳格に定められていたことである。総じて言えば、自由人である商人の団体が、自分と町の利益のために組織したものであり、中世が終わるとともに消失した。一方で中国のギルドは、政府が作り上げたものであり、北京の皇帝や大臣が外国貿易から巨額の金を搾取することができ、しかも監査される必要がなかった。さらに国の法とは異なる内容を持つ独自の規約を持っていた。そしてそれに参加する商人たちは結局外国貿易からの搾取者であり、できるだけ搾り取ると同時にその特権に対しては巨額の金を支払っていた。ただし「公行」の商人と西洋人との個人的な取引や関係について見れば、例えば行商への借金に苦しんでいるアメリカ人商人の苦境を見かねて、その行商が借金の証文を破棄するといった事例もあり、友好的だと評価できる側面もあったという。そしてロンドンのギルドと中国のギルドを比較し、ロンドンのそれは政府とも対立しうる自由市民の象徴として、一方中国のそれは、政府と一体となって西洋人から搾取する存在として対比される。さらに、イギリスにおいては中世に消滅した旧態が、中国では二〇世紀に入っても存在していると論じている点も見落とすことはできない。

前著との違いで言えば、前著においては、良い状態にあった広州貿易は一八三四年を区切りに搾取に変わったと論じていたが、*The Guilds of China* では一八世紀初頭にイギリス人が広州で貿易を始めた当初からギルド的要素が存在したと指摘している。さらに巻末においてモースは次のように締めくくっている。

こうして全能の力を持った広州のギルド商人は、西洋の好戦的な商人たちに襲撃され、終わりを告げた。しかし中国の商人たちは自分たちの塹壕のなかに逃げ帰り、派手ではないがより効果的な武器、すなわち職工ギルドと同郷会館で武装し、戦いを続けることになったのである。[19]

このようにモースは、広州貿易時代の「公行」は南京条約によって解体されたが、その本質的な機能は職工ギルドや同郷会館に引き継がれたと言う。これはアヘン戦争をはさんでも中国商人のギルド的体質は本質的に変化しなかっただけでなく、遡って一八世紀初頭にイギリス人が中国人と恒常的関係を持つようになってから変わっていないという主張だと読める。これこそが、岡本が「公行」＝「ギルド」＝「独占」と評した[20]、モースの広州貿易時代研究の根幹である。

三　行商ギルド論誕生の背景

ここからは、以上のモースの論が形成されるに至った条件や時代背景について考察を加えたい。

まずは *The Guilds of China* を執筆するに当たって彼が参考にした著作についてである。*The Guilds of China* は中世のイギリスにおけるギルドに関する記述、二〇世紀初頭の中国ギルドについての記述、そしてアヘン戦争前の公行に関する記述の三部から成り立っている。このうち公行に関する記述はアウバー・デーヴィス・マーティン・ハンターなどを参照している。

当時の中国ギルドについてはマクゴワンの中国ギルドに関する論文に大きく依拠している。マクゴワンはアメリカン・メディカル・ミッショナリーの医師であり、モースの友人でもあったという。彼は一八八六年に *Journal of the North China Branch of the Royal Asiatic Society* 誌上に Chinese Guilds or Chambers of Commerce and Trade Union と題する論考を発表し、モースはこれを参照したのである[21]。マクゴワンは中国における会館・公所をヨーロッパのギルドと見立て、その機構や収入、政府との関係などの総論のほか、各開港場の商人団体の実態を解明している。モースはこの業績を高く評価して、*The Guilds of China* の序文に、「活き活きとし、心血を注いで書かれた中国論の足跡をたどることができるのは、光栄なことである」[22]という一文を書き加えている。

しかしモースはマクゴワンの論調をそのまま引き継いだわけではない。マクゴワンは中国ギルドが相当の独自性を持っており、政府（State）に対しても独立独歩であったと主張している。またその組織は合理的な民主主義を知る人々の手によって、良い方向に改善されてゆくだろうという展望を示している[23]。これらの主張は、モースがギルドを政府と結託したものだと認識し、ギルドの本質は変わらなかったと論じたのとは大きな違いである。

一方モースはイギリスのギルドについてはロンドンで出版された二冊の専著を最も多く利用している。アシュレイとアンウィンによるイギリス中世ギルド論である[24]。これらは中世イングランドの貿易に関する膨大な統計資料を含み、イギリスのギルドの性質について包括的に論じた著作であった。モースがこれを読む以前にイギリスのギルドの実態についてどの程度の知識を持っていたのかは不明であるが、イギリスの事例との比較研究から「公行」＝「ギルド」と論じるに当たって大きな影響を与えたと考えられる。

次いで上海における西洋人社会を動揺させ、モースの現状認識に影響を与えたと考えられる事件を二つ挙げたい。それらはいずれも一九〇五年に起こった反米ボイコットと上海暴動（会審公廨事件）である。

反米ボイコットは、一九〇四年にアメリカの議会に中国人排斥法案が提出され、中国人移民を完全にシャットアウトしようとしたことに反対して発生した、中国国内の米貨排斥運動である。[25] 一九〇五年五月一〇日に上海商務総会でボイコット委員会が組織され、アメリカが態度を変えない場合、アメリカ商品を排斥することが決議された。この運動は瞬く間に内陸部を含む全国に波及し、大規模な反対運動となった。

このボイコットにおいては、中国のあらゆる人々を米貨排斥運動に参加させる半ば強制的な力が働いた。例えば、広東拒約会規約には、「アメリカ製品を購入する商人に対しては、商店名を新聞紙上に発表して懲罰を加える」[26]という一条が設けられた。さらに各地方においては講演隊（青年男女）が組織されて各郷に派遣され、住民に対してボイコットに賛成するという誓約書を書くよう要求したといったことも起こっている。しかし一九〇五年八月末には清朝からボイコット停止を命ずる上諭が発せられ、また商人たちも次第に運動に冷淡になり、終息を迎えたという。従来の研究では、このボイコットは中国民衆自身が主体となった民族運動であったという論調が強かったが、モース自身はこの事件について、清朝政府が背後にあった、大規模な民衆運動であったと評している。[27]

次に同年の一二月に発生した上海暴動について考察したい。[28] 事の発端は、一五人の少年少女を連れた中国人女性が上海を経由して広州に向かおうとしていたところを幼児誘拐と人身売買の容疑で上海の警察につかまり、裁判にかけられたことにあった。一二月八日の審議の後、彼女をどこに収監するかをめぐって会審衙門と工部局警察が対立し、両者の間で乱闘事件にまで発展した。この事件を受け一二月一〇日、中国語新聞である『申報』に会審衙門支持の論説が載せられ、工部局側（西洋人が主導権を握る、事実上の上海租界の統治機構）は中国の主権を無視しているとの主張がなされた。この報道の影響もあって、反米ボイコットが収まったばかりの上海において、再び愛国主義的主張が高まり、事件の翌日から一六日までの間に上海市内の有力商会や同郷団体による抗議集会が開かれ、様々な外国人特権に対する批判の声が上がった。そして一七日には翌一八日にゼネストを決行することが四明公所で決議され、従わない商店は打ち壊すという声明が出された。この予告どおり一八日にはストライキと抗議運動が起こり、警察と争ったことから暴徒化した。彼らは路上の自動車を焼き討ちにし、ストライキの声明を無視して開店していた商店や都城飯店（Metropole Hotel）、警察署を襲撃した。特に警察署は徹底的に破壊された後、放火され、大きな被害を蒙った。また警官隊との衝突によってストライキ側でも死者・負傷者を出した。事態がここに至って、外国人側は暴動の鎮圧のために在華外国人義勇兵組織・イギリス軍陸戦隊を出動させ、その後、日本・アメリカの軍もこれに加わった。こうして一八日に発生した最大規模の暴動は鎮められたのである。

この事件は、上述の経過からもわかるように、上海の西洋人社会の安全に対して深刻なダメージを与え、外国人を大いに動揺させた。さらにこの事件は、本補論で着目しているギルドという概念にも関係するものであった。例えば、一二月二二日付のノースチャイナヘラルドには『南方報』（上海で発行された中国人の手による英字新聞）の主張が転載されており、そこでは会審衙門は撤去されるべきだとし、そのための具体的な手段として、中国人商人とその「ギルド」を租界から引き上げさせるという脅しを用いるのがよいと主張している。また同日の記事には、一八日のストライキ行動の際に、暴徒がそれに参加しない商店を襲撃したことも取り上げられている。それによれば、「上流階級で我々〔西洋人〕のよき仲間である中国人住民」（our better-class Chinese fellow-residents）には一切の暴動についての責任は無く、暴動を計画したのは外部者で、主導したのは乞食のギルド（beggar's guild）であって、その目的は言うまでもなく、略奪であったと断じている。(29)

こうしたノースチャイナヘラルドの認識を見ると、当時の在華西洋人社会は数多くの特権を有する一方で、集団化した中国人の示威や暴力というものを警戒し、恐れていたと言えよう。それは彼ら自身の身の安全にかかわることだけでなく、彼らが有している特権を切り崩す力を持つものとも認識されたのである。そしてそのことから上海暴動だけでなく、反米ボイコットに対しても同様に、在華西洋人の商業上の利益や生活上の安全を脅かされるという恐怖感を持っていたと考えられるのである。またモースの妻であるアニー（Annie Josephine Welsford Morse）は暴動の際受けたショックによりパニックに陥り、精神疾患を抱えてしまったという。[30] 上海暴動が西洋人個人に対しても精神的ダメージを与えうるものであったことの証左であろう。

こうして見てくると、この時期上海で起こった事件は、イームスが憂慮した在華イギリス利権の動揺や、モースが描いた中国人のギルド的団結力といった文脈と重なり合うことがわかるだろう。彼らは以上のような現状認識を研究の問題意識に転化し、そのイメージを広州貿易時代の「公行」商人に投影したのである。

小　結

最後に本補論の結論を整理しておきたい。まず、モースは著述を始めた当初、広州貿易に対して好意的な評価をしていたが、後に現在知られているような通説の形に変化した。そのことからモースの通説は所与のものではなく、二〇世紀初頭の中国の状況から生まれてきたと言える。そしてその本質は、条約によって獲得した西洋諸国の利権が無視され、ボイコットや暴動などの手段によってその利権を掘り崩そうとする中国人や、影でそれを後押しする清朝政府に対する苛立ちだったのである。さらにイームスの議論も含めて考えると、こうしたモースの認識は彼に特異なものではなく、当時の在華外国人社会のなかには共感する者があったと考えられる。

以上のようにモースらは在華外国人社会の立場を正当化して論を展開している。しかしこれは歪んだ正当性だと筆者は考える。アヘン戦争や第二次アヘン戦争またその後の幾多の抗争を通じ、武力で「条約」を押しつけておいて思いどおりにならないからと苛立ち、その苛立ちを論理的に「立証」するための歴史を描くことが「正当」か。

こうした含意を持つ通説を、その後の時代において繰り返し著述してゆくことは、自覚的か無自覚的かを問わず、二〇世紀初頭のモースらの中国観を再生産してゆくことにほかならない。だがもはやそんな必要はないのではないだろうか。現代においては、現代の立場に立脚し、同時に歴史学の手法から逸脱せず、厳密な広州貿易研究が行われるべきであると考える。

（1）岡本隆司「「朝貢」と「互市」と海関」『史林』第九〇巻第五号、二〇〇七年、一〇三頁。

（2）J. K. Fairbank, M. H. Coolidge and R. J. Smith, *H. B. Morse—Customs Commissioner and Historian of China,* The University Press of Kentucky, Lexington, Kentucky, 1995.

（3）James Bromley Eames, *The English in China: Being an Account of the Intercourse and Relations between England and China from the year 1600 to the year 1843 and a Summery of Later Developments,* 1st edition 1909, Pitman, London.

（4）例えば、坂野正高『近代中国政治外交史』東京大学出版会、一九七三年、第四章・第五章。

（5）Eames, *The English in China,* p. vii. "It was my original intention, in writing this work, to present to the reader a description and an analysis of our interests in China, as they exist at the present day. It soon became evident that it is impossible fully to comprehend the present position without knowledge of the past."

（6）後藤晴美『アヘンとイギリス帝国――国際規制の高まり一九〇六―四三年』山川出版社、二〇〇五年、二四―二八頁、王宏斌『近代中国価値尺度与鴉片問題』東方出版社、二〇〇一年、二三五―二三七頁、古泉達矢「澳門からのアヘン密輸問題とイギリス帝国――一九一三年アヘン協定を中心に」木畑洋一・後藤春美編著『帝国の長い影――二〇世紀国際秩序の変容』ミネルヴァ書房、二〇一〇年所収。

（7）本野英一『伝統中国商業秩序の崩壊』名古屋大学出版会、二〇〇四年。

（8）Eames, *The English in China, op. cit.,* p. 583. "Looking back over the whole history of our intercourse with China we are confronted with the question, what has China gained by reason of that intercourse? If answer truthfully, we must admit that she has gained very little. Depleted of much of her wealth, paid as the price of opium, or to defray the cost of military operations undertaken by Western Powers in their own interest, or as indemnity for outrages against Foreigners and their property, whose presence has been forced upon her, her loss in material wealth must have been immense."

（9） *Ibid*, p. 104. "The whole Chinese people are wedded to the grave; their attention is absorbed in contemplating the past. They do not look ahead; their mental attitude is the attitude of the wry-neck. All their thoughts are for the dead; for the generations unborn they care nothing. It is the infection of the dead past, to which it is tied, that ails the body politic in China."

（10） モース（Hosea Ballou Morse, 1855-1934）は一八五五年にノヴァ・スコシアで移民の五代目として生まれ、一八六五年にボストン近郊に遷り、六九年には市民権を獲得している。その後ハーバードを卒業し、中国で海関税務司として働いた。一九〇九年に引退した後は執筆活動に力を注いだ。

（11） モースの著作の整理について濱下武志は、中国ハンドブック・国際関係・社会経済の三つに分けて論じる（濱下武志『中国近代経済史研究　清末海関財政と開港場市場圏』東京大学東洋文化研究所、一九八九年、一八〇―一八四頁）。筆者は広州貿易への言及の有無、用いている史料から分類した。

（12） Hosea Ballou Morse, *Trade and Administration of China*, Kelly & Walsh, Shanghai, 1908.

（13） Francis L. H. Pott, *A Sketch of Chinese History*, Kelly & Walsh, Shanghai, 1903.

（14） Morse, *Trade and Administration of China, op. cit.*, pp. 303-304, W. C. Hunter, *The Fan Kwae at Canton, Before Treaty Days 1825-1844, by an Old Resident*, Kegan Paul, London, 1882, pp. 28-30. ただしハンターはこの条文を一八三〇年のものだと述べているが、モースは一七六〇年に発布されたものだとしている。

（15） 以下の記述は Morse, *The Trade and Administration of China, ibid.*, pp. 306-309 に基づく。

（16） Morse, *Trade and Administration of China, op. cit.*, pp. 176-177. "They were in general well treated, since the trade so profitable to them was equally profitable to the Chinese, and were not molested so long as they were law-abiding."

（17） Hunter, *The Fan Kwae at Canton*, 口約束については pp. 15-16、行外商人については pp. 20-21、邸宅については p. 24 をそれぞれ参照。

（18） Hosea Ballou Morse, *The Guilds of China: with an Account of the Guild Merchant or Co-Hong of Canton*, 2nd edition, Kelly and Walsh, Shanghai, 1932.

（19） *Ibid.*, p. 93. "the Chinese have maintained their own in what would, without them, have been the hopeless contest of modern knowledge and procedure against the antiquated methods of the past.".

（20）岡本隆司『近代中国と海関』名古屋大学出版会、一九九九年、八一頁。

（21）D. J. Macgowan, Chinese Guilds or Chambers of Commerce and Trade Union, in *Journal of the North China Branch of the Royal Asiatic Society,* 1886, pp. 133–192.

（22）Morse, *The Guilds of China, op. cit.,* p. vi. "It is an honor to follow in the step of this cheery and hard-working Sinologue."

（23）Macgowan, Chinese Guilds, *op. cit.,* p. 186. "Their docility is not that of a broken-spirited, emasculated people, but results from habits of self-control, and from being left to self-government in local, commercial, or municipal matters; and as regards the State, they learn self-reliance. Were a colony of the poorest and least cultured of these people placed by them selves on an island, they would as soon organize themselves into a body politics as men of the same station in life who had been tutored in rational democracy."

（24）W. J. Ashley, *An Introduction to English Economic History and Theory,* 2 vols. Longmans, Green & Co., London, 1906, George Unwin, *The Guilds and Companies of London,* Methuen, London, 1908.

（25）反米ボイコットについては以下の研究を参照した。吉澤誠一郎『天津の近代』名古屋大学出版会、二〇〇二年、波多野善大『中国近代工業史の研究』東洋史研究会、一九六一年、菊池貴晴『増補　中国民族運動の基本構造――対外ボイコット運動の研究』汲古書院、一九七四年（初版は一九六六年出版）、張存武『光緒卅一年中美工約風潮』中央研究院近代史研究所、一九六六年。

（26）菊池貴晴前掲『中国民族運動の基本構造』一七頁。

（27）Hosea Ballou Morse, *The International Relation of the Chinese Empire,* Longmans, Green & Co., London, 1910–18, vol. III, pp. 434–435.

（28）本野英一「在華外国人側より見た「大鬧会審公廨案（1905）」に関する一考察」斯波義信編『モリソンパンフレットの世界』平凡社東洋文庫、二〇一二年所収を参考に事件の経過を整理した。

（29）*North China Herald,* December 22, 1905.

（30）Fairbank *et al., H. B. Morse, op. cit.,* p. 184.

終章　対立の本質と模索される協調

一　内容の整理

本書において筆者は、管貨人たちが残した細微な情報を利用することにこだわった。それはあたかもひとつの森の形態や生態系を調査するために、木々の葉の一枚一枚を調べ、様々な種類の木の実を拾い集め、動物や虫たちの消えかかっている足跡をたどるかのような作業であった。そういう分析の手法であっても、研究全体を隘路に導くことは決してないと確信はしているが、いささか難解になってしまった部分があることも否めない。そこで終章では広州貿易という森全体を俯瞰できる場所に立って、改めてその全体像やそこで起こった様々な変化について叙述しておきたい。

まず、第一部で扱った一七五六年までの基本的な状況について確認しよう。これまでどの研究でも一七五五年に行商の貿易「独占」が広州当局の布告によって制定されたことは自明とされてきた。しかし実際には、一旦出された「独占」布告は数か月のうちに取り消されていた（第二章）。行商以外の商人との取引に関して言えば、五五年以前も含めて総量としては決して多いとは言えないものの、会社と取引している事例も認められた。つまり広州に居た管貨人たちが感じていた不都合は、オフィシャルな制度による行商の貿易「独占」に由来するものではなかったのである。

それでは会社側と清側の対立の原因はどこにあったのだろうか。この問題を考える際、広州の内部における現象と、広州の外で起こる外部要因に分けて理解する必要がある。まず貿易を困難にした内部の現象として、五〇年代前半の輸出品の価格高騰が挙げられよう。茶の価格は五〇年代前半に高騰し、五五年のシーズン中にようやく落ち着きを取り戻した。しかし生糸は引き続き購入できないほどの高値が続いた。こうした現象を生じさせた外部要因は管貨人の報告によれば、茶の場合は他国の東インド会社も含めた買い手同士の競合、一方の生糸は生産地のストックが少ないことであった。これはすなわち、需要と供給の著しいアンバランスがあったことを意味している。

もうひとつの対立の原因は、貢品の収集に関わる貿易制度の改編である。この問題は意外に根が深く、五四年の保商制度化の時も五五年の「独占」布告発布の時も広州当局と管貨人たちとの交渉の議題になっている。その席で広州当局は管貨人に貴重品を優先的に売ってほしいと依頼し、管貨人も「独占」布告の撤回を条件にその申し出を承諾した。だがその貴重品の買付けを広州当局自身ではなく行商に代行させ、購入のための金も負担させていると管貨人は行商たちから聞かされていたために、貴重品の買付けこそが広州当局が行商にもたらしている弊害であると認識した。そのために広州当局の主張には耳を貸さず、そのことが後のさらなる対立につながっていった。広州でこうした現象が起こることになった外部要因は、乾隆帝が貴重な舶来品を欲し、その買付けを広州当局に命じたことにあった。

つまり会社の貿易記録から見る限り、会社側と清側の対立はそれぞれが本国役員会や朝廷から与えられたノルマを達成しようとするなかから生じていたのである。そのために、広州の貿易制度は双方から引っ張られ、押しつぶされ、歪められるという駆け引きのなかで少しずつ変化していたのだ。特に会社側が定例にしようとしていた茶のシーズン外取引は行商の経営と貿易に重大な影響を与えた。シーズン中の五割や六割の価格で茶を購入するこのシステムは、オフィシャルな制度改変ではないためこれまでの研究では明るみに出なかったが、行商たちがほとんど利益を得られない値段での取引が毎年行われたことは行商たちに大きなダメージであったと考えられる。

これらの不安定さが要因となって、五〇年代後半はさらに状況が悪化してゆくことになる。また清朝中央が沿海部におけるイギリス人の行動に注意を払うようになるのもこの時期からである。その端緒となったのが会社船の寧波派遣であった。清朝中央は当初これを黙認したが、内地の官僚や商人がイギリス人と結託することを恐れてイギリス人を広州に引き戻そうとした。その手段として五六年には寧波の関税額を広州の二倍に設定したが、五七年にも来航して貿易を望んでいると寧波当局から報告を受けたため、広州以外の港への来航を禁じる上諭を発した。実際には、五七年にはイギリス人は寧波での税額を聞いて帰帆しようとしたのだが、寧波の道台以下地方下級官僚らが引き止めたため、彼らは寧波で貿易をすることができた。しかし寧波で行われた貿易において生糸を広州よりも安価に買い集めたい会社側は、結局その目的を達することができず、広州一港制限令を引き出す結果になった。この経験から管貨人たちはひとまず広州での貿易環境の整備に専念することになる。

その広州における重要な制度改編のひとつが常駐委員会の設置であろう。会社側の意図は広州に安定した貿易の拠点を置くことであり、管貨人たちを複数年にわたり広州に常駐させることでその目的を達しようとしたのである。それはシーズン外取引を継続して行いうる制度設計であり、同時に中国人を使役した情報ネットワークの中心であり、それまで委員会毎に営まれてきた会社の貿易を一本化して管理することのできる場でもあった。さらに行商を保護するという理由で保商制度を解体しようとしたことも重大な試みであった。会社側はそのために、社員に対して貴重品を売却しないよう要請し、納税は保商ではなく自分たちで行いたいと広州当局と掛け合った。

会社側のこの改編は清側に大きな波紋を呼んだ。それは広州当局にとっては貢品となる貴重品を入手できなくなることを意味し、行商にとってはただでさえ負担の大きいイギリス人との取引をしなければならない行商のリスクが増えることを意味した。また来航船の減少によってシーズン外取引の茶葉価格がさらに値下がりすると、行商のなかには西洋人から借りた借金の返済ができず、税金すら滞納する者も現れた。さらにフリントが天津に到達し清朝中央に直接貿易の改善要求を行ったことで、広州の事案に清朝中央が介入することになった。そしてこれらの問題を一気に解決するために策定されたのが防範外夷規条と行商の連合であった。前者はシーズン外取引の規制・保商制度の確認・行動の管理および監視を、後者は輸入品取引における負担の分散と輸出茶取引における最低価格の保障という効果を目指すものであった。以上が本論で明らかにした内容である。

二　制度の形成と変容

本書で細かな取引の記述を追い続けたのは、第一に貿易のなかでも特に取引にかかわる制度を解明するためであった。制度という言葉がオフィシャルなものという意味合いを連想させるならば、システムという言葉にも、メカニズムという言葉にも置き換えてもよい。つまるところ、オフィシャルであろうとプライベートであろうと、取引という一連の過程を成り立たせているあらゆる取り決めを包括して理解しようとしてきたわけである。そこでここからは本書で明らかになった事例を基に、制度の形成と変容についてもう少し深く考察しておきたい。

あらゆる取引にかかわるオフィシャルな制度については、少なくとも一七五〇年代には行商に貿易を「独占」させる制度は成立しなかったことを確認することができた。このことは西洋人が制度に束縛されていたわけではなく、自主的に行われる様々な選択のなかで貿易を遂行できたことを意味する。それを前提として広州における制度のあり方を図示すると、次頁の図のようになるだろう。

図中の四角で囲まれた清朝中央・広州当局・イギリス東インド会社・行商・行外商人は、行動の主体となる存在を表す。楕円で囲まれた三つの制度はそれぞれ、清朝中央からの上諭によるもの、広州当局の布告によるもの、現地で慣習化されたものを示す。この三つの階層の法令や規則や行動パターンが渾然一体となって広州貿易というひとつの秩序を形作っているという理解である。

上諭について見ると、清朝中央から出された法令は上諭の形式で発せられ、現地の当局者によって関係者に通達される。その後、法令が機能する際に各商人たちの選択行動によって変質が起こり、その情報がフィードバック1としてまず当局者にもたらされる。当局者は場合によって、その状況について清朝中央にフィードバックする（フィードバック2）。前者と後者とを区別しているのは、現場での反応が当局者によって歪められ、そのまま清朝中央にまで伝えられない状況を想定してのことである。

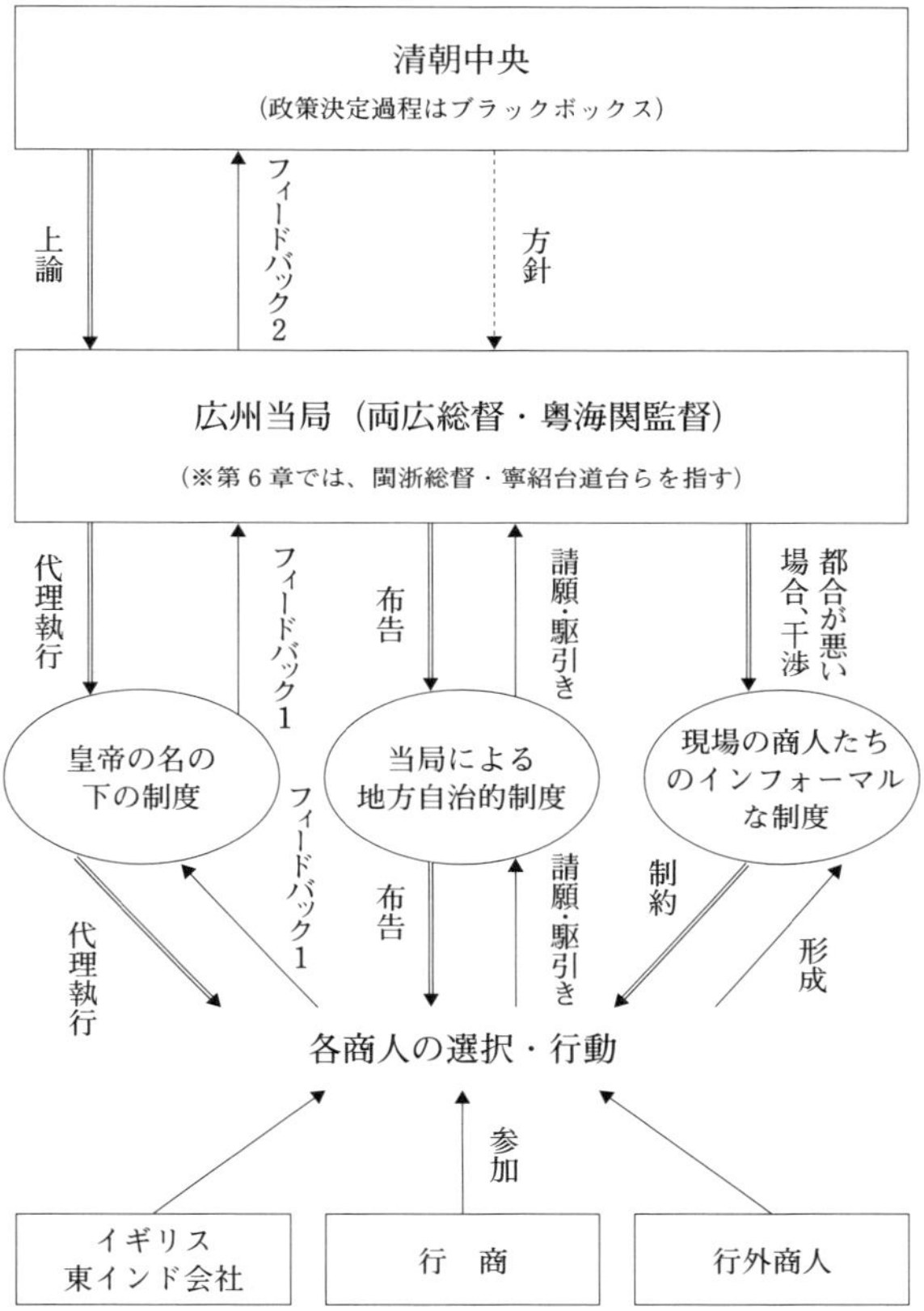

図　広州貿易制度形成の概念図

布告については、清朝中央から与えられた方針や要求に従い、両広総督および粤海関監督としての比較的強い行政の権限を用いて発せられるものである。これに対して同意、拒否の反応が商人たちから当局者に直接伝えられ、当初の布告が改変されることもありうる。こうした布告は清朝中央に報告されることは少ない。

インフォーマルな制度は、法令ではないが、それまでの取引の慣習や、自然的な要因（季節風の風向きによって貿易シーズンが決まっている等）によって制約される、諸々の規則・習慣・合意のことである。本論で明らかになったように、会社側は自分たちに有利な地歩を築くためにこのインフォーマルな制度に対して多くの働きかけをした。この働きかけに特徴的なことは、会社側はオフィシャルな布告などを発する権限は持ちえなかったが、会社内の人材派遣のシステムや取引の手法や時期を変えてゆくだけで貿易の体制を左右できたことである。制度は清側によって恣意的に作られていくだけでなく、会社側も制度改編の主体となりえたのである。

こうした分析から言えることは、広州貿易の制度分析に当たっては官製の上諭や布告のみを用いたのでは実態を正確に把握することができないということである。広州当局が出した布告については、「独占」布告発布と撤回の経緯に明らかなように、当局が当初意図した形態は西洋人や商人たちからの抗議によって実現しなかった。そして数度にわたって布告が出されるが、最終的に後の貿易の形を決定づけたのは総督からの口頭での伝達であった。また広州当局の意図を分析する材料としても、官製の史料は不十分である。なぜなら、五四年の保商制度化の際、保商に負わせる役割として貢品の収集ということは明文化しなかったが、イギリス人との交渉の時にははっきりと貴重品を優先的に買い取りたいと管貨人に伝えているという事例もあるからだ。

同様に、清朝中央からの上諭ですらその文面どおりに貿易が機能したとは限らない。確かに現地で上諭を奉じる時には、これは絶対厳守であるから交渉の余地はないということを広州当局も商人たちも理解している。しかし上諭は取引の細部までは定めないということもあり、現地の慣習や手続きに変更を加えることで英清のどちらかが有利になるということも当然起こりうる。

すなわち広州における貿易制度は、清朝中央の上諭による制度・広州当局の布告による制度・商人たちの慣習的制度のそれぞれのせめぎ合いのなかで形成され変容してゆくものであり、そのことはつまり、清朝中央・広州当局・英清双方の商人たちの思考や行動をも分析の対象に含めなければならないことを意味している。

三　対立の在りか

以上が本書で主張しようとする貿易の制度や状況の推移と、制度についての見解である。このテーマを専門に研究してきた筆者自身が言うのは憚られるかもしれないが、この研究を通じて筆者はいかに広州の貿易のことを知らなかったかということを痛感した。一年間の取引の流れ、物価の動向、取引する商人の選ばれ方、短期契約・長期契約等、様々な取引の形態など、それらは挙げれば際限がないが、例えば価格のことについて言えば、これまでの研究のなかで茶葉や生糸が取引された値段は明らかになっていた。だが、購入する際に妥当とされる価格は知られていなかった。

この二つの違いは、端的に言えばおそらく、前者は事実の分析で、後者は感覚の分析だということになろう。事実を明らかにすることは歴史学の重要な役割であることに疑いはないが、本書で常に意識してきたように、人々がとる行動はそれにかかわる人々の感覚や認識によって左右され、決定されてきた。そうして決定された行動が相互に作用を及ぼしてその人々が属する世界を変えてゆく。こうした理解に立って本書で明らかにした事実をより深く理解してゆくために、管貨人・広州当局者・行商の三者の視点からそれぞれが広州貿易をどのように見ていたかを試みに論じてみたい。

(一)　管貨人の視点

本書は主に彼らの記録を用いて編んだので、この部分については最も詳細に描写することができるだろう。一七五〇年代における彼らの根本的なトラブルは、輸出品価格の上昇と産地からの供給量の不足であった。これによって必要な分量を入手して帰国することができないばかりでなく、価格面でも不利であることを承知のうえで取引をしていた。この状況のなかで彼らが力を入れたのが行外商人との取引ルートを確保しておくことと、シーズン外取引を積極的に行うことで購入コストを下げることであった。

もちろん輸出品の購入価格は安ければ安いほどよいが、それは行商に過度の負担をかけることも理解していたと考えられる。会社側が持ち込む毛織物は種類によっては会社側にも行商側にも損害を与えることは明らかであり、納税もしなければならない彼らのために輸出品の購入である程度の儲けを出させてやらなければ、行商は倒産し、会社側も取引相手を失うことになってしまうからである。管貨人たちはそうしたジレンマのなかにいたのである。

管貨人の目から見た時、この状況を悪化させたと見えたのが行商に課せられた貢品収集という責務であった。一七五四年に保商の制度化が行われた時から、管貨人たちは貢品収集と行商に取引を一手に担わせることとは表裏一体であると認識していた。さらに貢品となる貴重品を買い集めるために大金を支払っても広州当局はそれを引き取る際に相応の代金を払わないとか、貢品は朝廷でのプレゼントに使われるなどと聞かされていたので、貢品に対するイメージはすこぶる悪かった。つまり、広州の官僚たちが私利私欲のために行商を食い物にし、そのために行商たちが苦しみ、ひいては自分たちの貿易環境にすら悪影響を与えている、との認識を持ったのである。こうした認識は寧波に行ったフリントが現地の道台になぜ寧波に来たのかと問われて、広州では総督たちが行商に貢品の収集を押しつけて貿易環境を破壊したからだ、と答えたことに端的に示されている。

その後、七年戦争の危機もあり、会社側は広州の取引環境を安定させる必要に迫られた。そのためにまず彼らは広州に安定した地歩を築くことを目指し、常駐委員会の設置、行を抵当に取った貸付け、中国人を使った情報収集、行外商人に資金を持たせた茶葉の買付けなどを次々に行った。また保商を撤廃するために広州当局に自己納税を請願し、会社の高級船員に対しては貢品となりうる貴重品を売却しないように要請するなどの行動に出た。誤解しやすいが、これは保商となっていた行商を取引から排除しようとしたということではなく、むしろその逆で、保商になることで負担を抱えている行商たちを保護するという大義名分の下での行動だったのである。

ただし行商に対する見方は管貨人のなかでも一致はしていなかった。管貨人のなかでも行商が提示してくる価格を疑ったり、茶葉の転売を疑ったりする者もいれば、例えばピゴウのように、取引を有利に進めるために生糸の取引を一人の行商に絞って行うとか、本国で茶葉の不良品が見つかったことに対しても行商たちは誠実にその損害を償おうとしているとか、あるいはシーズン外取引では行商の儲けはほとんどないなどと書き残すなど、好意的な見方をしている者もあった。

一方で、広州当局に対してはトラブルの原因となる存在であると認識しており、その反応は管貨人によって強硬な抵抗であったり、諦観であったりと様々であるが、広州当局の思うとおりにさせてはならないという点では一致していたように見える。そして貿易を管理する強い権限を持つ彼らを御することのできる唯一の可能性は、皇帝に彼らの罪を裁いてもらうことであると認識していた。

これらを整理すると、管貨人にとって行商は取引の上での対立やトラブルはあるものの、広州貿易を継続してゆくためには守っていかなければならない存在であるが、広州当局はその関係を破壊する者として捉えており、その横暴を制御でき西洋人たちに恩恵を与えるという姿勢を堅持している清朝皇帝が最後の頼みの綱だと考えていたと分析できる。

㈡　広州当局の視点

広州当局を代表するのは両広総督と粤海関監督である。彼らの背後には常に北京の朝廷があった。そもそも総督は貿易管理だけでなく一般の行政・軍事に責任を持っていたため、対西洋貿易の実務のうちオフィシャルな部分は監督に、そして西洋人と接触する部分については行商に委ねていた。特に彼らにとって必須の業務であった徴税、貢品の収集および西洋人との直接的な交渉はすべて行商に委託する形になっており、そのために広州当局にとって行商たちは非常に重要な存在だった。そうした行商の頭数を確保しておくために、例えば五五年の「独占」布告にもあったように、行外商人のうち望む者は行商に充当するといった姿勢でもあった。

会社側が批判し続けた貢品の収集のことについては、行商から搾取していたという確証は史料からは得られなかった。逆に、総督は適正な価格で貴重品を買い取っていると直接管貨人に言っているし（九八ページ）、フリント事件の調査のために広州に来た新柱は搾取はなかったと清朝中央に報告している（二四二―二四三ページ）。この点が、清側と会社側とで最も食い違っている部分であった。

このように総督は貢品に関してはトラブルの原因になるはずがないと考えている一方で、会社側が取引のうえで行商に困難なことを要求しており、そのために行商は苦しんでいるという認識を持っていた。史料に残っている例で言えば、五四年に管貨人と会談した際に、価格は総督自身が決定する権限を持っていないので商人たちに厳しい圧力をかけないようにして欲しいと発言している（九八ページ）ほか、行商たちが保商になることを拒否しているのはイギリス人と取引をすると大量の毛織物を買わされたり茶や生糸を安く買われたりするからだと聞かされていたこと（五四ページ）が挙げられる。

そのイギリス人が今度は寧波に突然現れて広州の現状について苦情を申し立て、さらには貴重品の売却を拒絶したり、取引でさらに行商を苦境に追い込んだり、保商という仕組みそのものを破壊しようとしていることに対して、広州当局者は対処しなければならなくなった。また同時期にフリント事件が起こったために、同様の事件の再発を防ぐための制度を設ける必要にも迫られた。そのため広州当局は西洋人の行動制限と監視の強化を盛り込んだ防範外夷規条を、清朝中央の裁可を受けて発布した。それは同時に貢品収集を行商に行わせるための条文や西洋人のシーズン外取引を規制する条文も含んでいた。さらに取引価格の低落に対しては行商を保護する意味合いからも行商連合を設けて取引価格の最低ラインを定めさせた。

このように会社側の史料に記録された広州当局者の行動や発言、清朝中央に報告した檔案の示す状況から分析すると、広州当局者にとってイギリス人は強引な取引価格の押し付けや行商が望まぬ商品の取引の強要、貴重品の売却拒否、保商制度の破壊など清側に不利なことばかり行う存在に見えていた可能性を指摘したい。

㈢　行　商

会社側の史料から見る限り、行商たちは対西洋貿易に関しては非常に消極的なイメージを持っていたと考えられる。繰り返し論じてきたように、取引のうえでは毛織物の買い取りやほとんど儲けを得られない輸出品の売却などの問題があり、広州当局との関係で言えば納税、貢品収集などが負担となっていたようである。また彼らは西洋人と契約を交わし茶や生糸などを買い付ける時に資金のほとんどを産地に送ってしまうので、例えばシーズン外に会社船が来航したり、来航する西洋船が減少したりといった変則的な事態が起こると、資金繰りが困難になりあちこちに借金を抱えてしまうという構造も抱えていた。そのために彼らの立場に立てば、広州貿易に携わることによって発生するリスクをいかに回避するかということが重要な課題であったと考えられる。

例えば保商が制度化される時、決して広州当局の言いなりにはならず、イギリス人と最初に取引する者が保商になることに反対したり、納税が滞った場合も責任は行商全体にあるということを認めさせたりする（五四—五五ページ）など、自分たちが壊滅的な打撃を受けないよう広州当局ともかなりシビアな交渉をしていたことが判明した。すなわち、行商のうち少数の者を保商に仕立てて西洋船の取引全てを請け負わせるという試みは、西洋人から見れば行商による「独占」であったとしても、行商にしてみれば上記のリスクをすべて背負うことを要求されているということを意味していた。それだからこそ、彼らは広州当局に対してもできる限りの抵抗をしたのである。

こうした彼らのしたたかさは、他の部分でも確認できる。彼らが自らの窮状を訴える時、管貨人に対しては広州当局に命じられる徴税や貢品収集によって苦しめられていると伝え、一方で広州当局に対してはイギリス人が自分たちに不利な取引条件を押し付けてくると話したことなどはそのひとつである。そうして管貨人と広州当局との間に溝を作り対立させることが行商たちの戦略であったかどうかは想像の域を出ないが、結果として管貨人と広州当局との間には認識のズレがあり、それが対立を惹起した一方で、双方が行商を保護するという名分を以て行動するという奇妙な状況が作られていたのである。

また行商同士の横のつながりも確認できた。一七五〇年代後半に貿易状況が行商にとって悪化してゆくなかで、連合してシーズン外取引の最低価格を定めたことはその最たるものであるし、行を抵当にとられた行商がイギリス人に借金を返せなくなった時にほかの行商が返済して行を受け出すといった行動（二四一―二四二ページ）にもそれは見て取れる。ただし連合を組む時にそれに反対して処罰された行商がいたり（二四九ページ）、ファンダイクが論じるように行商たちの派閥の対立が存在したりということから、そのつながりがすべての行商の利益を代表したわけではないようである。

以上のように、今回の研究では清側の商人が広州当局の認可を受けて行商になるということは、ただ破産のリスクを背負うことであって彼らに何の旨味ももたらさないというイメージが強く表に出た。実際にそうであれば、商人たちは行商などにはなりたがらなかったであろう。後の時代に目を移せば、そうした実態があったことを示す史料も残されている。例えば、後の大行商となる怡和行の伍国瑩は、一七八三年に行商となるよう広州当局から指名されたが、それをきっぱりと断りしばらくの間身を隠していたという(1)。また一八〇四年から一〇年にかけては当時の大行商であった同文行・広利行・怡和行の三者が相次いで行商からの引退を表明し、一時的にではあるが取引からも手を引いていた。[2] さらに広州貿易時代を通じて見ると、あるいは破産して残された財産も没収され、あるいは逃亡し、酷い場合には官に告発されて僻地に流刑になった行商も数多くいることを重ね合わせると、それがいかに苦役であったかが得心できよう。

それでも依然として行商については不明な点が多い。上記のイメージでは行商にさせられた者は残らず財産を食いつぶし破滅することになってしまうが、前出の大行商らは財産を築き、アヘン戦争後まで生き延びている。近年の研究の傾向では行商の破産の原因を研究する向きが多いが、実は生き延びた行商にスポットを当ててなぜ彼らが財産を築きえたのかを分析し、この矛盾に対して実証的に一定の解答を与えることは非常に重要なことである。

そうした問題関心は英清間の対立について考える時に必要である。つまり、上述のように管貨人と広州当局の対立の原因のひとつは、貢品に関する問題であった。管貨人は貢品収集が行商を疲弊させていると信じて疑わず、広州当局は搾取などしていないと主張し続けた。では、実際にはどうだったのだろうか。行商たちは本当に貢品収集で身を削っていたのだろうか。

これらの問いは分析の際の条件として想定しておくことは必要なことだが、実のところこの問題を解く手段は現在のところ、ない。なぜなら、行商自身が残した帳簿に相当する史料がないからである。これが広州貿易研究の限界である。研究者によっては、当時から行商たちは自分たちの帳簿を書き遺さなかった可能性を指摘する者もある。[3] そもそも防範外夷規条に規定されたように、西洋人から借金をしたことがわかっただけで処罰の対象になりえたのである。そうであるとすれば、この問題は当時から闇のなかだったのである。だから我々は、当時の広州に存在した対立を、西洋人の言うことは正しく清側の言うことは間違っていると決めてかかるのでなければ、ただ対立として捉える以外に方法がなく、両者のうちのいずれの主張が妥当であったかを判定することは不可能なのである。

対立という文脈で言えば、取引価格の対立もまた重大な問題として立ち現れてきた。この対立についてはどのように考えればよいだろうか。一七六〇年の連合制度下のシーズン外取引のボヒーの価格を例に取ってみよう。行商たちが価格協定を結ぶことを知らされた後、管貨人たちが購入したボヒーの価格は一担当たり一二両であった。この数字は事実として明らかであるが、それでは商人たちの感覚からするとどう見えるだろう。管貨人たちにとってシーズン外ボヒーは一〇両以下、最安値では七両で買えていたものである。それを一二両と言われたわけであるから、当然高いと感じただろう。一方行商側から見れば、シーズン中に順当に取引が行われれば平常時の価格で一六両程度の商品と言えるものであるから、一二両は行商としても相当に妥協した価格であるという感覚を持ちえただろう。これについて誤解を恐れずに言えば、一二両という価格は、管貨人にとっては値上げで、行商にとっては値下げであるという矛盾する両義を内包していたのである。

そもそも、実際に取引する（日常では買い物をする）際には、売り手はなるべく高く売りたいし、買い手はなるべく安く買いたがるものである。そういう希望がありつつも、双方が折り合って取引が成立するものではなかろうか。かつての広州で起こっていたこともこれと同様であり、売り手と買い手の価格の面での解消されない対立ばかりに目を向けるのではなく、そうした関係のなかでも双方が妥協・協調しながら取引の妥結に至っている道筋を見抜いてゆくことが研究においても重要であろう。

四　協調によって成り立つ広州貿易社会

対立の根源が明らかになったところで、本書の締めくくりとして広州貿易に見られる協調の側面について言及しておきたい。広州貿易と言えばどうしても英清間の対立というイメージが強い。だが貿易が一四〇年間も継続することができたのは広州貿易に携わる人々の協調があったからである。実際のところ、防範外夷規条や連合ができた時、イギリス側には広州の貿易から撤退するという選択肢もあったはずである。従来言われてきたように会社側に十分な利益がないのであれば、その可能性はより高かったのではないだろうか。

ではなぜ撤退しなかったか。当面は、会社側にとっても十分な利益があったとか、西洋諸国が貿易を継続するなかで遅れをとるわけにはいかなかったなどの理由を想像することができるが、この問い自体当時の世界状況についての広範な分析が必要なため、本書で確実な回答をすることはできない。

むしろ問いたいのは、会社側は清側と協調してゆくためにどのような方針転換をしたか、ということである。まず防範外夷規条について、一七六〇年までの史料を見る限り、五五年の貿易「独占」に抵抗した時のような大掛かりな動きは見られなかった。また連合による価格協定には行商を分裂させて葬り去ろうとしたり、広州当局に抗議したりしているが、皇帝の命令であると知れるとオランダとともに抵抗を諦めている。このことは六〇年の時点では、保商の継続、シーズン外取引の規模縮小、種々の行動制限などを受け入れ、あるいは抵抗を保留したことを意味する。

だがその後はどうだろう。一七七一年まで続くと言われる連合制度のなかで、今回の研究で明らかにしたような手段で、会社側は何らかの制度改編を仕掛けたのだろうか。また連合や防範外夷規条の制度は実際にはどのように機能したのだろうか。またそれがどのように変質してゆくのだろうか。これらの問いは、継続する貿易を分析するために必要なものである。

そこから少し先を展望すると、一七七〇年代後半には多数の行商が倒産し、新しい行商との入れ替わりが起こっている。さらに一八〇〇年代に入ってから一八一五年頃までの状況も非常に不安定である。ここでも行商の倒産や引退が相次いでいる。実はこれらの時期は西洋諸国が戦争に巻き込まれている時代である。前者はアメリカ独立戦争が起こり広州に来航するイギリス船が極端に減少し、オランダ東インド会社の取引が最も隆盛を迎える時期である。後者はフランス革命以降の混乱のなかでナポレオンがヨーロッパを席巻する時期である。この時も西洋船の来航数が不安定になっただけでなく、イギリスとポルトガルの戦争がイギリス側によるマカオ占領という形で中国にも持ち込まれたために、一時は貿易が危機的状況に陥った。

こうした危機の時代を乗り越えて広州貿易は継続してきた。その時、会社側と広州当局がどのように対処し、協調しつつ貿易の継続を可能にしていったか。そういう視点での研究は新しい広州貿易像、英清関係のイメージを我々に見せてくれるだろう。

（1）Hosea Ballou Morse, *The Chronicles of the East India Company Trading to China, 1635-1834*, 5 vols., Oxford University Press, Oxford, 1926, 1929. vol. II, p. 82.

（2）*Ibid.*, pp. 60, 105, 110.

（3）P. A. Van Dyke, *Merchants of Canton and Macao, Politics and Strategies in Eighteenth-Century Chinese Trade*, Hong Kong University Press, Hong Kong, 2011, pp. 31-34.

あとがき

自らの手で本書をまとめることはできないだろうと、一時は諦めていた。それをこうしてやり遂げることができたのは、ひとえに川島真先生のお力添えのお陰である。博士論文の提出直後に病に倒れた私のために心を痛めてくださり、論文審査会の開催および学位取得までの諸手続きをアレンジしてくださり、学位授与式に出席することすらできなかった私を気遣ってくださった。彼岸に限りなく近づいていた私の心境を察して、出版までの道をつけてくださったのも川島先生であった。苦しみ抜いて書き上げ、二度と目にしたくないとすら思っていた博士論文と改めて向き合い、論点をより明確にしたうえで刊行できたのも、川島先生が常に勇気づけてくださったからである。先生には、最大限の感謝を捧げたい。

本書は二〇一四年に東京大学大学院総合文化研究科に提出した博士号請求論文を基にしている。主査の川島先生のほか、村田雄二郎先生・羽田正先生・小川浩之先生・杉山清彦先生がご多忙のなか、拙論を審査してくださった。突然で不躾なお願いにもかかわらず、極めて重要な指摘と評価をしてくださった。不足点やより広範に考えるべき点など、指摘してくださった諸点について本書のなかで十分に応えることはできなかった部分も多いが、筆者の今後の研究の中で整えていきたいと考えている。

各論考の初出は次の通りであり、これ以外の章はすべて書き下ろしである。またこれらの章にも相当の加筆・修正を加えている。

第二章「一八世紀中葉の広州における行外商人の貿易参入に関する布告の分析」『東洋学報』第九一巻第三号、二〇〇九年一二月。

第三章「夷務をつかさどるということ——一八世紀中葉の広州貿易制度と貢品制度との関わりについて」『東アジア近代史』第一五号、二〇一二年三月。

広州貿易をテーマとして研究を進めると決めた時、まず考えたのがそのテーマの巨大さであった。実際、広州貿易の専門研究に限って言えば整理しきれないほど大量にあるというわけではないが、定説と言われる論が語られてきた時間の長さ、そして歴史観への影響力の強さを考えると、そこに何か新しい見解を加えることが個人の力で可能かどうか不安があった。またそうした仕事が個別論文の一本や二本で可能になるとも思われなかった。だが一方でできる限り早く成果を出さねばならないというジレンマにも直面した。結果として、遠くにかすんで見える光に向かって、霧のかかる泥沼をしゃにむに這いずりながら進むといった態になってしまった。

それでも何とか今日まで進んで来ることができたのは、その研究の価値を認め、指導してくださった先生方のお陰である。田中比呂志先生は東京学芸大学の学部・修士在学中の指導教授として、研究をするための心得、史料の読解、論文のオリジナリティの練り上げ方などを丁寧に教えてくださった。梁啓超から始まった資料講読は、上諭上奏、さらには地方志に及び、どのような文献にも躊躇なく当たることができるという自信になった。そして何より先生やゼミの同学たちと、新しい世界を見せてくれる史料を読む楽しさを共有できたことが私にとって素晴らしい経験となった。論文の指導においては、先生は常々「オリジナリティはどこにあるか」と厳しく問われた。それはとりもなおさず、先行研究を尊重しなければならないということと同時に、そこに存在する矛盾点・不足点を冷静に見極めなければならない、という教えであったように思う。

博士課程からは東京大学大学院総合文化研究科に進学し、並木頼寿先生に師事した。進学当初の私に必要だったのは、周辺の研究も含めた広州貿易研究および広州貿易イメージの全体像をより正確に把握することであった。現代だけでなく、モースたちの時代、さらには一九世紀に遡って整理することは本当に骨の折れる作業で、広州の中山大学に留学していた時期も含めかなりの時間を費やした。その間並木先生はテーマを絞り切れない私を、じっと見守ってくださった。また早くに家庭を持った私に、「ご本人が幸せならそれが一番です」とおっしゃってくださり、長男が生まれた時もゼミの皆さんと共に宴席を開いてくださった。随分ご心配をおかけしたが、この時期がなければ本書に示したような成果を得ることはなかっただろう。

ようやく研究の目途が立ち、構想を報告できるようになってきた頃、先生の闘病の厳しさが目に見えて感じられるようになり、それから時をおかず旅立たれた。学期末の最後のゼミのわずか数週間後のことであった。先生は普段ご自身の病気についておくびにも出さずにおられたので、私は大変衝撃を受けた。そして先生に研究の成果をお見せできなかったことが大変悔やまれた。

大学院という場での研究はこれまでかと思っていたところ、研究科の先生方が受け入れてくださることになり、私は川島先生に受け入れを乞うた。先生は二つ返事で承諾してくださった。先生は私の研究の内容に対し、不足点を指摘しつつも常に肯定的に評価してくださった。そのことがどれほどの心の支えになったか分からない。また個別論文や博士論文を形にしてゆく過程で、問題関心の書き込み方、研究の意義の提示の仕方、それらを骨格として全体の論旨をどう整合させてゆくかという点について、忙しい合間を縫ってご指導くださった。在学中、私は忙しい先生の時間をいただくわけにはいかないという思いから、自分から研究のことで時間をくださるようお願いしたことは恐らく一度もなかったように思う。それだけにゼミや研究会で報告した際にいただいた一言一句が貴重で、それを血肉にしようと繰り返し反芻した。それが私にとって大変な勉強になったように思う。

指導教授としてご指導くださった先生方のほかにも、多くの先生方が様々な学問を授けてくださった。学芸大学在学中、中国史の太田幸男先生、小嶋茂稔先生、朝鮮史の馬淵貞利先生はアジア史の先生として歴史学演習・史料講読だけでなく、卒業論文・修士論文の審査員としてご指導くださった。また漢文学の高橋忠彦先生、当時同大学に勤務しておられた経済学の牧野文夫先生からは多くのことを学ばせていただいた。特に高橋先生は指導学生でもない私を分け隔てなく指導してくださり、中国の茶書を読む手ほどきをしてくださった。本書の第五章はその頃に書いた論考を加筆・修正したものである。

修士在学中から参加するようになった辛亥革命研究会も私にとって貴重な学びの場であった。第一線で活躍されている先生方や先輩方の報告や議論は水準も高く、当時私がどの程度理解できていたかは定かではないが、研究とはかくあるべしという形を教えていただいていたように思う。また懇親会でも久保田文次先生を始め錚々たる先生方と酒席を共にし、親しくお話をうかがった経験は私の財産となった。

また二〇〇五年から〇六年にかけて留学した中山大学では、桑兵先生が受け入れてくださり、呉義雄先生の大学院の授業に参加させていただいた。檔案館とお茶市場とバスケットコートに入り浸り、歴史系の研究棟ではほとんど見かけることのない不真面目な学生であったが、現実の広州という場を学ぶ機会を与えていただいたことに大変感謝している。

あらゆる研究と同様、史料にたどり着くまでの道のりも本研究の重要な要素であった。修士論文「嘉慶後期の広東における中英貿易関係の研究」を書き上げた時点で、イギリス東インド会社の管貨人たちは行商を破壊するよりも保護する方針で動いていたことは疑いないと感じていた。しかしモースの『編年記』を使っただけでは、制度の運用のされ方と貿易の実態が不明なままであった。そしてそれを示す史料を見つけ出せるかどうかが研究の生命線だと認識していた。

北京の第一歴史檔案館は外国人学生の身分では閲覧までのハードルが比較的高い場所であるが、当時一橋大学大学院に在籍されていた加藤基嗣さんのご助言によりかなり丁寧に史料調査をすることができた。また留学中には広東省檔案館で清代の上諭上奏類を閲覧した。しかし残念ながら、いずれも必要とする種類の史料に出会うことができなかった。突破口となったのは先行研究の間の矛盾であった。同じ東インド会社の史料を用いているにもかかわらず、一七五五年の「独占」布告に関する理解が一致していなかったのである。それならば、と行った先の大英図書館で本書第二章の成果につながる史料を発見した。また今まで見たこともないような日々の取引記録が膨大に残っており、それが非常な価値を持っていることを知ったのも、原史料を見てからのことであった。これには大変驚き、興奮して史料を書き写したことを覚えている。

これらの図書館では、短い滞在期間であっても最大限の史料を閲覧できるよう、制度上可能な様々な便宜を図ってくださり、また大変親切にしてくださった。また国内の東京大学の各図書館、東洋文化研究所、東洋文庫を始めとする各図書館でも貴重な資料を閲覧に供してくださった。心よりお礼申し上げたい。

以上のような研究の道のりを貫いていたのは、世界の歴史を「進歩」と「停滞」に切り分けて描くことに対する疑義であった。「進歩」的と呼ばれる事柄であっても、現実に適用した時に必ずしもその理念通りに機能するわけではないという前提で思考し始めてから、次第に現場における実態に対する関心が高まった。そうした視点で広州貿易の実態に向き合ったとき現れ出てきたのは、「進歩」の化身たる西洋と「停滞」の化身たる清朝という構図ではなく、西洋人であれ中国人であれ、現場で苦悩・葛藤し、状況に対応しつつ行動した人々の連環であった。もしかすると「実態」というものは、それ以上でもそれ以下でもないのかもしれないと私は思うこともあるが、その答えは皆さんに委ねたい。

研究生活を通じて、たくさんの素晴らしい先輩、同学に恵まれた。並木ゼミの先輩である汪婉さん、孫江さん、孫安石さん、倉田明子さん。その時からの同学である小池求さん、周東怡さん、若松大祐さん、後輩の薛軼群さん、阿部由美子さん、佐藤淳平さん、梁雯さん、帥如藍さん。川島ゼミの同学である家永真幸さん、駒場の同学である古泉達矢さん、公私問わずお付き合いくださる青山治世さん。いつも本当にありがとうございます。

それから学会に関わる方ではないが、独立行政法人国立病院機構災害医療センターの若林和彦消化器外科医長には特にお礼を申し上げたい。極めてリスクの高い手術に挑み私を生かしてくださったご恩は到底言葉で報いることのできるものではないが、日々命に向き合う仕事をされている先生のお名前を銘記することで少しなりともご恩返しをしたいと思っている。また過酷な勤務をこなされている医療スタッフの皆さんにも同様にお礼を申し上げたい。

最後になってしまったが、東京大学出版会の山本徹氏は編集者として筆者と共に本書を完成させてくださった。大言壮語ばかりで杜撰極まりない私の原稿を本として成立させるまでに、いかほどの労苦をおかけしたかは想像に難くない。山本さんがいらっしゃらなければ私の論文は一書の態をなすことはなかったであろう。ここに厚くお礼申し上げる。

二〇一七年八月四日　並木頼寿先生の命日に

藤原敬士

本書は、東京大学社会科学研究所現代中国研究拠点の支援により刊行される。

ま　行

や　行

ら行・わ行

欧　文

索　引

著者略歴
1976 年　広島県生まれ
2000 年　東京学芸大学教育学部卒業
2004 年　東京学芸大学大学院教育学研究科修了
2011 年　東京大学大学院総合文化研究科地域文化研究専攻単位取得退学
2014 年　博士号（学術）取得
現　在　日本大学文理学部非常勤講師

主要論文
「商人の社会的地位の上昇から見る広州貿易社会の特殊性――嘉慶年間の捐納の事例を中心に」『史海』55 号，2008 年 6 月．

商人たちの広州
一七五〇年代の英清貿易

2017 年 9 月 15 日　初　版

［検印廃止］

著　者　藤原敬士《ふじわらけいじ》

発行所　一般財団法人　東京大学出版会
代表者　吉見俊哉
153-0041 東京都目黒区駒場 4-5-29
http://www.utp.or.jp/
電話 03-6407-1069　Fax 03-6407-1991
振替 00160-6-59964

印刷所　株式会社三陽社
製本所　牧製本印刷株式会社

ISBN 978-4-13-026155-5　Printed in Japan